"十三五"国家重点出版物出版规划项目

比较法文丛

何勤华 主编

48

近现代中国城乡规划法律问题研究

牛锦红 著

法律出版社
LAW PRESS · CHINA

总 序

1978 年改革开放以
得了重大成就。这方面
影响较大的有：商务印书
(法学部分,1981 年)及“
科全书出版社的“外国法
学出版社的“当代法学名
文库”(2001 年)、北京
(1998 年)、中国法制出
年)、清华大学出版社的
人民出版社的“世界法学
出版社的“外国法与比较

然而,在上述众多的
字样的丛书还不是很多
国先后出版了诸如茨威
州人民出版社 1992 年版
律体系》(上海译文出版
系》(知识出版社 1984
律出版社 1999 年版)等
这些著作大多是一种零
比较法系列丛书。

众所周知,21 世纪
段。今后,对于外国法
研究的一项任务。要顺

比较法研
的繁荣和
项重要工

鉴于
较法文丛
中青年学
目的。为
部分纯粹

本文
质量第一
文丛的著
二,本文丛
的课题;第
研究提供
究的进步

本文
了华东政
谢意。

法律史问题,就是她在关注近代媒体与司法关系之外,新开辟的一个研究领域。

城乡规划法律史问题,兹事体大,问题多多,择其一点,即可值得长期深入爬梳研讨,遑论百年乃至数千年!本书历史跨度大、涉及问题多,驾驭不易,锦红能宏观瓴察,微观剖析,创建纷呈,自树一帜,难能可贵。祝贺该书顺利出版。

我对该领域素无专门研究,谨遵锦红之嘱,多说了一些题外话,得当与否,并不自知,尚请作者、读者鉴谅。权以为序。

张仁善

2020 年 8 月 25 日

何时，城市规模怎样，都会有在时间和空间上与之相对应的乡村作为支撑和呼应，城乡一体化视角是我们研究城市规划法制史的必然思路等，从不同维度揭示了城乡规划法的基本内涵，厘清了城市规划法律史问题考察思路，令人印象深刻，具有启迪意义。

近代以来，城乡规划法越来越受到重视。进入21世纪，我国终于制定颁布了第一部《城乡规划法》(2007年)。该法出台以来，对城乡规划来说，有了法律依据，也取得一定实际成效。但总体看来，我国城乡规划的法律意识尚显淡薄，法律实施效果不尽如人意。受招商引资需要、工业园区建造、房地产开发、农村城镇化及部分地方或部门主管个人旨趣等因素影响，擅自更改城乡规划的种种违规、违法现象经常发生，损害了规划法的严肃性、权威性，以致出现“规划规划，纸上画画、墙上挂挂”的戏谑。

基于对本书的阅读及对现实的观察，个人认为，当下我国城乡规划的依法实施尚存在诸多不足，具体而言：

首先，城乡规划缺乏历史与现实的有机衔接。我国有几千年的悠久历史，文明古国却缺乏悠久文化底蕴的城市原貌。放眼望去，当下无论是一线二线还是三四线的城市，都是扎堆的商品房集群，仿如成片“栽种”的钢筋混凝土“房林”。仅有的几处各级文化遗产古城旧址，也成为票价不菲、游客蚁集的景点，少有令身心放松、自由徜徉且能静心品味的城市氛围。

其次，城乡规划一体化远未到位。城市规划“面子”工程颇多，高楼大厦林立，树木花草茂密，里子工程如下水管等的设计则难言科学，投入不够充足，导致内涝频发，街道成河。新农村建设，常常是腾出土地，把农民集中于安置房聚集点居住，对农村的公共卫生设施关注不够，农民饲养家畜的垃圾污水处理设施基本阙如。

最后，全国城乡区域链的整体协调规划意识滞后。近日读到一则有关重庆的段子：“南滨已无路，朝天也无门，轮船路上行，轻轨水上漂。近40℃高温，没下一滴雨，却淹了半座城”，生动描绘了重庆市出现的内涝场景。这恐怕不单是重庆的城乡规划问题，还是沿长江上、中、下游水域的整体规划问题，涉及更宏观的城乡生态规划。

上述问题，均需要从法律史的视角进行考察和省思，在法律层面上予以重视并解决。

我作为锦红博士曾经的博士后合作导师，比较了解她的为人、为学：为人，她热情大方，助人不落人后，爽直不让须眉；为学，她不断追求，敢于创新。城乡规划

序

城乡风貌,从自然状态到人为规划状态,均为人类文明的重要标志之一。城乡所以要规划,盖不外乎为了人类居住之舒适、交通之畅达、生活之方便、抗灾之有效以及观感之优美等需要。远古社会,所谓城乡“规划”,不外乎依照自然优劣、方位正欹、山水临背、街衢畅阻、水道通滞、北南坐朝以及阴阳调违等,自然形成市井村镇。随着人类文明的发展,人们的规划意识日渐增强,规划行为逐步增多,进而不断出现法律规范意义上的规划实践。

古代中国也存在一定意义上的城乡规划,如有“前朝、后市、左祖、右社”的宫殿设计法则等,规划与建筑布局常运用阴阳五行观念,也有司空(工)、工律等职能部门及相关法律,但这些多不脱自然意义上的“规划”。把城乡规划诉诸法律规范,应该是近代以来的事。

牛锦红博士的著作《近现代中国城乡规划法律问题研究》,对包括传统中国在内的城乡规划法律问题发展轨迹作了清晰的梳理,初步总结了近现代城乡规划法律近代化的转型及其成败得失,将使读者能够基本了解古今中国城乡规划法律的演变。作者在书中提出了不少有创建的研究观点,如在城市法律史或乡村法律史的研究中,应该从整个城市和农村地区,对城乡进行整体考虑,而不是专注于一边,忽略了其他;无论是个案研究城市规划法、区域城市规划法,还是不同类型的城市群体规划法,前提是必须把城市规划放入城乡规划的大环境中;无论比较法研究。而当下我国比较法著作缺乏出版途径的现状,已制约了比较法研究的繁荣和发展。因此,加强比较法方面的研究和出版,成为我国学界和出版界一项重要工作。

鉴于此,法律出版社高瞻远瞩,勇挑重担,与华东政法大学共同策划、出版"比较法文丛",以期为我国比较法的研究和出版开辟一个新的途径。本文丛以扶植中青年学者,尤其是法学博士、博士后,以为这些法学新秀提供一个出版的平台为目的。为此,特选择一批国内最新且富有特色的比较法著作出版,同时,亦可容纳部分纯粹的外国法方面的译著、专著。

本文丛的主要原则和特色是:在"百花齐放、百家争鸣"的方针指引下,坚持质量第一、宁缺毋滥、不定期出版的原则。具体将体现为以下三点特色:第一,本文丛的著作,应属国内学术界没有涉及的课题,具有填补法学研究空白的特色;第二,本文丛的著作,应是国内学术界都很感兴趣,但还没有系统研究或未及时挖掘的课题;第三,本文丛的著作,应具有比较高的文献史料价值,能为学术界进一步研究提供基础性的资料。我相信,"比较法文丛"的出版,一定会为我国比较法研究的进步与发展做出新的贡献。

本文丛的出版,得到了法律出版社沈小英分社长的全力支持和帮助,也得到了华东政法大学外国法与比较法研究院的建设经费资助。在此,特表示诚挚的谢意。

何勤华

于华政人可居

2010 年 9 月 19 日

总　序

1978 年改革开放以来,我国在外国法的研究方面取得了重大成就。这方面的系列丛书可谓琳琅满目,其中,影响较大的有:商务印书馆的“汉译世界学术名著丛书”(法学部分,1981 年)及“法学译丛”(2004 年)、中国大百科全书出版社的“外国法律文库”(1991 年)、中国政法大学出版社的“当代法学名著译丛”(1990 年)及“美国法律文库”(2001 年)、北京大学出版社的“比较法学丛书”(1998 年)、中国法制出版社的“西方法哲学文库”(2001 年)、清华大学出版社的“比较法学丛书”(2001 年)、上海人民出版社的“世界法学名著译丛”(2001 年)、北京大学出版社的“外国法与比较法文库”(2008 年),等等。

然而,在上述众多的系列丛书中,真正冠以“比较法”字样的丛书还不是很多。20 世纪 80 年代到 90 年代,我国先后出版了诸如茨威格特和克茨的《比较法总论》(贵州人民出版社 1992 年版)、勒内 · 达维德的《当代主要法律体系》(上海译文出版社 1984 年版)、梅利曼的《大陆法系》(知识出版社 1984 年版)、大木雅夫的《比较法》(法律出版社 1999 年版)等比较法方面的经典。但是,出版这些著作大多是一种零星的出版行为,并非系统策划的比较法系列丛书。

众所周知,21 世纪的中国已步入法制建设的攻坚阶段。今后,对于外国法的介绍、研究、借鉴将是我国法学研究的一项任务。要顺利完成这一任务,离不开发达的

“十三五”国家重点出版物出版规划项目

比较法文丛

何勤华 主编

48

近现代中国城乡规划法律问题研究

牛锦红 著

法律出版社
LAW PRESS·CHINA

Contents

目　录

绪　论

一、近现代中国城乡规划法律问题的研究对象

城乡规划法是协调人与自然、社会和政府、城乡社会各群体之间关系的主要手段，在配置城乡土地和空间资源、维护社会公共安全和公共利益、促进城乡和谐发展等方面发挥着十分重要的作用。[1] 然而，城乡规划法律问题研究一直处于薄弱环节，即使在今天，我们对城乡法律史的研究已相对成熟，但城乡规划法律问题的研究一直处于其他分支的边缘，往往作为城市发展的伴随动力出现在世人面前。特别是与近现代城乡法制史的其他分支相比，虽然它连接了历史、法律与城乡规划多个专业学科，但它又常常被忽略，城乡规划法及其相关问题的研究处于特别尴尬的境地。城乡规划法律相关问题研究无论是对城市法律史还是对乡村法律史来讲都是不可或缺的重要部分，研究城乡法律史必须重视城乡规划法律的演变与相关法律问题的探讨，深入认识城乡规划法律在城乡规划史中的位置，思考城乡规划法律的主要内容和发展趋向，加强相关学术研究领域的广度和深度，对近现代城乡规划法律的演变趋势、主要问题、近代转型与创新特点有更直观的解读和认知，最终才可以正确分析和理解当前城乡规划法律所面临的种种难题与症结。一方面，规划法律研究应该具备城乡视野，实现城乡角色的自我定

---

① 参见马军杰、张丹、卢锐、朱国华：《中国城乡规划法研究进展及展望》，载《规划师》2018 年第 12 期。

位和转化,以"城乡一体化"的观察视角来解读分析城乡规划法律问题;另一方面,学者们对城乡规划法律问题关注角度的变化也体现了城乡史与法律史研究的志趣转向,表明了城乡史与法律史研究未来的发展潜力和方向。城乡规划法律研究仍然存在一些问题和短板需要给予充分重视和完善,尤其对于近代百年以来中国城乡规划法律问题的研究要深入和加强。

本书以近现代中国的城乡规划法律问题为研究对象,旨在通过对城乡规划法律的近代化进程、法制内容、功能与成效的考察,揭示近现代中国城乡规划在立法、执法、法律遵守与法律监督等方面的状况及存在的主要问题。随着城乡规划法律的近代化,我们对近现代时期城乡规划法律问题的认识日渐全面、成熟和深刻,城乡规划法律制度的近代化体现在三个方面:"一是城乡规划法律思想的民主化和科学化;二是城乡规划立法与执法机构的部门化和专业化;三是城乡规划法律的制度化和体系化。"①而城乡规划法律近代化的3个标志性特征,并不是在所有地区同时具备,上海市、北京市、南京市等城市是中国最早走向规划法律管理的区域。鸦片战争后,在近代特定历史环境下,西方城乡规划法律思想与制度逐渐传入中国,并在中国自身经济、政治与法律的共同作用下,开始了早期城乡规划法律的近代化历程。但早期的近代化是以城市规划法律为中心,乡村规划法律制度依然不够成熟,是城市规划法律的附属物,还未能形成城乡规划法律的一体化体系。至中华人民共和国成立后,城乡规划法律的发展进入新时期,经过几十年的改革、发展与重构,城乡规划法律最终形成了一体化的建构,实现了法律的创新。本书将通过对近现代中国城乡规划法律问题的全面研究,从其法律思想发展,法律规范的制定、执行、遵守、监督及社会影响等方面向学界展示一幅古代中国向现代中国城乡规划法律转型和创新的图景。笔者在探讨近现代中国城乡规划法律问题的过程中,将重点叙述上海、北京和南京等城市与乡村规划法律内容及出现的主要问题,并将国民政府时期的城乡规划法律问题作为重点考察对象。

具体来说,近现代中国城乡规划法律问题的内容主要包括:近现代中国城乡规划法律一体化的历史演变问题;近现代中国城乡规划法律的制定问题;近现代中国城乡规划执法主体的演变及存在的问题;近现代中国城乡规划法律规范的遵守和监督机制等问题。

---

① 牛锦红:《近代中国城市规划法律文化探析——以上海、北京、南京为中心》,中国法制出版社2011年版,第14页。

第一,近现代中国城乡规划法律一体化的历史演变问题。城市和乡村作为人类文明的两个不同的生存空间,不仅代表两个不同的活动领域,而且代表相互依存的社会关系和人文传统,既包含明晰的地理区划,更有复杂的多方联系。尽管城市和乡村有不同的经济基础、地理环境和文化传统,它们往往被认为是相互独立的,但两者其实是互相依存、相辅相成的,城市的起源和发展深刻地证明了"无乡不城、无城不乡"的城乡关系。在众多的城市起源理论之中,多数学者认同乡村是城市的源头,城市由乡村衍化而来,城市是乡村的指向,城乡在经济、政治及思想文化上有效力不等的相互影响,古时候如此,今天也是如此。正如马克思所说:"近代史是乡村城市化,不像古代,是城市乡村化。"①无论是乡村城镇化还是城市乡村化,两者都是相互联系、不可分割、相互包容、对立统一的。因此,无论是在城市法律史或乡村法律史的研究中,我们都应该从整个城市和农村地区,对城乡进行整体考虑,而不是专注于一边,忽略了其他。这一问题对于城市规划法制史的研究尤为重要。无论是个案研究城市规划法、区域城市规划法还是不同类型的城市群体规划法,前提都是必须把城市规划置于城乡规划的大环境之中。因为无论何时,城市规模怎样,都会有在时间和空间上与之相对应的乡村作为支撑和呼应,城乡一体化视角是我们研究城市规划法制史的必然思路。西方学者十分重视城乡关系,重视城市化进程中城乡之间的联系与互动。新城市史学派把城乡作为一个统一的有机体,注重从量变到质变的过程。施坚雅之后,学者们逐渐把研究的重点从城市转向乡村地区,即从城市到郊区县镇再到城乡腹地。因此,我们要理解和探索中国近现代城市规划的法律问题,不仅在城市层面上,更要立足于国家视角,从城乡的视野看城市规划法律问题,以便把城市和乡村放在同一位置进行比较和分析,从而得到更多全面的认知和经验。实际上,这种自下而上的乡村视角能够更好地反映城市规划与发展的内生动力和外部制约力量,可以更准确地认知和理解城市规划和发展的区域特征和动态因素,映射城市规划法律与乡村规划法律之间的内在联系和互动,可以更好地理解中国乡村城镇化的发展路径,拓展城市规划法律史研究的外延。本研究正是立足于城乡视角来探析城乡规划法律一体化的历史演变进程,从而对于当今城乡规划法律体系的建立有重要的启示和借鉴作用。

第二,近现代中国城乡规划法律的制定问题。任何国家都要不断克服城乡规划立法实践中的问题,不断完善现行法律法规。而在整个近现代时期,我国城乡

---

① 《马克思恩格斯全集》(第46卷),人民出版社2006年版,第480页。

规划法律的制定一直随着政局的动荡而不断变动,从法律雏形到体系初建再到近代转型和现代创新,法律体系在不停地发展和演变,在立法方面取得成效显著。在此期间,我国出现了租界城乡规划法律的典型示范,南京国民政府时期出台了中国近代第一部国家层面的都市计划法,各地立法也独具特色,开启了城乡规划法律建设的近代化。但近现代期间,中国城乡规划法律制定中出现了一些问题,如国家立法权不稳定、地方立法权混乱、法律内容不统一等问题,都对当前立法产生了很大的影响。

第三,近现代中国城乡规划执法主体的演变及存在的主要问题。维护法律的权威性和公正性是维护法律公正的重要前提,法律的制定是为了更好地实施与运行相关法律法规。在整个近现代时期,中国的城乡规划法律越来越健全、越来越完善,但法律的运行效果要依靠执法主体。在过去 100 多年间,我们见证了城乡规划执法机构频繁的变化过程和执法功能的实现状况,尤其是近代时期城乡规划执法主体的历史演变与执法效果,值得我们关注。

第四,近现代中国城乡规划法律规范的遵守和监督机制等问题。城乡规划依法行政要以牢固的守法意识和法治观念为支撑。法律必须遵守,否则它将被虚置。近现代时期,由于人治观念居上、法治传统缺乏,人们的法治观念比较薄弱。对法律规范的遵守涉及"官"和"民"两个方面。但无论是官还是民,他们对于城乡规划法律的认识都存在问题。因此,深入探讨近现代中国城乡规划法律的遵守问题,对于我们当代具有警戒与启发作用。另外,随着历史的推进,中国城乡规划法律监督机制也在不断完善,但从整体来看,近现代时期中国城乡规划法律监督机制并不健全,尚有诸多问题。

虽然近现代中国城乡规划法律问题研究对象基本上是确定的,但由于各个历史时期的政治、经济、文化等各种因素的影响,其法律问题的侧重点会有所不同。如近代各时期城乡规划的守法、法律监督等问题由于史料的局限性,很难全面地展现在世人面前,所以近代部分的城乡规划法律问题主要剖析立法和执法方面所存在的问题。而现代部分的城乡规划法律体系比较完备,城乡规划立法、执法、法律监督等方面的问题则展现得较为全面。另外,因为城乡规划司法问题涉及的内容比较宽泛,在本研究中不作专门探讨。

二、近现代中国城乡规划法律问题研究的分期

研究城乡规划法律的历史,首先要解决的是断限与分期问题,这实质上是限定研究的主要范围,从而确定整个研究结构框架的首要和必要问题。断限与分期

是本书的第一步，它的确定建立在对整个城乡规划法律史深入研究、真正理解的基础上。对中国近现代城乡规划分期的认识，有助于准确地把握城乡规划进程中的普遍性和特殊性，也对我们把握近现代城乡规划法律问题研究有重要意义。城市规划作为经济、政治和社会的一面是不连续的，作为科学、技术和文化的一面是延续的。笔者将1840年鸦片战争到1949年中华人民共和国半殖民地半封建社会的城市规划部分作为近代部分，1949年至今的社会主义期间作为现代城市规划的一部分，提出了“现代城市规划理论的整体”的观点，并认为古代城市规划向近代城市规划的发展是一个渐进的过程，而近代城市规划向现代城市规划的发展是一个不断变异的过程。因此，中国近现代城乡规划法律问题也是一个整体性的研究。

（一）近现代中国城乡规划法律问题研究的断限

1840年鸦片战争开启了中国半殖民地半封建社会时期。1842年《南京条约》签订，开放了广州、福州、厦门、宁波、上海五地。1845年英国首先在上海设立租界，西方城乡规划思想与制度大量传入中国，成为西法东渐的一个重要内容，在此基础上，中国近代城乡规划法律体系在中国产生并日趋形成。1840年鸦片战争标志着中国城乡规划及相应法律变革的开始，因此，我们把“近现代”的开端依据史学的通说，定于1840年。本书选择以1840年为界，主要考虑近代中国的城市建设、城市风貌、城市规划法律制度开始发生变化是在鸦片战争后。此时，清政府的一系列内政外交政策发生了重要变化，西方法律思想对中国的传播和影响加剧，中国部分开明之士逐渐了解什么是现代的都市规划、建设与都市管理。同时，中国统治者逐渐由被动变为主动，开始在租界等地实施西方城乡规划理论和法律体制，鸦片战争后的社会背景对近代中国城乡规划与建设产生了深刻和久远的影响，在城市近代化进程中西方城乡规划法律思想与制度的引入，是在这一宏大历史背景下的产物。很难对近现代史的下限确定明晰的界线，从1949年中华人民共和国成立至今都是现代，但根据马克思主义理论研究和建设工程重点教材《中国法制史》的最新分期，认为现代可以“2010年”为界，因为时至2010年，具有中国特色的社会主义法律体系最终形成。[①] 为研究的确定性，本研究的“近现代”下限也界定为2010年，此时的中国城乡规划法律体系已经处于创新与较完备阶段。因此，本研究确定为从1840年到2010年，时间为170年。鸦片战争后，开启了中国城乡规划法律体系的近代化，中国城乡规划法律的主要问题是在一个较长时间

① 参见朱勇主编：《中国法制史》，高等教育出版社2017年版，第2页。

段内所滋生的。时至今日,我们在面对和解决诸多中国城乡规划法律问题时,其根源依然是从近代开始,所以必须把它放在一个完整的历史界限内。

综上,我们将近现代中国城乡规划法律问题的研究范围界定为自1840年鸦片战争至2010年中国特色社会主义法律体系形成。虽然本书会在第一章论述1840年前的古代城乡规划法律问题,但这并不影响上述断限范围的确定。

(二)近现代中国城乡规划法律问题研究的分期

鸦片战争以前的城乡规划法律史,是中国古代城乡规划法律思想引领下的发展演变史,形成中国独有的城乡规划特色。短短100多年,西方各国不同的城乡规划法律制度呈现在国人面前,但西方的城乡规划法律思想与制度不能在中国重演,在20世纪中叶出现了向近代城乡规划法律制度过渡的趋势,而这个过程也是模糊不清的。这样,自然无法按照城乡规划法律自然发展的演变规律或近代城乡规划法律的发展进程来划分发展时期。中国城乡规划法律制度和问题的产生与发展更多地取决于近现代的政治因素、经济因素与文化因素。把中国近现代的城乡法律制度与问题作为中国政治、经济背景发展变化的结果来考察,这是我们进行分期的重要依据。正因如此,近现代中国城乡规划法律问题研究的分期也应以近现代史中的重大政治事件(主要以社会形态的变化与政权的更替为标志)作为各时期的分界线。

1840年至2010年,在这100多年中,中国近现代城乡规划法律问题研究大体可以分为3个范畴:一是固有的城乡规划法律体系中的延续性问题;二是近代城乡规划法律体系中的问题;三是现代城乡规划法律体系中的问题。中国固有的城乡规划法律问题虽然受到新的城乡规划法律体系的影响而局部变化,但仍旧维持原貌。在中小城市、集镇与农村中仍受旧有城乡规划法律制度的影响,所凸显的问题也较一致。这类问题虽然占比较大,分布范围较广,但影响不大,不是主流问题,只是各地区发展不平衡而产生的一种滞后现象,因此,旧有城乡规划法律体系中的问题会在历史回顾中有所反映,只作简要论述,本研究的重点是近代与现代城乡规划法律问题。

近代中国的城乡规划法律不是由中国古代城乡规划法律体系的渐次演变形成的,而是随着资本主义对中国的侵略而出现的。换言之,近代中国城乡规划法律与相关问题的出现是在西法东渐过程中、在借鉴西方城乡规划法律过程中所出现的。近代城乡规划法律的形成,在中国是一种巨大的进步。新的城乡规划法律体系主要适用在为数不多的租界城市,虽然为数不多,但它代表了历史的进步与前进的方向。经历了100多年漫长的发展历程,经历了长期的探索与无穷的波折,城乡规划法律体系完成了近代转型,为当代中国城乡规划法律问题的解决提供了历史的借鉴。因此,作为全局的近现代中国城乡规划法律问题的研究,应当力求包容近现代时期主要城乡规划法律及展现的主要问题,尽可能准确全面反映中国主要地方的城乡规划法律问题的产生、发展与演变进程。

根据以上原则,本书中的分期方案如表0.1所示。

表0.1 近现代中国城乡规划法律问题研究的分期方案

<table>
<tr><td>初始期(1840～1912年)</td><td colspan="2">清朝末期,最早开放为通商口岸的上海、天津、汉口、广州等逐渐形成具有规划特色的城市,西方城乡规划法律思想与制度开始影响中国主要城市,随之也出现了一些法律问题。</td></tr>
<tr><td>发展期(1912～1927年)</td><td colspan="2">民国前期,形成了一批近代城市,除了租界城市,商埠城市也陆续成为城市的主体,上海、北京、南京等重要城市开始陆续制定城乡规划法规或命令。由于国家基本统一,也开始出现全国性的城市规划法律,但还不完善、不够体系化,尤其是乡村规划法律比较薄弱。城乡规划法律问题也日趋复杂。</td></tr>
<tr><td rowspan="2">转型期(1927～1949年)</td><td>转型初期(1927～1937年)</td><td>城市迅速发展,城市建筑与规划活动进入鼎盛时期,城市规划法律体系开始形成,并开始了近代化的转型。乡村规划开始受到重视,但相应法律依然不够健全。</td></tr>
<tr><td>转型后期(1937～1949年)</td><td>政治动乱,战争频繁,城乡建筑与规划处于停滞期,内地城市重庆、成都和租界城市有所发展,城乡规划法规有所体现。城乡规划法律问题也出现明显的政治色彩。</td></tr>
<tr><td>创新期(1949～2010年)</td><td colspan="2">中华人民共和国成立,政权统一与国家稳定带来了城乡规划法律制度的春天,规划法律开始向城乡一体化发展,中国第一次出台了《城乡规划法》,但法律问题也呈现新的特点。</td></tr>
</table>

分期方案将近现代中国城乡规划法律问题的研究分为四个发展时期:初始期(1840～1912年),发展期(1912～1927年),转型期(1927～1949年),创新期(1949～2010年)。但为了更好地认识近现代中国城乡规划法律与问题存在的历史因素,我们在叙述近现代中国城乡规划法律与问题前,会对中国古代时期的相关问题进行溯源与回顾。如笔者所知,近现代中国城乡规划法律问题的产生与发展极不平衡,100多年历史的分期也应不平衡对待,中国城乡规划法律问题集中出现在1912～1949年,这一时期是中国城乡规划法律问题极突出的时间段,也是

本研究的重点所在。

三、近现代中国城乡规划法律问题研究的意义

(一)理论意义

首先,本书运用历史学方法探析近现代中国城乡规划活动中形成的法律制度变迁过程,为科学分析和评价现代中国城乡规划法律实践,为寻找解决中国城乡规划新问题的历史启示提供基础研究。我国城乡规划具有悠久的历史传统,当西方城乡规划科学尚处于粗放阶段,早在公元前11世纪左右,我国业已建立了一套较完备的、具有华夏文化特色的城乡规划制度体系,这是世界城乡规划科学领域中较早形成的城乡规划体制。其规划之先进、城市之宏伟、乡村景观之绚丽,一直为世人所称颂。历史上形成的城乡性质与功能、城乡规划机构体制、规划法律思想与制度等,都深远地影响当代城市和乡村的发展,也必将对今后较长时期的发展起重要的作用。今天,城乡发展带着它曾经的繁荣与失败、激昂与迷惘、成就与问题进入21世纪,毫无疑问,它还必将在各种历史积淀的基础上继续前进。21世纪初,城乡规划史的研究在欧美兴起,随后,中国学界也开始了对本国城乡规划史的研究。然而,中国研究者往往厚古薄今,对近现代城市和乡村相关研究关注不够。中国城乡的发展轨迹对现今的城乡规划与建设影响巨大,从古代具有特色的城乡规划法律思想与制度,到近代中国的新型城乡规划法律思想与制度的转变,对现代中国城乡规划有不同的影响。在这个漫长的历史过程中,近代起始的近现代中国城乡规划法律制度建设是承启封建时代的城乡到现代城乡规划和建设的重要环节,这一阶段也是研究中国城乡从封建化发展到社会主义城乡发展这一过程不可或缺的重要组成部分。

其次,本书可以补充和完善中国城乡规划制度史的研究,改变近现代中国城乡规划法律制度史被忽略的状况,从而完善学科建设。由于近代中国内忧外患、主权丧失,中国各届统治者对城乡的规划和建设关注甚少,对城市和乡村的发展缺少有序的指引、规划和建设,因此,这一时期值得学术界关注的事件和现象也相对较少。但是,这一阶段是连接中国从古代城乡规划到现代城乡规划的重要历史环节,更重要的是,近代化的城乡规划法律思想和制度都是在这一阶段通过主动或被动的途径进入中国的,对中国城乡规划和经济的发展有实质性的影响。因此,收集、整理和研究这些法律思想与制度,对补充和完善中国城乡规划史有重要的意义。从学科发展史的角度考察,近现代城乡规划法律制度属于城乡规划史的一部分;从学科建设的角度考察,近现代城乡规划史是中国城乡发展史的一个重

要内容。目前,对这一阶段的研究涉及城乡规划法律制度全面内容和重要问题剖析的极少。当前,有很多相关问题值得深思:传统城乡规划法律制度与近代城乡规划法律制度的冲突与融合是如何体现的?传统城乡规划法律制度是如何完成近代转型的?近现代中国城乡规划法律问题的主要症结有哪些?如何解决当代城乡规划法律中存在的问题?等等。以上内容都是目前的研究需要探讨的。因此,在城乡发展史学科所包含的内容中,近现代中国城乡规划法律问题的研究是对学科建设的必要补充。另外,通过对近现代中国城乡规划法律问题的研究,可以重新认识该项研究背后所蕴含的近现代思想史、制度史和社会史意义,这里包含了城乡规划物质层面的现代化和精神层面的现代化以及城乡规划组织、规划管理和规划制度的现代化,也更有助于我们加深对中国城乡规划发展现代化过程的全面和深入认识。

最后,本书是对城乡规划法律问题在国际间交流与转化的一种深化,是对城乡规划史全球化、国际化研究的一种回应。近代西方由于工业化而带来的城乡规划法律体系,包括规划法律思想、法律制度,以及规划的各种理论与手段等多层次和多方面的内容,这一体系在受到中国文化影响的区域,究竟面对的是怎样的生存与发展环境,得到了怎样的历史演变?在中国不同的城市和乡村中,西方城乡规划法律的实践成效又如何?本书试图从国际交流的角度进行研究与探析。

总之,在理论层面,回顾近现代中国城乡规划法律问题的整体历史,可以厘清其主要矛盾、发展脉络等重大问题。目前,该研究尚属空缺,作为法律史予以全面和充分研究,可推动中国近现代城乡规划史的深入,深刻认识近现代来中国历史发展规律,推动学科体系的建立与发展。

(二)现实意义

在实践层面,将中外近现代城乡规划法律问题作探索性的比较研究,将近现代时期中国城乡规划法律问题研究置于广大的时空中,能清晰地理解和把握100多年中国的特殊性、历史得失,从而对中国现代城乡规划法律制度的理论剖析、实践探索及建设有中国特色的社会主义城乡规划法律理论体系,具有重要的现实意义。

城乡规划一直被其他自然科学视作没有理论的学科,一直被其他社会科学视作没有思想体系的多种学术理论混合体,很多人认为它缺乏科学的逻辑思维,又缺乏凝重的文化厚度。而城乡规划法律史作为城乡发展史中重要的一个方面,长期被忽略,这不能不说是城乡史研究的巨大缺陷。缺少近现代城乡规划法律问题的研究,我们就缺少了对城乡规划发展逻辑性和历史必然性的基本关注,失去了对各种已经和正在不断涌现的规划法律思潮、法律理论、法律事件进行基本价值判断的准绳。自 2008 年 1 月 1 日起实施的《城乡规划法》更突出了城乡规划在社会经济发展中的全局性、综合性、战略性地位,着重强调了对人居环境的关注和人文生活的关怀。为积极应对工业化、城镇化、国际化、信息化的大趋势带来的挑战,中国的城乡规划学者、史学家、法学家应博采众家之长,保持开放心态,不仅要关注来自国外的先进理念和科学技术,更要善于从中国自身传统的文化宝库中汲取营养,结合古今中外探索符合中国现实的城乡规划法律理念。只有深入了解中国传统城乡规划法律思想,认识古今中国城乡规划法律的演进和转型过程,我们才能从历史中感受到中国自身文化的力量,才能去探寻适用于当下和今后城乡规划法律发展的经验。因此,对近现代中国城乡规划法律问题的研究和探讨,可以作为前车之鉴,为当代城乡规划法律的发展方向提供经验教训和历史借鉴。

本书对近现代中国城乡规划法律制度演变的过程与相关问题进行研究,可以为当代城市和乡村规划的法律制度变迁提供依据。从表现形式上看,中国城乡规划法律制度在近年来的变化,在近代中国也曾经发生过,只不过没有如此的剧烈和鲜明,也没有如此根本性的创新内容。但导致城乡规划法律制度变迁的外在表象是相似的,发生的基本动因也是相似的,都是对传统城乡规划法律制度的一种革故鼎新,有正负两方面的社会效应。城乡规划法律制度的近代化对长期稳定的封建传统城乡规划制度造成巨大冲击,近年来,城乡规划法律制度的变革则是对长期计划经济下形成的城乡规划法律制度的冲击。因此,从城乡规划和发展的角度考察近现代中国城乡规划法制的演变,有助于深入理解现代中国城乡规划法律制度的变迁过程和机制构建。历史经验表明,城乡规划必须重视将城乡规划建设和管理转化为国家法律制度的一部分,更重视实施管理,完成规划和管理的法制化。这就需要人们认真分析近现代以来,国人在运用外来城乡规划法律理念指导中国城乡规划和建设中的成败得失,寻找适应当前科学发展要求的城乡规划制度;这就更需要我们研究近现代以来的规划法律制度成果,回顾总结中国近现代学者立足传统文化,借鉴西方法律技术,结合我国国情,在规划制度设计上的有益探索,研究由于城乡适应近代化需要而进行的规划法制建设并对近代中国所产生的社会效果,创造一条适应中国城乡现代化,并对中外城乡规划法律发展具有参考价值的城乡规划之路。

尊重历史,正视现实,要求我们对近现代中国城乡规划法律演变与相关问题予以充分的、全面的研究。对这一承前启后、中西交错、新旧并存的历史阶段的复原和研究,对我们今天深入地理解中国城乡规划发展的若干重大问题都将有所启示。随着中国《城乡规划法》的出台，在科学发展观的指引下，中国的城乡规划事业即将进入一个新的发展阶段：在指导思想上更明确地追求可持续发展目标；在分析认识问题的方法上将从专注物质层面转向兼顾社会人文的发展，这些变化要求中国城乡规划法律构建必须寻找正确的指导理念，并在其指导下，结合历史经验和现实需求，通过对城乡规划法律制度的完善予以实现。近现代中国城乡规划法律问题的研究是城乡发展史研究中的一个重要组成部分，"以史为鉴，可知兴衰"。广泛开展对近现代中国城乡规划法律演变与相关问题的研究，既是城乡史学学科发展的理论需要，更是现代国民经济建设的现实需要。因此，对近现代中国城乡规划法律及相关问题的研究，是时代赋予我们的责任和历史使命。

四、相关学术史回顾

（一）国外学术界研究状况

从国外学术界研究来看，20 世纪 60 年代，城乡规划作为公共政策的手段，作用日益凸显。各国学者对城乡规划的发展历史进行回顾，但欧美学界的研究重点是 19 世纪末到 20 世纪中期的近代西方城市规划史，对中国等东方国家的城乡规划法律问题基本没有涉及。日本对城乡规划史的研究始于 20 世纪七八十年代，主要研究机构是日本的都市计划学会，1988 年曾主办"近代都市 100 年与 21 世纪之展望"的东京国际讨论会和第三届城市规划史国际会议，把规划史研究扩展到东亚范围这一更广泛的研究区域，开启了规划史研究的新起点。海外城乡规划史的研究范围在不断拓宽，很多学者开始研究近代中国一些城市的规划建设，以日本学者越泽明、渡边俊一为主要代表，如越泽明的《长春的都市计划史（1905—1945）》《日本占领下的上海都市计划（1937—1945）》，渡边俊一的《都市计画史研究》。[①] 另外，美国学者对中国城市规划史的研究也较值得我们关注，但他们的成果以研究城市的发展变迁为主，相关内容在王笛的《近年美国关于近代中国城市的研究》、[②]史明正的《美国学者对中国近现代城市史的研究》[③]等文章中有具体介绍。从国外学者所进行的城乡规划研究内容与观点来看，研究中国史的新理论也不断涌现。美国学者墨菲提出的"西方中心主义"学说与约翰·费正清及马克斯·韦伯的学说相辅相成，认为近代城乡规划文化是一种"西方化"现象。同时

① 越泽明、渡边俊一的著作均为中国城市规划设计研究院会议交流资料。

② 参见王笛：《近年美国关于近代中国城市的研究》，载《历史研究》1996 年第 1 期。

③ 参见史明正：《美国学者对中国近现代城市史的研究》，载《北京档案史料》1999 年第 3 期。

期，施坚雅提出了中国传统市场是“中心市场体制”的理论，打破了传统上把城乡分裂开来研究的做法。1984 年，柯文提出“中国中心说”，主张从中国人的地位与角度来研究中国历史。“中国中心说”的研究角度，促进了美国学者对中国地方史及社会下层人物和边缘的关注。在西方城乡规划形成的理论冲突下，中国学者对 100 多年城乡规划进程中形成的法律问题也以“西方中心主义”与“中国中心主义”为理论依托。西方国家对中国城乡规划史的研究在区域方面、研究理论和方法方面，都有显著的发展和突破，但忽略了对中国城乡规划法律问题的研究，尤其是缺乏对中国乡村规划法律问题的关注。

（二）国内学术界研究状况

从国内学术界研究来看，关于近现代中国城乡规划法律相关问题的研究，就学术发展的内在道路而言，更多地体现为对西方学术界的认同与回应，但相比而言，国内学界的研究更倾向于近现代中国具体历史经验的理解与反思。

现有的综合性著作有：董鉴泓的《中国城市建设史》、①李百浩、郭建的《中国近代城市规划与文化》、②孙施文的《城市规划哲学》、③隗瀛涛的《中国近代不同类型城市综合研究》、④汪德华的《中国城市规划史纲》、⑤天津社会科学院主编的《城市史研究》、⑥翁计传主编的《近代城市史研究资料汇编》、⑦牛锦红的《近代中国城市规划法律文化探析——以上海、北京、南京为中心》⑧等。另外，涉及地方城乡规划法律的专著有：孙倩的《上海近代城市管理制度与公共空间建设》，⑨内容主要涉及上海租界的城乡建设规划与管理制度。另有李东泉的《青岛城市规划与城市发展研究（1897—1937）：兼论现代城市规划在中国近代的产生与发展》；⑩

---

① 参见董鉴泓：《中国城市建设史》，中国建筑工业出版社 1989 年版。

② 参见李百浩、郭建：《中国近代城市规划与文化》，湖北教育出版社 2008 年版。

③ 参见孙施文：《城市规划哲学》，中国建筑工业出版社 1997 年版。

④ 参见隗瀛涛主编：《中国近代不同类型城市综合研究》，四川大学出版社 1998 年版。

⑤ 参见汪德华：《中国城市规划史纲》，东南大学出版社 2005 年版。

⑥ 《城市史研究》创刊于 1988 年，是目前国内唯一的城市史研究专业刊物，由天津社会科学院与天津市社会科学界联合会主办。

⑦ 参见翁计传编：《近代城市史研究资料汇编》，上海科学技术文献出版社 2019 年版。

⑧ 参见牛锦红：《近代中国城市规划法律文化探析——以上海、北京、南京为中心》，中国法制出版社 2011 年版。

⑨ 参见孙倩：《上海近代城市管理制度与公共空间建设》，东南大学出版社 2009 年版。

⑩ 参见李东泉：《青岛城市规划与城市发展研究（1897—1937）：兼论现代城市规划在中国近代的产生与发展》，中国建筑工业出版社 2012 年版。

王立民等的《上海法制与城市发展》;[1]苏则民的《南京城市规划史稿》;[2]王亚男的《1900—1949 年北京的城市规划与建设研究》[3]等。但以上著作主要集中于对近代中国城市史的研究,并对近现代中国城乡规划法律制度及相关法律问题涉及极少。

现有主要论文如下。何流、文超祥的《论近代中国城市规划法律制度的转型》,[4]通过对近代中国城市规划法律制度的深入分析,提出了抗战后期和战后恢复时期为城市规划法律制度转型时期的重要观点。文章对该时期的城市规划法律体系和内容进行了全面的介绍和总结,并在此基础上,探讨了近代规划法律制度转型对当代的有益启示。2008 年武汉大学博士郭建的博士学位论文《中国近代城市规划文化》,梳理了 1840 年到 1949 年中国近代城市规划及其文化产生与发展的历程,分析了城市规划文化发展与传播的过程与途径,并从城市规划思想理论、内容、技术、制度等方面展开关于城市规划各要素与近代城市关系的研究,探讨了影响近代城市规划发展的政治、经济、社会文化等因素,借助古今、中西城市规划文化的剖析比较,揭示了中国近代城市规划与城市文化的关系以及城市规划的近代性嬗变,完善中国近现代城市规划历史与理论的系统研究,并推动了中西近代城市规划比较研究及文化交流研究的发展。另有笔者的《民国时期(1927—1937 年)城市规划机制探析》等文章。另外,中国学界也出现了相当数量的城市个案研究,主要集中在沿海城市与租界城市,如上海、南京、天津、武汉等大型城市,如王立民的《中国的租界与法制现代化——以上海、天津和汉口的租界为例》。[5] 笔者认为,中国城市法制现代化进程始于租界,租界的存在与中国法制现代化紧密联系在一起,租界城市的规划立法权、执法权与司法权的内容都可以在租界的租地规定中找到。孙倩的《上海近代城市规划及其制度背景与城市空间形态特征》,[6]基于上海多样拼贴的城市形态特征,分析了公共租界城市规划意识从无到有的历程,以及法租界和 1927 年后上海市政府的城市规划,讨论重点是规划中城市形态规定的差异及其不同实现途径和制度背景,以找到不同城市形态的成

---

[1] 参见王立民等主编:《上海法制与城市发展》,上海人民出版社 2012 年版。

[2] 参见苏则民编著:《南京城市规划史稿》(古代篇·近代篇),中国建筑工业出版社 2008 年版。

[3] 参见王亚男:《1900—1949 年北京的城市规划与建设研究》,东南大学出版社 2008 年版。

[4] 参见何流、文超祥:《论近代中国城市规划法律制度的转型》,载《城市规划》2007 年第 3 期。

[5] 参见王立民:《中国的租界与法制现代化——以上海、天津和汉口的租界为例》,载《中国法学》2008 年第 3 期。

[6] 参见孙倩:《上海近代城市规划及其制度背景与城市空间形态特征》,载《城市规划学刊》2006 年第 6 期。

因、显性特征和隐藏秩序。吴俊范的《城市空间扩展视野下的近代上海河浜资源利用与环境问题》,[①]以开埠后租界城市空间扩展的微观过程为视角,系统探讨其河浜资源利用与相关环境变迁的内在机制与驱动力,并对深层的制度背景进行分析。另有练育强的《近代上海城市法律的移植及本土化——以土地、道路管理法规为主要视角》[②]等文章。关于现代部分城乡规划法律问题的研究论文相对近代部分而言数量较多,这是中华人民共和国成立后,城乡规划的快速发展导致的。但现代城乡规划法的研究文献分布十分零散且极不均衡,并未形成较完整和清晰的研究体系,并与城乡规划法体系自身及城乡规划实践体系也并不完全一致。但可以归纳看出,当前学者研究主要聚焦城乡规划法的价值取向演变、立法抉择、各类法规与部门的协调问题;对包括控制性详细规划、公众参与、“多规融合”等在内的具体事项和实施保障,以及在法制建设实践方面的具体问题展开讨论。[③]

综上,近几十年国内外学者对我国城乡规划研究已形成丰富的研究成果,为后续研究提供了一个基本路径。但由于我国城市数量广且历史悠久,我国城乡规划发展中的许多法律问题,特别是近代以来的城乡规划法律问题的研究,直到目前为止仍然研究不够。研究成果微观的多,宏观的少;个案的多,通史的少;片段的多,系统的少;单学科研究的多,跨领域、跨学科的少。从整体研究来看,注重城乡规划史的发展脉络,忽略城乡规划法律问题的探讨,尤其忽略乡村规划法律问题;注重政治层面的城乡规划法律问题,忽略社会层面的城乡规划法律问题。总之,从上述论著来看,研究成果多为阶段性历史,或界定在近代时期,或界定在当代,时间界限过短,专门研究近现代中国城乡规划法律问题的著述还比较缺乏,相关的实证性研究和理论探索仍有很大的拓展空间。

---

① 参见吴俊范:《城市空间扩展视野下的近代上海河浜资源利用与环境问题》,载《中国历史地理论丛》2007年第3期。

② 参见练育强:《近代上海城市法律的移植及本土化——以土地、道路管理法规为主要视角》,载《政治与法律》2010年第11期。

③ 参见马军杰、张丹、卢锐、朱国华:《中国城乡规划法研究进展及展望》,载《规划师》2018年第12期。

第一章　溯源：古代中国城乡规划法律与问题（1840年以前）

一、古代中国城乡规划法律演变

（一）西周时期："国""野"一体化制度

都邑计划之事，中国自古重之。有学者认为，黄河中游和长江中游地区在距今约6000年前，就已经出现城邑的分级和体系。[①] 但这种空间规划并未能形成体制化，城乡建设实践也并不成熟，即便到了夏商时期，包括王朝都城在内的城邑建设已十分普遍，但由于整个夏商时期城市还处于城乡分化的初期，城市经济中农牧业仍然占很大比重，城市结构中还保留有原始氏族社会组织的成分，因此，夏商两代的城邑在总体布局上较松散，缺乏统一的规划，也没有最后形成严格的城郭（城乡）规划制度。《诗经》反映的古代"溥天之下，莫非王土"的土地所有制要求按礼的规定分配土地，土地分封制始于商朝中叶，在西周达到高潮，也形成了"最系统、最严密的等级关系"，[②]同时，形成了分封制下的等级贵族土地所有权制度，这也是周礼都城、乡鄙形成的重要根基。《礼记·礼运》有言："故天子有田以处其子孙，诸侯有国以处其子孙，大夫有

---

① 参见张杰：《中国古代空间文化溯源》，清华大学出版社2012年版，第124页。

② 邹昌林：《中国礼文化》，社会科学文献出版社2000年版，第279页。

采以处其子孙,是谓制度。"[1]周王朝就是以这样一个庞大的宗法血缘纽带将全国的城邦形成严密的体系,为整个国家的统一空间规划奠定了制度基础。《周礼·夏官司马》将国家分为九畿:国畿方千里,其外方五百里为侯畿,再外方五百里为甸畿,再外分别为男畿、采畿、卫畿、蛮畿、夷畿、镇畿和蕃畿,它们均方五百里。各畿以国畿为中心,依次向外展开,它们都是为国畿服务的,在居住用地规模上也有严格的等级控制。[2] 当代学者认为,周代已经形成王城、诸侯都城、卿大夫采邑的三级城邑体系,古代初期较完整的城乡规划制度在西周后期至东周形成并逐步完善。

在一些先秦史料中,有不少周初城邑建设制度的内容,如《左传》《逸周书》等,但最具代表意义的是《周礼》中的相关记载。《周礼》是一部记载周代官职制度的古籍,宣扬维护奴隶制度的理论,对后代影响较大。另有《仪礼》和《礼记》两书,都对古代城乡规划产生了重大影响。我们重点剖析《周礼》在城乡规划方面的主要贡献与影响。《周礼》仅"考工记"一篇存世,《周礼·考工记》是记述了战国时期官营手工业各工种规范和制造工艺的文献资料,记的是齐国百工,共记有30个工种的作业内容,计有攻木、金、土、石、兽、草六类。攻木之式分为7种,即输、舆、弓、庐、匠、车、梓。匠人即是攻木之工的一种,它的规定作业内容是城郭、道涂和宫室。《周礼·考工记·匠人》是中国从古代流传下来的城市规划与建设的重要文献。它也是"世界上最古老、最全面的城市规划史料",[3]也是我国历史上第一次对城乡规划活动和城乡规划法律内容有明确记载的重要文献资料。《周礼·考工记·匠人》反映的是西周开国之初,周公营洛,这是古代第一次为都邑规划建设而制定的营国制度,虽是礼的约束性规范,但同时也是全国性的城乡规划法的主要渊源。

其中,最能体现周代城乡规划制度的内容如下:

匠人营国,方九里,旁三门。国中九经九纬,经涂九轨,左祖右社,面朝后市,市朝一夫。夏后氏世室,堂修二七,广四修一,五室,三四步,四三尺,九阶,四旁两夹,窗,白盛,门堂三之二,室三之一。殷人重屋,堂修七寻,堂崇三尺,四阿重屋。周人明堂,度九尺之筵,东西九筵,南北七筵,堂崇一筵,五室,凡室二筵。室中度以几,堂上度以筵,宫中度以寻,野度以步,涂度以轨,庙门容大扃七个,闱门容小

---

① 李学勤主编:《十三经注疏·礼记正义》,北京大学出版社1999年版,第681页。

② 参见张杰:《中国古代空间文化溯源》,清华大学出版社2012年版,第123页。

③ 贺业钜:《中国古代城市规划史》,中国建筑工业出版社1996年版,第5页。

市规划体系，即以城市“肆”为单位组成，即同类商品的等级聚集，整个市场分为三个市：中部的“大市”、东部的“朝市”、西部的“夕市”。所有这些都被安排在一个大院子里，四周有墙、有城门，形成一个完整的商业区。①

周代不仅重视国都建设，还重视城乡统一规划的空间体系建设，如《周礼》有言：“凡建邦国，以土圭土其地而制其域。”②周人通过严格的空间规划进行邦国封疆，并有详细的空间规划测量方法，《周礼·地官司徒·大司徒》记载：“以土圭之法测土深，正日景，以求地中”，意思是通过土圭之法测得周人的地中之地，然后以此为中心，再确定公、侯、伯、子、男的封地，不同地位的城邑与地中之地的距离也不同，从而形成有等级差别的城乡空间规划体系。③《周礼》的《地官司徒》和《春官宗伯》分别从土地资源规划、王侯分封、都鄙、室数之制、农业、水利、税收、社会组织等方面进行了城乡规划体系设计。《周礼·天官冢宰》记载：“惟王建国，辨方正位，体国经野。”④其清楚说明了当时国家对整个都城及其周围区域系统控制的意图和规划设计方法，《周礼注疏》对“体国经野”解释道：“体犹分也，经谓为之里数。”⑤“体国”，就是对城中按照《周礼·考工记》营城制度进行规划，“国”由“乡”“遂”组成，归王或诸侯直接治理，不置采地，其规模与“国”的等级相匹配。为了在军事、赋税和生产三个方面便于管理，周代对这三者建立了统一而严格的组织体系。周代将国内和城外百里范围内的四郊分为六乡，国内二乡，郊内四乡，由大司徒主管。乡内第五家为一比，五比为一闾，由闾胥管理，四闾为族，由族师管理，五族为党，由党正管理，五党为州，由州长管理，五州为乡，由乡大夫主管。而“经野”则是按照三等采地和井田制对整个国之外的野进行规划。“野”为郊外，即王城百里以外至五百里的王畿疆界以内的土地，由遂人掌管，分为甸、稍、县、都。野的社会组织结构与郊内的制度不同，由邻、里、酂、鄙、县、遂制度组成。⑥ 在公卿大夫采地的都鄙内，又将土地细分为大夫采地家邑、六卿采地小都、三公采地大都。其中王子、王之母弟与公同处国外百里之内之地，次疏者与六卿同处五十里，再次疏者与大夫同处二十五里。⑦ 城乡规划的管理不仅体现在不同

---

① 参见贺业钜：《中国古代城市规划史论丛》，中国建筑工业出版社1986年版，第201页。
② 李学勤主编：《十三经注疏·礼记正义》，北京大学出版社1999年版，第254~255页。
③ 参见李学勤主编：《十三经注疏·礼记正义》，北京大学出版社1999年版，第254页。
④ 李学勤主编：《十三经注疏·礼记正义》，北京大学出版社1999年版，第4页。
⑤ 同上书，第5页。
⑥ 参见李学勤主编：《十三经注疏·礼记正义》，北京大学出版社1999年版，第390页。
⑦ 同上书，第29页、第254~259页。

扃三个,路门不容乘车之五个,应门二彻三个。内有九室,九嫔居之。九卿朝焉。九分其国,以为九分,九卿治之。王宫门阿之制五雉,宫隅城隅之制九雉,经涂九轨,环涂七轨,野涂五轨。门阿之制,以为都城之制,以为诸侯之城制。环涂以为诸侯经涂,野涂以为都经涂。①

周代第一次城市建设为什么被叫作"营国"?如上所述,周公营封制度的政治产物,是实行封邦建国的政治活动。所谓"营国",实际个以城为中心连接四周田野郊区所构成的城邦国家,因此建城就是建小城邦国家组成的宗法之国。《周礼·考工记·匠人》不仅详细系统人城邑规划与建设体制,而且载有井田方格网系统规划方法。在以上邑建设体制最重要,由于西周初建城就是指的建国,因此城邑体制也建置体制,严格贯彻宗法分封政体的基本制度,这是营国制度的关键规定全国城市分为三级,即王城、诸侯城和都(采邑城),并对各级城量及布局等有严格的约束和要求。

根据上文及相关资料的分析,西周王城规划和营建制度具有以下(1)王城广场九里,四面筑城墙,城墙高七雉(七丈),墙角高九雉(九丈各有三扇,共十二扇。(2)皇城采用以宫殿为中心的传统分区规划结分为宫城区、官场区、城区、居住区。宫城地区可分为宫城内区和外区由内院和寝宫组成,宫城外区由外院、祠堂和皇宫组成。(3)宫城位于周环绕着宫墙,垣高五雉(五丈),宫隅高七雉(七丈),宫门(指正南门,屋脊标高为五雉(五丈)。城的两边各有一扇门。宫城区南北轴线,规划的主轴。宫城区可分为朝、寝室两个区域。前面是朝,后面是寝。及燕朝之分;寝有王寝、后寝之别。(4)以宫殿为中心,按照"前朝后市社"的制度,围绕宫殿对称布置。这个"朝"是宫前地区的"外朝"。(5于外朝之南,位于外院的南面,每个官署区都列在城市南北中轴线的两区的前导。(6)根据三朝三门制度,沿着城市的规划轴线,由南至北,门、应门及路门,和其相对应之外朝、治朝与燕朝。皋门为外朝朝门,也之正南门。应门为治朝朝门,是宫城的正南门。(7)城市道路由经纬北、南、东、西各三条主要道路组成,经、纬9条。城外有一条"野涂"与络相连。经纬道宽九轨,合周尺七丈二尺;环涂宽七轨,合周尺五丈六五轨,合周尺四丈。(8)院城规模为一"夫",占地100亩。此外,还确定

---

① (汉)郑玄注:《周礼·考工记》,四部丛刊明翻宋岳氏本,第239~240页。

爵位的封地有多少种等级体系,还反映在封地内空间资源的比例控制,如"国"的规制与"野"的规模保持一定的比例,①类似于今天我国城乡规划中实行的人均用地指标的控制。《周礼》还对农业用地与其他用地有一定比例的控制,以保证税收。《周礼·遂人》中也对道路交通体系有所规定:夫间有遂,十夫有沟,百夫有洫,千夫有浍,万夫有川。遂上有径,沟上有畛,洫上有涂,川上有路,以达于畿。这种道路等级又与城内的道路规格相衔接,"径容牛马,畛容大车,涂容乘车一轨,道容二轨,路容三轨",而王城内则"经涂九轨,环涂七轨"。② 另外,《周礼·遗人》记载:"凡国野之道,十里有庐,庐有饮食;三十里有宿,宿有路室,路室有委;五十里有市,市有候馆,候馆有积。"③这是周制。汉朝的礼制规定:"十里二十里有庐,三十里有宿,四十里又有一庐,五十里有市。"④在田中做庐是为了方便农业生产,而宿和市则解决了道路上的行人食宿问题。大致可以看出,《周礼》和汉代礼制规定了"国野一体"的城乡规划体系制度构建:纵横于井田之上的道路体系将不同级别的城邑、聚落联系在一起,并且,这种体系还直接渗透于具体的城邑规划中。

《周礼·考工记》虽有提及城内居住区及乡村规划制度的内容,但并不详细,周代城乡规划法律内容可以《逸周书》所载之制度作为补充。

及将致政,乃作大邑成周于土中。城方千七百二十丈,郛方七百里。南系于洛水,北因于郏山,以为天下之大凑。制郊甸,方六百里,国西土,为方千里。分以百县,县有四郡,郡有四鄙,大县城方王城三之一,小县立城,方王城九之一。一郡鄙不过百室,以便野事。农居鄙,得以庶士,士居国家,得以诸公大夫。凡工贾胥市臣仆州里,俾无交为。乃设丘兆于南郊,以祀上帝,配以后稷,日月星辰先王皆与食。封人社遣,诸侯受命于周,乃建大社与国中,其遣东青土,南赤土,西白土,北骊土,中央亹以黄土,将建诸侯,凿取其方,一面之土,苞以黄土,苴以白茅,以为土封。故曰,受列土于周室。乃位五宫,大庙、宗宫、考宫、路寝、明堂。⑤

周公平乱后,担心周室不能长久,就让都城建在天下之中心地。上文所涉及

---

① 参见贺业钜:《考工记营国制度研究》,中国建筑工业出版社1985年版,第43页。

② 李学勤主编:《十三经注疏·礼记正义》,北京大学出版社1999年版,第392~393页、第1155页。

③ (汉)郑玄注、(唐)贾公彦疏:《周礼疏》卷十三,清嘉庆二十年南昌府学重刊宋本十三经注疏本,第314页。

④ 李学勤主编:《十三经注疏·礼记正义》,北京大学出版社1999年版,第346页。

⑤ (晋)孔晁注:《逸周书·作雒解第四十八》,四部丛刊景明嘉靖二十二年本,第27~28页。

有制的确立，奴隶制的社会基础已经动摇，上层建筑开始土崩瓦解，社会发展开始进入新历史进程。春秋战国时期，各国顺应时事，推行改革，纷纷改造旧城，规划和建设新城。实际上，要从政治性质的“都邑”，转变为兼备政治、经济双重功能的“城市”，因而城乡规划的理念、建设体制与规划制度等都要随之改变。进入封建社会，开始出现从经济角度重视民众的舆论倾向，并产生了“筑城以卫君，造郭以守民”的新的规划理念，明确城市已兼有政治、经济双重职能。战国时期，《周礼》的城乡规划的礼制思想受到各方挑战，城乡规划布局与模式发生转变，如吴国、越国等国提出“相土尝水，象天法地”的规划思想，并付诸实践，但由于这些都是执政者在规划实践中直接运用的手段，并不具有《周礼》的法律效力，仅形成了未有效力的规划法律思想。如《管子》认为，“凡立国都，非于大山之下，必于广川之上；高毋近旱，而水用足；下毋近水，而沟防省；因天材，就地利，故城廓不必中规矩，道路不必中准绳”，打破了《周礼》的单一规划模式。①

（三）秦汉时期：经济区域体制自发形成

在研究古代城乡规划法律制度一体化的演变过程中，要特别注意秦汉时期所形成的经济区域体制现象。《史记·货殖列传》记载：秦统一全国后，土地面积划分为四大经济区，经济区划分为11个次区域。这更清晰地揭示了我国经济地理特征，四个经济区分别是山东、山西（以今河南省崤山为界）、江南和龙门、碣石以北，并确立各区中心都会，组织地区性城市群体网络，开展区域经济活动，为推动各区及全国的商品经济发展发挥了积极的作用。西汉基本上继承了秦代四个经济分区的格局，并作了适当调整，同时改善了水陆交通条件，还开辟了国际交通干线及航道。这些措施更强化了区域城市群体组织网络的作用，为开展区内、区际，乃至国际的商品经济交流、文化交流做出了积极贡献。经济区域体制的诞生，表明我国在古代时期由政治、经济、军事一体化的城邦区域形态，转向以经济为基础的经济区域发展方向。② 宋代时期区域经济体制又有了进一步的发展。北宋时期全境也可以分为四个大的区域市场，北方市场以汴京为中心，东南市场以苏州、杭州为中心，川蜀诸路区域性市场以成都府、梓州和兴元府为中心，西北市场以永兴军、太原和秦州为中心。这些中心城市在北宋的商品流通圈中处于明显突出的位置，各统领一个区域，每个区域又划分为若干个小的区域，由中心城市统领。这种区域经济体制是古代中国城乡发展的一大亮点，表明我国古代讲求宏观规划的

---

① 参见李德华主编：《城市规划原理》，中国建筑工业出版社2001年版，第14页。

② 参见贺业钜：《中国古代城市规划史》，中国建筑工业出版社2014年版，第9页。

优良传统，在分工协作的原则下，视一个区域的大小城市为一个相互依存的有机总体，这是中国古代城乡一体化演变过程中的伟大创举。但需要指出的是，秦汉时期区域经济体制更多是自发形成的，与近现代国家规划手段的积极实施有所不同，因此，秦汉时期区域城乡规划的法律性特点也很难体现。

（四）唐宋时期：从“坊制”到“街市制”

从西周到唐代，城市建置的格局，一直是市（商业区）与坊（汉代称里，即住宅区）分设，市内不住家，里内不设店肆。“坊里”指的是四周建有围墙及有相应管理制度的封闭式居住区；所谓“坊市”，是指一个封闭的市场，四周有围墙，并有相应的管理制度。因此，“坊制”是中国古代政府对城市居住场所和市场进行整体规划管理的一项重要制度。城的四周以碎石筑墙，叫“阛”，四周有一扇门，叫“阓”。城门朝开夕关，交易有固定的时间。坊市的建立、废除和迁址由政府命令。城市里的商店是根据商品的种类在指定的地方布置的，称为“肆”。由此，封闭的“坊里”与“坊市”一起，构成独具中国特色的“坊里—坊市”的古代城市规划与管理结构，并成为一种规划制度在汉代得到推广，流传后世，我们不妨称之为“坊制”。[①] 坊里与坊市二者不能夹杂，不遵守这样的城市居住规划管理制度的人就要受到处罚。汉代万户侯、唐代三品以上高官的宅第才有资格临街开门，其余宅门只能开于坊内。坊市的规划管理制度在一定阶段有利于城市商业的发展，它确立了一套规划体制和固定场地，战国时期商业经济的繁荣不能不说与坊市的出现有一定关系。春秋战国时期，改造后的“后市”，曾附属于宫殿，逐渐发展成为一个独立的中央商务区，并作为城市外墙的主体部分。调整城市土地利用规划，适当减少城市宫殿用地，为城市经济创造有利条件。尤其是战国时期开始出台整套的市场规划与管理制度，如《秦律》的《金布律》中即有多项市制条款。着眼于其在物质建设上的特征，春秋战国时期的城市规划改革极大推动了古代中国城乡规划法律体制的演变进程，进一步完善了坊市制度。坊市制度不仅是城市特有的现象，也是当时整个城乡的规划特色。但这种坊市制度是以加强城市管理、积极防范盗贼为目的，从而给城乡居民的日常生活、生产及人际交往带来很多不便。坚固的坊墙、严格的夜禁，限制了人们的活动自由。

随着城乡商品经济的发展，唐代中期以后，长安城内侵街建房，违反规划礼制，坊里之内开店、开设夜市等破坏坊里制度的行为层出不穷。至唐末的长安崇

---

① 参见田银生：《走向开放的城市——宋代东京街市研究》，生活·读书·新知三联书店 2011 年版，第 13～14 页。

仁坊，出现两市，昼夜喧呼，灯火不绝。北宋中叶随着城市人口增加，商业发达，使坊市制完全崩溃。由于“侵街”占地的潮流成为日常，在宋徽宗崇宁年间，宋代朝廷开始征收“侵街房廊钱”，其实，这等于承认了其违反规划的合法性，逐渐形成了临街开店的街市制。坊墙已被推倒，居民也可以通过坊墙，沿街开门。在城市和广场上的商店也争先恐后地向街道开放，以吸引顾客，固定商店更多地取代了摊位。坊墙和夜间禁令的废除标志着坊制的崩溃，城市中的里坊小巷不再相互隔离而是与大街相通，从而使大街小巷的开放取代了旧有坊里结构的封闭，这种改变给人们的日常生活带来了极大方便。

坊市制被街市制所取代。例如，从《东京梦华录》中可以看出，北宋时期的东京与唐代的东京有很大不同。在汴京，街道上的商店、作坊、酒店、50 多家烧饼店、两三层楼的餐厅(官营或私营)，以及民居、寺庙等建筑均可见，甚至连毗邻官府办公楼的街道上也开了各种商店、餐馆。北宋后期，城区街市贯通、楼阁遍布、官民混居，城市规划与建设呈现与唐长安城完全不同的面貌。再如，五代时期，东京临街盖店已经成为合法行为，从而掀开了中国城乡规划法律发展史上新的一页。街市制度作为古代中国城乡规划法律体系演变中的重要环节，已经发展成一个丰富、成熟和具有多样化功能元素的城乡空间，这从根本上影响城乡的整体规划和管理体系，导致城乡规划法律体系和文化形式的转换和升华。工商界的快速发展，在时间和空间上突破了传统坊市和坊里制度的束缚和制约。城乡由封闭向开放转变，城乡经济功能不断增强。

总体来说，古代中国城乡规划法律从西周的“体国经野”到秦汉时期的经济区域规划体制，都体现了城乡融合的特点，古代城乡规划法律具有一体化的特点，虽然唐宋元明清在城乡规划法律制度上有一些重要变化，但其主体内容和根本性质未变。因此，古代城乡关系的总体面貌是融合而不是对立。① 这种城乡关系表现在城乡规划法律上是一体化的建构，城市与乡村在古代空间规划中具有同等重要的价值理念。

二、古代中国城乡规划法律渊源

古代中国城乡规划法逐渐从习惯法向制定法的方向发展，最终形成诸法合体的城乡规划法律体系。秦汉以后，城乡规划建设的法律渊源呈现多元化。不仅

① 参见叶超：《体国经野：中国城乡关系发展的理论与历史》，东南大学出版社 2014 年版，第 110 页。

了西方城市政务的概念，重视道路建造码头，注意道路网的建设和相关市政设施建设和维护，在维护城市外观和改善交通环境中扮演重要的角色，也为列强的商业发展提供了便利。

早期传播西法的途径大致有三种：一是翻译和著述与法律相关的书籍；二是运用出版机构和报刊宣传；三是设学校，开设法律课程。① 从影响和效果来看，笔者认为，其中第二种途径是最重要的，因为出版机构和报刊宣传的受众面最大，尤其是近代报刊的出现，使下层民众的眼界大为开拓，而不断地宣传也使民众对西方相关的法律制度有了一定的了解。城市规划法作为当时不被晚清重视的法律内容，国家和个人翻译的法律书籍和学校开设的法律课程中，基本没有城乡规划的内容，只有在近代报刊中有所涉及，且主要是上海和天津一些设有租界的城市报刊，这些报刊注重对西方规划法律制度的介绍和宣传，如上海的《申报》(上海版)、《万国公报》和天津的《大公报》等。

从1872年《申报》(上海版)创刊开始，很多关于西方规划法律制度的介绍和宣传就已出现，这些文章往往以租界的规划法规为根据来介绍，对租界规划作详细介绍的文章有《拟建水池议》《租界街道清洁说》《论英工部局议木椿筑堤及造花园事》《驱逐草棚》《论前十五日陈司马会勘吴淞马路事宜》《创设马路》等。如同治壬申(1872年)10月26日的《驱逐草棚》一文描述："上海洋泾浜租地界内空僻处所为江北等处难民搭盖草棚居住者，不一而足，会经巡捕房驱逐不遵，解送公堂论禁押，拆亦已不知几次矣，无知该客民等东逐西移，殊难绝净。兹又据巡捕头禀解王建勋等均系在租界搭盖草棚之流，违背租界章程，送请论禁押拆，张公固知租界地方一切工造指挥均应工部局主张，曾奉总理衙门仪准咨行，况草棚最虞火烛，瞬届隆冬，岂容违照向章，盖适当堂谕令，赶紧自行拆卸，如敢故违，定予提究押拆，饬捕毁逐，勿谓言之不预云，仍出示晓谕，限期拆卸，租界真清净地方也。"《谅情免究》一文记载："工部局管理街道之洋人好司赴英界会审公堂，禀称查得里虹口严正延家之余地上设有坑厕，该处附近皆系洋房，应照租界章程移至他处，为此将严传案，请谕搬移。严正延供住居里虹口虹桥东首，祖传地基起造坑厕，附近只有公平洋行之湖丝栈，余则别无洋房，公平行屡次欲买我地基，不允，故令工部局着我搬移，然我于自己地基设厕，不愿拆让，好司又称并不干公平之事，实因违章起见。哲譒译请谕严姓移开，陈太守谓严姓地基系在华界及租界交接处，况

① 参见牛锦红：《晚清西法东渐的一座重要桥梁》，载《史学月刊》2006年增刊。

系乡间可以免令搬移。”①“公共工部局在法华乡东七国拟筑新路，蒲淞市经董沈賨寅等以其有碍土地主权具呈上海县知事，提出交涉，曾志本月二十四日本报兹据工部局方面消息，此路（即大西路）虽于一九一八年时被处，有地主一人反对遂致停筑，然工部局计划已久。依据洋泾浜土地章程有全权实行筑路，近年来该路日见需要，工部局不愿延搁，乃将路线变更绕道避去反对者之地，现在新路线附近各地主以进出利便，均表示欢迎，并不反对，盖筑路必要之地，工部局已全数购得，业已兴工开筑，不但于近旁地主因地产及其建筑物等增价而大受利益，且上海邻近缺乏适宜道路颇感不便，此路筑成公众获益非浅，不待言也。近日道路建设运动呼声甚高，诚不解反对者于意云何，且其中多有地产靠近该路，或为该路所通过者，此路实有利而无害，反对者殆别有用意也。”②此段文字主要记载了当时在上海租界进行的道路规划及中间所经历的曲折，对部分反对道路规划的人提出质疑。

《申报》（上海版）上有不少关于城乡规划方面的论述文章，其中涉及西方规划法律制度的文章也较多，尤其以19世纪八九十年代的为多。每逢英法公共租界有关城市规划和管理的法律制度出台，基本上都会在《申报》（上海版）上公示于众，而《申报》（上海版）是旧中国历史最长、影响较大的报刊，这种对租界城市规划法律制度的介绍，无疑加快了西方城市规划法律制度以一种实践的姿态进入中国城市，而这是以租界为据点的，从而也使城市规划法律在思想、制度和器物层面逐渐成熟。

中国近代化城市的许多方面都深受西方城乡规划法律制度的影响，特别是租界与使馆区，从基础设施、市政系统、管理模式到现代的生活方式等，在高度西方化（或近代化）的城市尤其如此。当然，西方的影响并不局限于沿海地区，西方城乡规划法对北京市等城市的影响也很明显，这些城市传统色彩浓厚，以政治功能为主导。早在20世纪初，北京就公开借鉴西方城市的经验，建立了街道污水处理系统。负责组织和实施北京市大规模建设的管理机构的市政公所及其官员辩称，“让中国强大意味着沿着西方道路实现现代化”。因此，北京市政府每月发布的《市政通告》中，往往会包含有关其他国家城市管理和相关法律制度的文章，并讨论西方政府解决各种城市问题的方法，并以此为基础来证明北京市每一个公用事业项目的合理性。另外，中国的租界与使馆区率先建立了符合近代西方城市风格的建筑，具有西方城市规划的印记和色彩。

---

① 《谅情免究》，载《申报》（上海版）1882年3月3日，第2版。

② 《工部局开筑大西路之理由》，载《申报》（上海版）1922年11月29日，第14版。

二、中国发展对城乡规划法律的影响

虽然西方城乡规划法律思想对中国城乡的发展与改变有重要影响,但近代中国自身经济、政治等因素的影响也是不容忽视的。

首先,近代中国工业发展对城乡规划法律制度的形成与发展有重要影响。在世界范围内,工业革命是近代城市化运动与城乡规划法制形成的主要起因。我国近现代城市改革和城乡规划法制建设也在一定程度上得益于工业的发展。在洋务运动中,中国开始建立一批现代军事工业、民用企业和相关的新矿企业,促进了一批新的城市形成和发展及传统工业城镇的转型和崛起。

其次,近代城市人口的快速增长也是促进城乡规划法形成的重要因素之一。人口的大规模增长促进了许多近代城市的崛起。人口是城市发展的动力,也是城市发展的结果。为了满足人口增长的需要,城市规划和设施做了许多改变,而城市的繁荣继续吸引更多的人进入城市。同时,不少西方人进入中国也产生了重要影响,来自外国的商人、外交官、传教士等,他们带来了西方的生活方式、价值观和文化,通过城市规划和建设改变了城市外观,主要反映在市政交通道路、建筑、生活设施、组织和管理模式等方面,从而为中国城市规划和规划法律体系的近代化进程提供了一个典范模式。中国城市规划和建设受西方模式的影响较大,近代城乡规划法律思想与制度也随之形成。

最后,地方自治意识和公民的城乡规划建设意识逐渐兴起,对加快我国城乡规划法律的近代化具有重要意义。近代中国地方自治的意识源于西方近代民主宪政运动,起始于17世纪前的英国,畅行于18世纪末的英美国家,至19世纪中后期,西洋各国已经成功地实行地方自治,从而奠定了民主政治基础,它带来了欧美各国的政治进步,同时也带来经济的繁荣。清朝末年,我国城乡经济有了一些发展和进步,随着政治地位提升、经济力量发展、人口规模增长以及近代城乡事务增多,各地要求在法律上享有独立的地位,以更好地规划和管理城乡。同时,中央政府财政特别困窘、政治十分软弱,各地自治的倾向与呼吁不断加强,事实上也出现了城乡分治的趋势。清朝末年,城镇工商业有所发展,但城乡规划和建设则相对滞后。地方自治运动前,城市是封建主义的政治中心,完全处在封建官府的统治下,虽然在周朝就已经有了城市的都市组织,但是历代国家行政权力直接控制都市组织,并没有出现独立的城市政权,那些设在省市的地方官衙,事实上只能算是中央政府的派出机构,地方城市本身没有任何自主性和独立性。而清政府由于腐败和财政困难,根本无力于城乡建设,"今求其弊所以然,则皆纯任官治,毫无自治之法”。[①] 既然官治问题较多,那么地方士绅和百姓就成为改变城乡规划建设混乱状况的重要力量,“公共事业者,必自地方始”。[②] 在地方自治的趋势下,提倡和促进地方自治的社会群体在全国范围内出现,推动了清代地方自治的发展。在自治运动时期,地方商绅积极参与政治,分享地方权力,为实现城市的某种自治和独立做出了努力。1896 年,湖南省长沙的官员和士绅共同成立了保卫局,负责有关市政事务的讨论和执行。[③] 1904 年,著名实业家张謇、李平书在南通、上海、苏州等地进行了地方自治试验。他们成立了城乡自治机关,从事各项事业,其中包括市政事业的建设和规划。[④] 后来,张謇以其先进的城市规划思想,将南通建成“近代中国第一城市”。1906 年以后,各省相继成立了自治研究所、自治协会、自治局等,产生议事会和董事会,纷纷设置市政机关。自那时起,自治运动已成为一场全国性的城市现代化运动。然而,晚清地方自治运动存在一种未被重视的现象,即其活动范围是城市和乡镇,其内容多与城乡事务有关。所谓地方自治,实际上就是城乡自治,地方自治的内容主要是城乡建设和发展。1908 年,摇摇欲坠的朝廷面对列强侵略和接连不断的国内暴乱,下发诏书,颁布了《城镇乡地方自治章程》,规定了城镇乡均为地方自治体、城镇乡议事会在本地选民中选举产生;同时,在此章程中,涉及城乡规划的法律制度很多。[⑤] 城乡地方自治运动一直持续到民国初年。在地方自治运动和城乡分割的过程中,大规模借鉴西方城乡的建设经验和管理制度,不同类型的市政管理机构逐步建立,这些管理机构所具有的平民化意识为城乡基础设施和公用事业的发展,发挥了重要作用。

西方地方自治思想是伴随民主思想传入中国的,主要传播人员有:(1)西方人士;(2)在西方接受教育的人士;(3)游历欧美、日本等国的人士;(4)留学日本的人士;(5)睁眼看世界的传统士绅;(6)受新教育的中国人士。以上 6 种人士以不同的方式在中国不同社会领域传播了西方地方自治观念和城乡建设思想,但真正在中国掀起地方自治浪潮的人物是当时掌握政治权力的清末大臣。1905 年,清末 5 位大臣出国考察宪政。此外,这些官员还对日本、欧洲和美国的物质和文化事业表现出极大的兴趣,通过广泛的近距离观察,他们了解了日本、欧美社会的

---

① 马鸿谟编:《民呼、民吁、民立报选辑》(第 1 辑),河南人民出版社 1982 年版,第 90 页。

② 《社说》,载《东方杂志》1907 年第 4 期。

③ 参见《苏省官报》,载《申报》(上海版)1896 年 7 月 12 日,第 2 版。

④ 参见《苏省官报》,载《申报》(上海版)1904 年 10 月 10 日,第 10 版。

⑤ 参见《宪政编查馆资政院会奏遵拟宪法大纲暨议院选举各法并逐年应行筹备事宜折》,载《申报》(上海版)1908 年 9 月 2 日,第 3 版。

不同方面,并对中国的社会状况进行了不同程度的比较。在参观余暇,他们发现:"每至都会繁盛之区,必有优游休息之地,稍得闲暇,即往游观,辄忘车马之劳,足益见闻之陋。"相较之下,中国这样的"数千年文明旧域,迄今乃不若人",难免让这些大臣产生相形见绌之感。待他们回国后,详细描述了西方国家地方自治的现状,分析西方城市政府在城市建设和规划中的作用。例如,1906年4月,载泽、尚其亨、李盛铎将考察情形写入奏折,介绍英国地方自治:"至于一国精神所在,虽在海军之强盛,商业之经营,而其特色实在地方自治之完密,全国之制,府分为乡,乡分为区,区有长,乡有正,府有官司,率由各地方自行举充,于风土民情,靡不周知熟记。凡地邑民居,沟渠道路,勤工兴学,救灾恤贫诸事,责其兴办。委曲详尽,纤悉靡遗。以地方之人,行地方之事,故条规严密,而民不嫌苛,以地方之财,供地方之用,故征敛綦多,而民不生怨。而又层累曲折以隶于政府。得稽其贤否而奖餮之,计其费用而补助之,厚民生而培民俗。深合周礼之遗制,实为内政之本原。惟其设官分职,颇有复杂拘执之处,自非中国政体所宜,弃短用长,尚需抉择。"①可以看出,"地邑民居,沟渠道路"之类的城乡规划事宜实属于地方自治范围之事,他们还明确提出以日本为学习榜样,提出"布地方自治之制"。② 奏请由学部、警部主持,在京师次第筹办以上公共设施,并由清朝政府"饬各省督抚量为兴办,亦先就省会繁盛处所,广开风气,则庶几民智日开,民生日遂,共优游于文囿艺林之下,而得化民成俗之方,其无形之治功,实非浅鲜"。因此,他们建议,逐步在全国各地建立图书馆、博物馆、动物园、公园等。可以说,这是5位大臣在考察宪政、传播城乡地方自治思想和城乡规划建设重要性等方面的无心之举。一般舆论也把城乡规划、建设和发展作为地方自治的主要内容,如《民呼日报》认为,"所以久而萎落者,其病坐于抑末之谬说,而不重商,故市政不能发皇,以为模范",并且说,"则今欲求自治,著乎之点,即不可不先从事于市政"。③

清政府试图通过设立自治机构,找到稳固统治的新办法。虽然清末这场地方自治风潮并未成功,与真正意义上的资产阶级地方自治制度有根本区别,但这场运动却为中国的城市和乡镇争取独立的法律地位走出了重要的一步,为以后中国城市和乡村确立独立的地位奠定了基础,以后确立的"市"的建制正是沿着自治

① 《出使各国考察政治大臣载泽等奏在英考察大概情形暨赴法日期折》,载故宫博物院明清档案部编:《清末筹备立宪档案史料》(上册),中华书局1979年版,第11页。

② 《立宪论上续》,载《申报》(上海版)1906年10月2日,第2版。

③ 马鸿谟编:《民呼、民吁、民立报选辑》(第1辑),河南人民出版社1982年版,第289页。

的发展轨迹进行的。城市法律地位至少在章程上获得了承认，自此，地方自治有了法律保障，这也是张謇、袁世凯等人进行城市和乡村规划的法律依据，城乡规划法律思想与制度的近代化也有了进一步的发展。虽然清末的自治运动只是象征性地进行，中国有实际意义的自治活动是进入民国以后才逐步开始的，但总体而言，清末的地方自治影响了民国时期的地方自治。

综上，近代中国工业化和城乡自治运动是推动中国城市近代化和中国城乡规划法律制度形成的重要原因。此外，近代租界的建立、商业的发展及西法东渐也起了重要的作用。同时，我国城乡居民的价值观、生活方式和法律意识也受到影响，从而对城乡规划法律的产生也有重要影响。在各种因素的共同作用下，中国近代城市的性质和发展方向发生了重大变化，城乡规划法律体系也初步建立。

三、清末城乡规划法律体系初建

（一）清末国家城乡规划法律内容

从全国范围来看，清末时期中国城乡规划法律体系并不完善，还没有真正的城乡规划法律。但由于西方城乡规划法律思想与制度的影响及中国地方自治的兴起，关于地方城乡规划的立法与执法在清末时期已有法律依据。清政府于1909年和1910年分别颁布了《城镇乡地方自治章程》和《府厅州县地方自治章程》，规定地方自治机关具有相对独立的权限，可以行使一定程度上的立法权和行政权，对城乡规划的法律问题涉及较多。笔者以1909年《城镇乡地方自治章程》的第一章前7条规定为例，内容如下。

第一章　总纲

第一节　自治名义

第一条：地方自治以专办地方公益事宜，辅佐官治为主。按照定章，由地方公选合格绅民，受地方官监督办理。

第二节　自治区域

第二条：凡府厅州县治城厢地方为城，其余市镇村庄屯集等各地方，人口满五万以上者为镇，人口不满五万者为乡。

第三条：城镇乡之区域，各以本地方固有之境界为准。

若境界不明，或必须另行析并者，由该地方官详确分划，申请本省督抚核定。嗣后城镇乡区域如有应行变更或彼此争议之处，由各该城镇乡议事会拟具草案，移交府厅州县议事会议决之。

第四条：镇乡地方嗣后若因人口之增减，镇有人口不足四万五千，乡有多至五万五千者,由该镇董事会或乡董呈由地方官申请督抚,分别改为乡镇。

第三节　自治事宜之范围

第五条:城镇乡自治事宜,以左列各款为限:

一、本城镇乡之学务:中小学堂、蒙养院、教育会、劝学所、宣讲所、图书馆、阅报社,其他关于本城镇乡学务之事;

二、本城镇乡之卫生:清洁道路、蠲除污秽、施医药局、医院医学堂、公园、戒烟会,其他关于本城镇乡卫生之事;

三、本城镇乡之道路工程:改正道路、修缮道路、建筑桥梁、疏通沟渠、建筑公用房屋、路灯,其他关于本城镇乡道路工程之事;

四、本城镇乡之农工商务:改良种植牧畜及渔业、工艺厂、工业学堂、劝工厂、改良工艺、整理商业、开设市场、防护青苗、筹办水利、整理田地,其他关于本城镇乡农工商务之事;

五、本城镇乡之善举:救贫事业、恤嫠、保节、育婴、施衣、放粥、义仓积谷、贫民工艺、救生会、救火会、救荒、义棺义冢、保存古迹,其他关于本城镇乡善举之事;

六、本城镇乡之公共营业:电车、电灯、自来水,其他关于本城镇乡公共营业之事;

七、因办理本条各款筹集款项等事;

八、其他因本地方习惯,向归绅董办理,素无弊端之各事。

第六条:前条第一至第六款所列事项,有专属于国家行政者,不在自治范围之内。

第七条:城镇乡地方,就自治事宜,得公定自治规约,惟不得与本章程及他项律例章程相抵牾。①

另外,1910年,经民政部奏请,清政府颁布《府厅州县地方自治章程》,凡八章105条,对地方自治的相关事宜作了具体的规定。根据该章程,地方自治内容主要为负责"地方公益事务"和"以法律或命令委任的国家行政或地方行政事务",府厅州县的自治受该省督抚的监督,设议事会、参事会,掌握议决地方自治事宜,府厅州县长官则负责掌管自治事宜。《府厅州县地方自治章程》中关于城乡规划方面的内容涉及颇多。②

① 参见杨廷栋编:《城镇乡地方自治章程通释》,上海商务印书馆1909年版,第7～15页。

② 参见《宪政馆核订府厅州县地方自治章程清单》,载《申报》(上海版)1910年2月23日,第2版。

与国家层面的城乡规划体制相比，各地方的城乡规划法律体制在清末时期有所进展。尤其是上海、北京、南京等城市的自主规划与建设，形成了各具特色的地方城乡规划法律体系，并初步形成了城乡规划法律管理机关。这一时期，近代地方城乡规划法律制度从无到有，城乡规划与管理的法律框架已基本形成，为以后城乡规划法律的制定与发展打下了坚实的基础。

（二）清末上海城乡规划法律体制

租界是以不平等条约为基础产生的一个空间范围，在很大程度上具有独立性，不受中国传统法制的制约和规范，从而给租界确立和发展新的城乡规划法制留下了可能性。租界不必采纳中国传统法制而快速接纳现代法制，率先走上城乡规划法制现代化的道路。由此，上海公共租界的城乡规划立法机构、执法主体和规划法律内容也应运而生。

1. 上海公共租界城乡规划立法机构

晚清上海的租界不同于中国的专制集权官僚制度，市政权力是在纳税人大会、工部局和领事使团的参与下运行的。上海公共租界的立法权由纳税人委员会行使。早在1845年，上海公共租界的《土地章程》就规定由租界内租地人议决租界内主要事务，纳税人会议制度自此开始。1869年《上海洋泾浜北首租界章程》正式将租地人会议（Land Renter's Meeting）扩大成纳税人会议（Ratepayers' Meeting），并对会议的召集方式、讨论事项、议决效力等进行了更加详细的规定，从此，作为上海的自治体系重要组成部分，纳税人会议如同一个小议会在上海整整存在了70年。

纳税人会议通常讨论的主要项目是：(1)通过预算和决算。特别是工部局的预决算和预算以外的税收、支出，应当由纳税人会议批准。(2)确定捐税的征收。捐税的主要目的是租界内市政建设和管理，特别是道路建设和管理。(3)选举土地专员。(4)批准工部局制定的《土地章程》附律，划定界内土地的公用地段和修改《土地章程》的相关内容。①

另一立法机构是工部局董事会。依《土地章程》第11条的规定，董事会有订定附则的权力，经纳税人会议、领事团及公使团批准，发生效力。② 根据以上规定，工部局对《土地章程》作了多次修订，多以章程附则的形式出现，内容主要涉

---

① 参见《拟请修正上海洋泾浜北首租界章程草案》，载《申报》（上海版）1919年11月18日，第11版。

② 参见阮笃成：《租界制度与上海公共租界》，法云书屋1936年版，第48页。

及在界内盖房筑沟、道路修整和街道卫生等事项。《上海公共租界制度》一文对工部局的立法之职权也作了详细说明："工部局为实行章程，得制定废止或修改附则之权，惟略受限制，又得制定取缔建筑物之规条。"①

2. 上海公共租界城乡规划法律内容

19世纪末和20世纪初，租界的城乡规划法律制度已经开始形成。上海租界从始建到1911年前这段时间，并未出现专门的城市规划法规，其制定颁布的法制文件中，城市规划法律内容主要被规定在土地章程、道路规划和房屋建设方面的法规之中，主要内容如下。

第一，关于土地法规涉及的城乡规划法律内容。当时的《土地章程》在一定意义上讲主要是指规划城乡土地，在规划土地的过程中较多地涉及城乡规划的各个方面。主要法律文献有：1845年《土地章程》、1854年《土地章程》、1869年《上海洋泾浜北首租界章程》、1893年《新定虹口租界章程》和1898年《土地章程》，共计5部土地章程，②涉及城乡规划的内容包括：

首先，对城市公共用地的法律规定。公共土地涉及公共利益，是土地规划的重要组成部分。根据1845年《土地章程》第2条、第3条、第4条的规定，租界内必须预留足够的公共土地用于道路建设，必须修建7条东西主干道和3条南北主干道。1854年《土地章程》第5条对"没收土地"作了明确规定。1869年，《上海洋泾浜北首租界章程》第6条对已经用作公用土地、即将用作公用土地、转租之公用地、公用地的收回及征收的程序都有具体规定；第6条还规定用于公共道路的土地应首先公开，如果有异议，有关人员应在14天内向领事官员或直接向公职人员说明情况。1898年《土地章程》对公共部门的公共义务和承租人的抗辩权作了更为明确的规定。它要求将拟作公用公路的图样进行公示，并同时进行宣示，提出异议时间为14天到3个月，同时还规定了最终裁决的时间界限，最后决定异议期为4个月或1年，如仍然不能令租地人满意，就由地产委员会来决定土地的价值及房屋的价格。

其次，对城乡住房自用或公益性用地的法律规定。1845年《土地章程》第10条规定：商户出租土地后，可以自建房屋，存放货物、修建礼拜堂、医院、学院、会馆，并可以种花、种树、玩耍。1898年《土地章程》新增第30条及新增后附规例第8条规定：所有的新建筑、改造房屋和非居民个人转化为住宅应当首先经工部局

① 徐公肃、丘瑾璋：《上海公共租界制度》，中国科学公司1933年版，第108～109页。

② 参见练育强：《近代上海公共租界的土地管理制度》，载《华东政法大学学报》2009年第2期。

检查。

再次,关于规定墓地使用的法律内容。墓地也是土地管理中涉及的一项重要法律内容。1845 年《土地章程》第 5 条规定:“商人不得践踏或毁坏租用基地内的中国人的坟墓。必要的修缮,由中国人通知承租人自行修缮。”1854 年《土地章程》第 11 条、1869 年《上海洋泾浜北首租界章程》第 16 条、1893 年《新定虹口租界章程》第 3 条和第 4 条也作了类似规定。

最后,关于规定城乡规划过程中的土地征用补偿法律内容。城乡规划建设不可避免地涉及征地问题,就会影响到私有土地产权。为此,1845 年《土地章程》规定了保护私有土地权利的法律措施。然而,直到 1869 年《上海洋泾浜北首租界章程》才第一次明确规定,租赁者应获得土地征用补偿。后来,附规例第 2 条“造沟之权”规定:“……沟渠与其他街道相连接时,无论是哪条街,都可以穿过,但要小心,以免损害财产。干涉他人私有财产的,应当自行赔偿。”1898 年《土地章程》对征地补偿权作出了全面的规定,其核心内容是确定征地补偿纠纷的解决途径——地产董事仲裁法,具体做法是“由公证局邀请被调查评估土地的房地产主管,申请后进行选举,由公证局作出公开判断”。此外,1898 年《土地章程》还规定,铁路公司还应当按照公局购地公用规例办理,购买用于铁路建设的土地,除按现价购地外,还应当给予补助。

总之,不同用途的土地有不同的规定,1854 年《土地章程》对城乡(主要是城市)土地有不同规定,这反映了租界当局控制城乡规划的发展方向,租界土地法规的制定充分考虑了中英两国各自的传统,是双方对土地认识的必然结果。1854 年《土地章程》在租界城乡建设中的作用主要体现在两个方面:一是确定了租界的地域范围;二是明确了城乡规划的主体和公众参与原则。① 此外,工部局还作出一些具体规定,大多数规定在影响力较大的《申报》(上海版)上公布,如租界内道路保护规定、道路交通管理规定、整顿街市等规定均在《申报》(上海版)上宣传和“声明”。从租界内城市规划法的制定来看,数量多,效力高。

第二,关于道路规划涉及的城乡规划法律内容。1856 年 5 月,划定道路路线成为工部局董事会的职责。5 月 7 日,董事会决定工部局不必考虑任何出售土地的边界,任何人侵犯道路沿线的土地,拒不将围栏移至适当的边界线的,工部局可

---

① 参见练育强:《从城市规划法看上海租界土地章程》,载《华东师范大学学报》(哲学社会科学版)2010 年第 1 期。

以要求领事履行其愿望。[①] 1866 年 3 月 14 日,工部局董事会通过了以下决议:主要街道上的所有标识必须至少高出地面 7 英尺。工务委员会发出通知,要求拆除街道上的交通标志。具体实施由工务处负责。对于那些不遵守规定的人,警察会下令执行。1863 年,工部局决定,每条净宽为 22 英尺的街道应成为 18 英尺的车道和 4 英尺的人行道。超过 22 英尺宽的街道按比例有更多的人行道;这项工程与整修街道同时进行。[②]

在上海租界出现之前,上海的道路都在上海县城内。县城之外,则是阡陌田野和芦苇纤道,没有城市道路。[③] 县城内的道路也只是上海传统的道路,即道路狭窄,肮脏不堪。[④] 随着上海城市的区域扩大、人口的增多,特别是大量的外国人、外地人也纷纷入户上海市后,上海传统的地名命名方式已明显滞后,不利于大家记忆,不适应上海城市发展的需求了。于是,从上海公共租界的前身——上海英美租界(1899 年改名为上海公共租界)开始,便利用近代法制手段,制定相关规定,整治界内路名,规范路名。经过多次酝酿和讨论,上海英美租界工部局董事会会议于 1865 年 12 月 13 日正式通过了改定界内路名的议案。此议案规定,界内道路命名的办法是:南北走向的道路以中国省份的名称来命名,东西走向的道路则以中国主要城市的名称来命名。为了使界内的华洋居民都能知晓新路名,议案要求工部局的下属机构广泛散发路名表,表中要列出相关路名。[⑤] 从此以后,界内的路名开始规范化。上海公共租界沿袭这一规定。南北走向以中国省份名称命名的路名出现了,如四川路、西藏路、云南路等;过去不是以省份名称来命名的道路也进行了必要的调整,如教堂街改为江西路,栅路改为河南路,庙街改为山东路,石路改为福建路等。东西走向以中国城市名称来命名的路名也出现了,如香港路、厦门路、芜湖路等;过去不是以城市名称来命名的道路也进行了必要的调整,如领事馆路改为北京路,法院街改为天津路,教会路改为福州路,北广街改为广东路等。这些在近代法制规制下的路名便于华人、洋人共同记忆和使用,也得到了大家的认可。1900 年,上海澳门路的命名就是这一近代法制的产物。上海租界出现以后,用相关的近代法制规范租界内的道路建设,使界内的道路渐呈近

---

① 参见上海市档案馆编:《工部局董事会会议录》(第 1 册),上海古籍出版社 2001 年版,第 585 页。

② 参见《工部局档案》,上海市档案馆藏,档案号:U1-1-8771865。

③ 参见唐振常主编:《上海史》,上海人民出版社 1989 年版,第 137 页。

④ 参见熊月之主编:《上海通史》(第 5 卷),上海人民出版社 1999 年版,第 143 页。

⑤ 参见上海档案馆编:《工部局董事会会议录》(第 2 册),上海古籍出版社 2001 年版,第 528 页。

代化色彩。

上海公共租界及此前的上海英美租界道路建设的一个重要背景是租界内人口的增多和面积扩大。据统计,1876 年有 76,713 人,其中外国人占 1666 人;1880 年增长到 110,009 人,其中外国人占了 2197 人;1890 年增至 171,950 人,其中外国人占了 3821 人;到了 1900 年增加到 352,050 人,其中外国人占了 6774 人。[①] 界内的面积也在扩张,1899 年为 3650 亩,1893 年扩张到 10,676 亩,1899 年又增加到 33,503 亩。[②] 于是,租界内的近代道路需要增多,建设力度需要加大,近代法制也同样要跟上。1899 年上海公共租界董事会会议批准了扩展的租界分区的议案。此议案规定,把租界分为 4 个区,沿苏州河、泥城浜和虹口浜划线,分别称其为北区、东区、中区和西区。[③] 以后,澳门路就建在西区的范围内。同时,对道路的宽度也作了规定。1900 年编制的《上海租界西区道路规划图》显示,干道的宽度均为 70 英尺(21.3 米)。[④] 1905 年编制的《上海租界东区道路规划图》显示,干道的宽度在 70 ~ 80 英尺,东百老汇路(今东大名路)、华德路(今长阳路)、庙海路(今海门路)等都是如此。还有,道路施工必须保持清洁。1854 年《土地章程》规定:"起造修整道路、码头、沟渠桥梁,随时扫洗净洁。"[⑤]另外,道路的质量也不断提高,建材不断升级,近代技术也不断被使用。新建成的上海公共租界道路四通八达,异常清洁,车不扬尘,与华界传统的道路相比是"天壤之异"。[⑥] 可见,上海公共租界的近代道路建设与近代法制同行。

第三,关于建筑法规涉及的城乡规划法律内容。鸦片战争后,以建设管理和建筑规划为基础的规划法律体系初步形成。房屋建造是上海公共租界相关近代法制的产物。由于政治和社会经济发展的历史局限性,上海的城市规划管理主要侧重于单体建筑的建设管理。在此期间,初步形成了以建筑管理为核心的工作流程和技术规范。上海租界出现以前的上海城内房屋都是中国传统建筑,不是近代建筑。这些房屋都是土木结构,阴暗潮湿,老鼠很多。上海公共租界的建筑则是近代建筑,这种建筑包括了公共建筑、工业建筑、居住建筑和娱乐建筑。上海公共

---

① 参见邹依仁:《旧上海人口变迁的研究》,上海人民出版社 1980 年版,第 90 页、第 141 页。

② 参见史梅定主编:《上海租界志》,上海社会科学院出版社 2001 年版,第 96 ~ 98 页。

③ 参见上海市档案馆编:《工部局董事会会议录》(第 14 册),上海古籍出版社 2001 年版,第 491 页。

④ 参见孙平主编:《上海城市规划志》,上海社会科学院出版社 1999 年版,第 297 页。

⑤ 蒯世勋等编著:《上海公共租界史稿》,上海人民出版社 1980 年版,第 54 页。

⑥ 熊月之主编:《上海通史》(第 5 卷),上海人民出版社 1999 年版,第 143 页。

租界制定过一系列规定,用其来规制这些房屋的建设,主要内容包括:(1)规定不准建造易燃房屋。1845年《土地章程》就规定:“界内不许架造易燃之房屋,如草棚、竹舍、木房之属。”①(2)规定了建造房屋的审批程序。1898年《土地章程》规定:“新建、改建房屋的计划,应当报建设管理部门批准,并在14日内告知;未经批准建造的建筑物,由所有人或者建造人承担拆除该建筑物的工程费。”②(3)规定了中式新建房屋的规格。1901年还对新建中式房屋的规格作出了规定,内容涉及多个方面。比如,普通住宅和店铺高度不得超过两层;房屋地基要高于人行道3英寸;房屋的地面至少要铺设6英寸厚度的优质石灰或水泥混凝土,并且要修整抹平;茶馆、剧院、娱乐厅或雇用10人以上的商店,均应配备适当的厕所,以供雇员、顾客使用;成排的两层楼房,每隔96英尺要设一垛隔火墙,其材料为砖头或石块不易燃物质等。③ 这些规定都是租界建造房屋的相关法制依据。

上海租界第一个真正的建筑法律规范是由工部局在1900年初起草的。1900年9月,工部局完成了《中式建筑规则》草案。经法律顾问批准,草案提交工务委员会审议,并于10月初正式提交地产委员会。委员会经过审核后批准了这一规则,并于10月19日正式向公众发布。从那时起,租界有了第一个专门的建筑规范。根据1898年《土地章程》的规定,本规则具有法律效力,自颁布之日起6个月即行生效,即1901年4月19日生效,共计21条。虽然此建筑规则并不完备,但它结束了租界城市和农村建筑业无法指导的历史,具有重要意义,标志着近代上海租界的建筑借鉴欧美资本主义国家控制模式,利用城乡建设规划和建设规章制度管理的开始,调整法治“公”与“私”的关系,是城乡规划与建筑法制化的巨大进步。而且它也是日后制定租界《西式建筑规则》的基础,为其制定提供了各种经验借鉴。在《中式建筑规则》实施两年之后,工部局又于1903年颁布了《西式建筑规则》。《西式建筑规则》的出台标志着上海公共租界第一部全局性建筑法规的全面完成,它不仅面向易于出现问题的中式建筑,还将砖石结构的西式建筑也包括在内。作为公共租界房屋建筑管理制度的主体部分,它的颁布结束了上海租界内建筑营造活动无章可循的历史,更标志着沿用欧美资本主义国家建筑制度管理租界建筑的开始。与两年前的《中式建筑规则》相比,《西式建筑规则》更加细致完整,分类明确,内容全面,成为后来修订建筑规范的依据。《西式建筑规则》

---

① 蒯世勋等编著:《上海公共租界史稿》,上海人民出版社1980年版,第49页。

② 马长林主编:《租界里的上海》,上海社会科学院出版社2003年版,第295页。

③ 参见史梅定主编:《上海租界志》,上海社会科学院出版社2001年版,第709~710页。

共75条。本规范规定了建筑基础、库层、梁与建筑物的支撑、屋面做法、建筑高度、建筑材料、建筑边界、特殊建筑、建筑通风、公共道路上的突出物等。最初的建筑高度控制也出现于1903年的《西式房屋建筑章程》中,其中,第48条规定:除了教堂或礼拜堂,除了钢或铁框架结构,未经工部局董事会同意,一般建筑不得超过85英尺。在董事会对超过该高度的建筑批准或否决之前应对建筑周围的状况进行考察。① 在该款章程制定的年代,较高的建筑刚刚出现,当时租界对高层建筑的认识包括它的结构安全性、对公共空间的交通和卫生状况带来的影响,以及它所蕴含的私人地产开发权。1903年法租界也制定了新建房界限等相应法律规定。②

第四,关于交通、警务等法规涉及的城乡规划法律内容。1872年6月,工部局根据西方纳税人大会的决定,首次制定了具体而又相对完整的交通规则。后有《租界例禁》有关于城市规划方面的规则:"一禁不报捕房,在门外砌路、开沟、及拆造临街房屋。"③1903年,工部局制定了《上海工部局治安章程》。上述法律文件或多或少涉及城市规划的规定,是城市建设中必须遵守的法律制度,对城市规划具有指导作用。

3. 上海公共租界城乡规划执法主体

上海公共租界城乡规划执法有了法律依据,但法律还需要有执法主体才能实现其目的,清末时期上海公共租界的城乡规划执法主体主要有道路码头委员会和工部局。

1843年上海开埠后,一系列事件对近代上海的形成产生了深远影响。其中1845年的《土地章程》及1854年、1869年、1898年3次修订的《土地章程》成为"租界制度存在之根本法",④以及市政机构形成和运作的纲领性文件。根据这一系列的章程,租界市政机构从道路码头委员会发端,后成立工部局,并在发展过程中进一步完善。

1845年《土地章程》第20条对租界内公路、桥梁、码头建设等共同费用的收取方式作了如下规定:"付款人等可以请求领事指定3名诚实的商人,审慎决定分摊数额。"1846年12月,来自租界的外国人成立了道路码头委员会,这是工部局

① 参见《上海档案馆档案》,上海市档案馆藏,档案号:U1-2-246。

② 参见《天津法租界新定房屋界限工程条款》,载《申报》(上海版)1903年8月26日,第2版。

③ 葛元煦:《沪游杂记》,上海古籍出版社1989年版,第2页。

④ 蒯世勋等编著:《上海公共租界史稿》,上海人民出版社1980年版,第43页。

的前身。道路码头委员会具有初步的市政管理职能,如道路、码头、桥梁的建设,以及"为此目的的财务管理职责"。[①] 然而,当时的道路码头委员会并不是一个综合性的行政机构。其职能"仅限于税收征管和公共工程建设",英国领事馆仍然拥有英国租界管理的主要权力。道路码头委员会的成立对租界产生了深远的影响。其意义体现在两个方面:一是明确租界市政建设权属于外侨;二是明确英国有权在租界境内征收市政建设费和一定的行政管理权。[②] 以上两点彻底地改变了租界的性质。

1853年9月,在太平天国影响下的小刀会起义成为租界市政管理模式转变的契机。起义者占领了县城,逃入到租界内的县城居民"剧增到两万人以上"。[③] 因出租给华人住宅获利的原因,中国人在租界内的居住权利被认可了。租界华人、洋人分居变成华人、洋人杂居的局面,租界由此变成中国人占多数的各国侨民杂居其间的特区。旧的以领事为中心的租界管理模式已不适合对这些地区进行有效的管理。有必要为租界内的所有中国和外国居民建立一个独立的新管理机构。1854年7月,英国、法国、美国的领事共同公布第二次《土地章程》,租地人大会选举出由7名董事组成的董事会,董事会下设工部局,工部局的英文名称为Municipal Council,工部局即市政委员会,租界的市政机关正式诞生。工部局是租界管理的执行机构,其设立是英国人在上海开辟租界时提出的,它最初是一个从事工程建设的机构,工部局的中文译名源自清代六部之一的工部,工部掌管工程、工匠、屯田、水利、交通等政令,取其名盖因其职能与工部局相近。工部局是清末列强在中国设置于租界的行政管理机构,之后多数租界都设置了工部局,只是名称有所不同,如法租界的名称是"公议局",日租界的名称是"居留民团行政委员会事务所"。各租界工部局下设立了若干职能机构,差别不大。工部局和最初的道路码头委员会相比,意味着它不仅体现了市政机构的扩张,更体现了它已经从一个功能单一的临时组织转变成了仿照西方城市自治制度、对租界内侨民负责的、具有"自治性质"的行政机构。工部局主管租界内的城乡规划建设与土地管理等事务,其中包括租界内新建筑计划和改扩建计划,核发执照等,逐渐形成具有特殊职能的租界规划与营造管理机构,这无疑会促进国内城市在城乡规划和建设方面的执法尝试。如1854年《土地章程》规定,工部局负责"租界内各类工程的

---

① 张仲礼主编:《近代上海城市研究》,上海人民出版社1990年版,第603页。

② 参见李海清:《中国建筑现代转型》,东南大学出版社2004年版,第82页。

③ [法]梅朋、傅立德:《上海法租界史》,倪静兰译,上海译文出版社1983年版,第134页。

建设和常年维修”,“租界内的整个区域应妥善清理,设置路灯、储水和洒水……开通沟渠”,“因须预筹开筑租界通行往来道路,于西历由公局每年新正查戡地图,将应作新开马路处所,公司会议拟定”。修建新路时,“费用的比例由公共管理部门确定”。1855年上海道台蓝蔚雯又发出告示,明令华人在租界内租地赁屋居住须经地方官和外国领事审查批准,并须遵照新章程按例纳税,即向工部局缴纳赋税。这其实是承认工部局对租界内中国居民具有了管辖权,①也确立了工部局对租界辖区内房屋建筑的控制权。

1869年第三次修订的《土地章程》对工部局管理层的产生、人员数量与权限进一步作了规定:(1)放宽选举资格,凡租房交税符合一定标准者都具有选举权,不再是只有租地人具有选举资格,这极大程度上扩大了租界内执法主体的资格范围。(2)工部局董事由原来的7人改为9人,代表性大为增加,使选举更加制度化。(3)经纳税人大会和领事使团批准,行政机关工部局有权修改《土地章程》的补充规定。这极大地拓展了工部局的行政空间和发展可能性,使工部局不再只是被动地服从于《土地章程》,开始有了制定政策的能力。(4)明确工部局具有征收赋税的权限。(5)工部局有权利和义务参与诉讼,并专门设立领事法庭审理工部局作为被告的案件。其中第3条意义尤其重大,它赋予了工部局根据其需要自行修定某些制度的权力而无须领事团和清政府批准。租界市政机构的产生令租界城乡规划步入有序管理的轨道。其机构中之工务部门和地产委员会、工务委员会成为直接与规划和建筑控制相关的部门;而消防官、卫生官、法律顾问也不同程度地参与到了城乡规划与建筑管理制度的制定与建筑控制的进程中。② 可见,工部局是第一次在中国的土地上操作和实施西方的城乡规划建设管理模式,其规范的执法、系统化的管理、先进的制度构建,最终推动租界规划建设迈上一个新台阶。此外,工部局的执行权在1869年《上海洋泾浜北首租界章程》附则中有详细的规定,本补充规定由工部局确定,其主要内容涉及工部局在境内修建房屋、沟渠、清扫街道、交通管理等处罚的执法权。

事实上,工部局在洋泾浜北岸的权力比1854年《土地章程》规定的要大得多。除部分立法权外,工部局以市政机关的面貌出现在租界,享有广泛的行政权,即执法权,而其执法过程中,直接进行城市规划与管理的是工部局下设的工务处,工务

---

① 参见刘惠吾编著:《上海近代史》(上册),华东师范大学出版社1985年版,第127页。

② 参见唐方:《都市建筑控制:近代上海公共租界建筑法规研究》,东南大学出版社2009年版,第22页。

处与城乡规划与管理事务的关系最为密切。工务处分为下列各部:"一、行政部,该部之行政与各部之往来接洽;二、土地测量部,拟计划,测量,接洽购得土地以扩展马路及他项应用,及征收地税;三、构造工程部,关于一切工部局架造桥梁、滩岸等之设计及其修理;四、建筑测量部,查核界内新建筑之计划及改造房屋或加增之计划,发给许可证,检察不安全之建筑;五、沟渠部,管理沟渠污水之处置,由一总卫生化学家监督指挥之。六、道路工程师部,修理,维持及清洁现有之道路,及衙路,及建设新路……及废物之处置亦由该部办理;七、工场部,维持、修理工部局之车辆及机器,检查起重机与汽锅;八、公园及空地部,管理一切工部局花园,空地及路树。九、会计,管理一切处中会计事务。"①从工务处所属9个部门的职责范围来看,其主要职能类似于目前的城市规划局和建设局的作用。工务处在租界大规模市政建设的过程中,根据西方城乡道路管理规划管理的理念,工务处将路灯、下水道等工程的安装直接纳入道路建设和交通发展规划中。此外,为了加强市政建设与道路行政管理的关系,还建立了一系列的道路维修、养护和交通管理体系,从而呈现出公共租界"沟池则时加疏浚,无使淤泥之稍积,晴则轮水奔腾,尘漠不飞,夜则电毯地球,照耀如昼"的景象,②法租界则更是"一个宽广的精心设计的住宅区,道路建设在全市首屈一指"。③ 19世纪末的上海租界,正如西方人和中国士绅所描述的那样,已经繁荣有序。④

另外,值得关注的是,在工部局中,对城乡规划有着重要职能主体作用的是工程师。工部局道路查勘员和工部局工程师是工务处成立之前和初中期工部局中建筑管理的负责人。1862年之前,该负责人称为道路查勘员,其职责为负责租界道路的修整,从这一称呼中可以看出,此阶段规划与建筑管理并非工部局进行市政管理的重点所在。从1863年到1919年,工部局工程师是工务处的最高负责人,全面负责租界内市政建设工作。工程师负责工部局的管理工作、工程预算书的编制和合同的拟订、工程平面图的绘制及说明书的编写及工部局所有一切市政工程。工程师在得到工务委员会批准后可对内部工作作适当安排,保证工务处工

① 蒯世勋等编著:《上海公共租界史稿》,上海人民出版社1980年版,第134页。

② 参见上海市地方志办公室编:《上海:通往世界之桥》(上),上海社会科学院出版社1989年版,第236页。

③ 徐雪筠等译编:《上海近代社会经济发展概况(1882—1931)——〈海关十年报告〉译编》,上海社会科学院出版社1985年版,第208页。

④ 参见[美]罗兹·墨菲:《上海:现代中国的钥匙》,上海社会科学院历史研究所编译,上海人民出版社1986年版,第5~6页。

作的顺利进行。工程师在工部局的建筑活动中发挥着非同寻常的作用，主要体现在两个方面：一是为工部局的决策提供专业意见；二是按照公共租界纳税人会议的决议及工部局董事会的要求，控制租界的规划和建设活动。事实上，几乎在所有董事会议中，都可以看到工程师（实际职务是工务处处长）提交的工作报告，以及执行决策的情况，工程师积极参与到租界市政建设、建筑法规拟定、租界建设活动管理中，工程师已经具有租界建设控制活动的执行者与建议者的双重角色。在工部局工务处下，设有专门配置人员按照建筑法规对建筑工程进行质量安全监督，并处理违章建筑。这些人员是建筑控制活动执行过程中处理具体事务者。这些专门配置人员中，最重要的是建筑测量员（building surveyor）和建筑查勘员（building inspector）两类。①

从总体来看，在租界城乡规划的过程中，租地人会议、工部局及公董会已经发布了一系列的市政法规、管理制度和各种各样的发展规划，工部局进行了严格执法的形式制度化和标准化管理，使上海租界的城乡规划管理机制和市政基础设施项目在很长一段时间成为其他地方学习的对象，从而在很大程度上影响了上海华界与其他地区城乡规划法律建设。

4. 上海华界城乡规划法律状况

在上海口岸开放前，管理体制主要是苏松太道台（上海道台）、松江知府和上海知县 3 个层次。1730 年，苏松太道台迁至上海，分管民政、财政、防务等事务。②而上海县的职责是“总理一县的政务”，③县署部门设置十分简单，分工不太明确。此时的上海还没有任何专门管理城乡规划建设的机构设置。开埠前的城乡设施建设一直“保持着传统的东方模式：大工程由官府组织兴建，地方官吏或士绅则时而捐资兴办一些慈善事业”。④ 在传统的管理制度下，上海道台是清末时期上海各方面的负责人，事务繁杂，如治安、海关、外事、洋务、学校、道路建设与管理等，市政建设在这种传统管理体制下没有多少成效。关于清道、路灯、筑造桥路、修建祠庙等规划与建筑事项，均归慈善团体同仁辅元堂经办，甚至上海县城最重要的

---

① 参见唐方：《都市建筑控制：近代上海公共租界建筑法规研究》，东南大学出版社 2009 年版，第 27 ~ 28 页。

② 参见梁元生：《上海道台研究：转变社会中之联系人物（1843—1890）》，陈同译，上海古籍出版社 2003 年版，第 21 页。

③ 张仲礼主编：《近代上海城市研究》，上海人民出版社 1990 年版，第 599 页。

④ 熊月之主编：《上海通史》（第 4 卷），上海人民出版社 1999 年版，第 88 页。

水利工程都是由士绅和商人经营的。[①] 华界市政的这种状况一直持续到20世纪初,近代城乡规划法律体系的构建滞后于租界地区。近代以来,上海工商业越发达,士绅的商业氛围就越开放。受租界的影响,上海华界的城乡规划开始走向近代化。1895年,上海士绅成立南市马路工程局,专注于道路建设、市政建设、缩小中外租界的差距。20世纪初,上海的士绅和商人都感到"清廷大势岌岌,不复可有为","非仿行文明各国地方自治之制,必不足以图强"。[②] 于是,1900年始,上海士绅和商人计划学习西方,效行地方自治。闸北的绅商祝承桂等人,从上海和宝山县的士绅那里筹集资金,修建桥梁、道路、商场,遏制租界的扩张。日俄战争后,上海郭怀珠、叶佳棠、姚文楠、莫锡纶等士绅和商人因"惕于外权日张,主权浸落,道路不治,沟渠积污,爰议创设总工程局,整顿地方,以立自治之基础",[③]得到苏淞太道袁树勋的赞同:"创办总工程局之议,本道极愿赞成,拟即将南市工程局撤除,所有马路、电灯及城厢内外警察一切事宜,均归地方绅商公举董事承办。"[④] 1905年9月,李平书等上海士绅发起成立上海城厢内外总工程局(后改为城自治公所),旨在学习市政建设和租界管理的优势,缩小华界与租界的差距。自此,地方绅董姚文楠接收了之前沪道刘祺祥开办的上海南市马路工程局,工程局权力便由官府转到了士绅手中。总工程局分设议事会和参事会两机关,分别为市政的议事机关和执法机关。总工程局下辖工政、户政、警政三科,负责道路开拓修建、路灯维修添设、房屋登记翻造、河渠填筑疏浚、地方捐税收支、户籍编查管理、巡警募训设置及违警事件的处理等。其职责包括以下几项。(1)编制和核查户籍。按户编号,钉立门牌,另刊户口单,汇造总册。(2)测绘地图。城市内外各条街道的长度、宽度和总工程局管辖范围,应当详细测量。(3)港口推广。由于南市蒲滩潮水上涨,建议拓宽港区。(4)开辟道路。计划逐步改建道路,按规定改建房屋,以便拓宽道路。(5)清沟。河流应当在城市内部和周围疏浚,增加疏浚,其臭味妨碍卫生,即填筑道路,修建大型下水道,以便排水。(6)清洁街道。在南市浦滩设立垃圾码头,准备好船舶,将每天运送城市内外垃圾的车辆运到船舶上,其店铺柜台栏杆处,必须全部收走,街道上不允许堆放木制品杂物。(7)增加路灯。除

① 贾彩彦:《近代上海土地管理制度思想的西方渊源》,载《财经研究》2007年第4期。

② 李平书:《且顽老人七十岁自叙》,载《近代中国史料丛刊续编》第5辑,台北,文海出版社1983年版,第504页。

③ 杨逸:《上海城厢内外总工程局大事记》,载《上海市自治志甲编》,台北,成文出版社1974年版,第129页。

④ 同上书,第130页。

城外使用的煤油灯外,还安装了电灯。(8)举员裁判。① 以上活动反映了当时绅商阶层的参政能力与进行城乡规划执法的水平,他们"造成了地方政治上一种势力",②参与自治的绅商具有了一定的政治参与机会,可以行使一定的城乡规划权利。上述机构和组织虽然不是真正意义上的近代市政机关,但它们为近代市政制度的产生奠定了基础,为城乡规划建设提供了具体的规划实施机构。民国时期,上海市公所是在工程局、善后局的基础上设立的,已是正规化与近代化的市政机构。

地方自治兴起后,晚清城乡规划建设形成了新的局面。许多城市建立了自治组织,将加强城乡规划建设作为自己的重要工作,城市的近代化加快了步伐。下面以上海城厢内外总工程局的自治范围和实践工作为视角来分析当时的自治团体在城乡规划与建设、管理过程中的重要作用。上海城厢内外工程局和上海城自治公所主要成绩有以下几点:

一是加强和完善道路、路灯、公园等公共设施规划。1910 年 10 月,上海城自治公所接管了该市的公共事务。它还发布了一份通知,称道路清洁和路灯安装"在自治范围内"。③ 在此期间,城市得到了极大的改善,修建了 40 多条道路。

二是呼吁拆除旧城墙。1906 年,上海城厢内外工程局向上海道台袁树勋提出请求,要求拆除城墙,改造道路,以方便交通。袁树勋表示支持,但由于一些人的反对,没有得到两江总督周馥的批准。1909 年和 1910 年,双方达成妥协,增开了三扇门。虽然城墙直到 1912 年和 1913 年才被拆除,但这一呼吁是在地方自治时期提出的。

三是建设医院,努力改善卫生条件。清末以前,由于城乡规划建设落后,上海的卫生条件很差,这是非常普遍的现象。地方自治后,士绅商人积极改善医疗卫生条件。1901 年,瘟疫在上海肆虐时,士绅商人沈敦和"乃自谋立医院",绅商张子标捐出了在宝山的波萝园来修建医院。此外,沈敦和、任锡芬、施则敬等中国士绅联合外国友人,共同成立了"万国十字会"(后称中国红十字会),帮助了 131, 177 名病人和 225, 128 名穷人。④

---

① 参见梁景和:《论清末地方自治的实践》,载《西南交通大学学报》(社会科学版)2000 年第 4 期。

② 蒋慎吾:《清季上海地方自治与基尔特》,载《上海研究资料续集》,上海书店出版社 1984 年版,第155～157 页。

③ 马鸿谟编:《民呼、民吁、民立报选辑》(第 1 辑),河南人民出版社 1982 年版,第 411 页。

④ 参见《上海县续志》(第 2 卷),上海书店出版社 1991 年版,第 47 页。

除上海城厢内外工程局和上海城自治公所外，清末时期，上海华界的巡警局也积极参与城乡规划的立法与执法中，如批准兴修道路、制定房屋建筑规则等。下文是《申报》（上海版）报道有关巡警局批准兴修道路的新闻：

闸北北河南路修筑马路一事已迭志前报，兹由该处商人禀奉巡警总局批示云，据禀各节具征见远思深，殊堪嘉，佩即日饬派工程委员会同工筑课员并三路巡官传集地保前往勘明，该处马路查照地址，宽阔以四十英尺为度，划清路线，竖立界石，嗣后无论何人，如沿该处马路一带建造房屋，不准再有占越，其已造房屋侵碍现定路线尺寸以内者，应俟翻造时，一律报明，收让以期渐复旧路。除禀请拨定专款，赶速兴工，并出示晓论外，希即知照候两江督院暨巡道衙门批示遵行。①

总之，“宋代成镇、元代设县、明代筑城”②的上海，在开埠后，逐渐形成了“三界四方”的局面。租界在城乡规划管理制度和建设方式上，深刻改变了上海这个在农业基础上成长起来的港口城市和工业城市，尽管其规划与城市建设都具有西方特征，但是租界人口里华人占了绝大部分，其经济、贸易也和中国内地有千丝万缕的联系。上海市政建设的先进性使之具有相对其他中国城市而言的示范意义。在这“三界四方”中，公共租界在城乡规划与建筑制度方面具有无可置疑的领先地位。③ 如前所述，上海公共租界早在租界成立伊始就进行城市规划与建筑管理的工作，与1909年英国第一部规划法相比，公共租界的规划法规的详细程度和全面程度有过之而无不及，并在很多方面与英国的城乡规划法规几乎是同步推出的。自1845年至20世纪30年代末，公共租界市政机构发展起了一整套城乡规划法规，其中既包含城乡规划立法与执法方面的原则性条款，也包含规划与建筑规范标准层面的专门化规则；而1898年《土地章程》又赋予了工部局建筑规则的制定权、建筑图纸的审批权和执照的发放权，以及建造活动的监理权。以上内容最终构筑了公共租界的规划与建筑制度体系。同时，租界市政机构通过大胆借鉴欧美法规与自身努力，使公共租界的城乡规划与建筑制度远远超出当时中国其他地方的水平。因此，上海租界规划与建筑制度是上海乃至当时中国最早、最完备的城乡规划法律制度体系。上海租界自最初的仅800余亩的弹丸之地，发展到19世纪末占据了上海城区的绝大部分，华界则萎缩至只能偏安于老城厢和闸北。租

① 《巡警局批准兴修马路》，载《申报》（上海版）1908年3月31日，第2版。

② 张仲礼主编：《近代上海城市研究》，上海人民出版社1990年版，第10页。

③ 参见唐方：《都市建筑控制：近代上海公共租界建筑法规研究》，东南大学出版社2009年版，第40页。

界不仅在地域上占据主导地位，在政治、经济、文化和宗教等诸多方面均对上海乃至整个中国产生了重大影响。因此，上海租界城乡规划发展的深远意义不仅限于上海一隅。“上海之地位近既日见重要；不仅在国内占据政治上、经济上、文化上优越地位，即就国际观察亦有深刻的意义。”①

（三）清末北京城乡规划法律体制

1. 影响北京城乡规划法律体制的主要因素

近代以前，北京这座封建都城严格遵循了传统的都城规划设计建造原则，突出皇权至上思想，以礼制作为城市规划与管理的基本主导原则，这种城市规划法律思想使北京的建筑格局形成了封闭内向的空间特征。19 世纪中叶以来，经济发展和人口增长促使城市空间向外扩散和扩张，作为封建都城，北京的城乡规划模式和法律思维越来越不能适应时代的发展和社会的需要，传统的市政和城市功能也越来越不能适应城市化的需要。作为封建都城，北京本身具有强大的吸引力和向心力。西方先进规划思想和制度的传播，为北京带来了新的活力，为北京城乡规划法律体制的改革和进步提供了机遇。在城乡规划、建设和管理体制上，北京作为封建都城，处于中央政府的直接管辖下，城市规划管理的这种特殊性导致出现了许多问题，如政府部门多、行政秩序不同、城乡规划管理缺乏统一标准。

2. 清末北京城乡规划执法主体

面对已出现在中国的新式城乡规划与管理机构，清政府决定学习西方的城乡规划与管理手段，从京师地区开始试办，首先以安民公所为基本模式，设置善后协巡局，此后发展为工巡总局和内外城巡警总厅，最后发展为由民政部具体负责城市规划与管理职责。

八国联军入侵北京后，各国军队对被占领地区行使主权。因为当时清政府的主政机构陷入瘫痪，所以留守官员征得殖民者同意，组成各占领区临时的城市治安机构——安民公所。光绪二十六年（1900 年），安民公所在各国占领区内逐步设立，其基本职责是协助所有被占领区军警部门对城市交通、市政建设、公共卫生、建筑管理人口流动等各个方面进行管理；以及援助被占领土的路灯设置、管理街道的维修和清洁工作，协助设置公厕，救济穷人，保护区外村庄的有关事宜，协助交通警察拆除道路上的私人棚屋或房屋，道路清扫，在路上洒水，照看路灯，协助卫生警察检查传染病的消除情况，禁止在街上小便等。安民公所本质上只是一

---

① 1927 年，朗尼尔 · 柯提斯（Lionel Curtis）作为英国代表出席在夏威夷举行的太平洋学会时的发言，载《东方杂志》1930 年第 7 卷第 3 号。

个临时的城市管理机构,其主要职责是发挥警察的职能,而不是一个专门的城市规划管理部门。但它与以往传统的城市规划管理模式不同,其职责和运作模式都是全新的。城乡规划管理的文明化首次出现,这是北京首次接触和模仿西方城乡规划管理方法,为城乡规划管理的近代化提供了契机。

1902 年年初,工部侍郎胡燏棻上奏折请办工巡局,在《襄办京畿善后事宜署右侍郎胡燏棻折请设工巡局由奏》中说:"……与各国公使馆界内地段并驾齐驱,不相形见绌,此新政中之一,不可不赶紧兴修道路。……京师自前年乱后,人心浮动,抢劫横行,为筹意京师善后,拟请设工巡局,以期整顿地面。"他还在奏折中指出:"道路与巡捕,事本相辅而行,必须联为一气,方能收效。"①光绪二十八年(1902 年)四月十二日,奕劻等人请改进善后协巡总局、创办工巡局的建议获准。工巡总局的职责主要包括工程和警察两个方面。内城工巡局成立后,接管了协巡总局负责的内城和皇城的治安任务。外城工巡局成立后,管理机构向外城区扩展,除管理外城区治安事务外,该局还负责保护大使馆和教堂。除了维持治安,新机构还增加了工程职责,如街道维修、土木工程和交通卫生管理。管理职责从简单的治安扩展到城市规划、建设和交通运输。内城工巡局设立了东西城路工局,负责公路网的建设、原有道路的整治、路灯的装饰、街道卫生的管理等工作。工巡局的建立是以西方警察制度为蓝本,以公安为首要任务的,但它具有城市规划建设和卫生管理的附属职能,只是从业人员素质不高。他们对国外近代城乡规划管理模式知之甚少,只停留在较低的执法水平上。然而,该局的成立仍然起到积极的作用。

光绪三十年(1904 年),清政府设立巡警部,设总务、警务、卫生 3 个部门,接管原内外工巡局的事务。第二年,巡警部要求将原北京内外市工巡局更名为内外城巡警总厅,具有范围广泛的职权,其中与城市规划相关内容有:保护公共安全、外交谈判、检查户籍、稽核工程、清扫道路、防疫等。其中:营业股负责"考察保护一切市政及稽核路灯、电线、电话等事";交通股负责"车马通行之稽查,道路桥梁危险之预防,铁路车站之检查";建筑股负责"调查衙署、公所及民间建造之应准、应验并测绘警察分区地图";清道股负责"督察扫除道路,通泄沟渠、整理厕所,营造会同路工局办理"等。② 因此,这种组织虽然被称为"巡警",实际上也具有市政规划和管理职能。

---

① 韩延龙:《中国近代警察制度》,中国人民公安大学出版社 1993 年版,第 90 页。

② 参见韩延龙:《中国近代警察制度》,中国人民公安大学出版社 1993 年版,第 100～101 页。

1906年9月,内外交困的清政府宣布"预备立宪",并首先着手官制改革。奕劻等官员提出,以前中央官制的弊病在于"权限之不分""职任之不明""名实之不符"。具体表现为:"名为吏部,但司籤制之事,并无铨衡之权;名为户部,但司出纳之事,并无统计之权;名为礼部,但司典仪之事,并无礼教之权;名为兵部,但司绿营兵籍、武职升转之事,并无统御之权。"因而,应"分权以定限",即将立法、行政、司法三者分权。据此原则,他们提出,中央行政机构应设外务部、度支部、吏部、民政部等11部(院)。至于巡警部,可改属民政部,因为"巡警为民政之一端"。① 后来,清政府发布命令,正式实施新的中央政府制度。此后,为了巩固政权、稳定社会秩序,清末成立了民政部。民政部的成立,使其职权分工更明确,使社会行政机构专业化,对当时和未来的社会管理工作具有积极的意义。此外,民政部内部的责任分工更系统化。所有设立的机构都以民事为中心,形成了内部联系的社会行政管理体系。清末官制改革的原则虽为"事有专司",但这仍然是一个复杂的问题,哪些事务应该由民政部管辖。其中,最关键的问题是如何处理巡警部及户部、礼部、工部的关系问题。隋唐以来,中央政制的6个部门相互继承,但社会已经发生了变化和发展,因此应该及时进行变革。就具体而言,"巡警为保安行政,实内治之要纲,而清户口、整齐民风、改正市区、振兴土木,均与保安行政息息相关,非合为一官,难期联络。故以户、礼、工各部所兼管之户籍、风教、道路、沟渠等事并入,总为民政部"。光绪三十二年(1906年)九月,在改革官制过程中,编纂官制大臣将京官编定复核,缮单进呈,在所附阁部院官制节略清单中写道:"户部之称,本为民部,唐人避讳,以户易民。今民政既有专官,财政自应独立,故并户部财政处,为度支部,以次为[于]民政部。"②据此思路,1906年设立的民政部由民治、警政、疆里、营缮和卫生5个司组成。民治司"掌稽地方行政、地方自治,编审户口,整饬风俗礼教,核办保息荒政、移民、侨民各事";警政司"掌核办行政警察、司法警察、高等警察及教练警察各事";疆里司"掌核议地方区划、统计土地面积、稽核官民土地收放、买卖、核办测绘、审订图志各事";营缮司"掌督理本部直辖土木工程,稽核京外官办土木工程及经费报销,并保存古迹,调查祠庙各事";卫生司"掌核办防疫卫生、检查医药、设置病院各事"。③ 因此,民政部不仅具备各种行政职能,而且以社会管理为核心,有历史进步性。后来,南京临时政府的

① 朱寿朋编:《光绪朝东华录》(第5册),中华书局1958年版,第111~112页。

② 《新官制事宜三志京师》,载《申报》(上海版)1906年11月18日,第2版。

③ (清)刘锦藻编纂:《清朝续文献通考》卷一百十九,职官五,民国影印十通本,第2275页。

民政机构,即内务部,也采取了这种做法,设有警务、民治、土木、礼教、卫生和疆里6个分局。民政部下设疆里司和营缮司,是专职管理区域规划与城乡规划的机构,尤其是营缮司"掌督理本部直辖土木工程,稽核京外官办土木工程及经费报销,并保存古迹……"①民政部实际上是中央政府的一部分,更关注全国的规划。但是,鉴于北京作为首都的特殊地位,营缮司也会对北京的城乡规划给予关注。

(四)清末南京城乡规划法律体制

南京是六朝古都,虽然历代对南京都有所建设,但因数经沧海,多成陈迹。而且,近代南京作为当时的一个普通内陆城市,在城乡规划法的现代化建设上,与受租界影响的上海和首都北京相比,有其自身的特点。另外,南京在近代也不同于长江沿岸的其他城市。在城市近代化和转型的过程中,南京的城乡规划法发展有不同于其他城市的特点。

1. 影响南京城乡规划法律的主要因素

第一,政权因素。南京在历史上虽曾多次建都,但直至清末,尚未有健全的市政机关,更没有相应的地方城乡规划法律,南京的城乡规划与建设主要在清政府主要地方官员主持下进行,并且也是以城市规划为主要对象的。南京近代城市化与城市近代化过程发轫于19世纪60年代的洋务运动,1868年,李鸿章创办金陵机器局,南京进入近代发展期。南京开始了近代城市转型时期,同时也改变了城市模式。②

第二,经济因素。清末时期,南京经历了几次战乱后,城市经济发展明显滞后于其他城市。开埠后,虽然商业一度繁荣,但因开埠较晚,又与上海较近,所以南京无法成为周边地区的中心城市。但在1899年,南京根据《天津条约》开辟金陵关隘。近代商业的繁荣带来了城市的繁荣和活力,为城乡规划、建设和发展提供了必要的资金和物质条件。大量商人的出现不仅改变了城市居民的构成和性质,而且积极推动和制约着城市化进程和城乡规划。打破了城市封闭单一的功能,开始从过去单一的农业社会向现代多元化城市过渡,城市功能近代化开始启动。

第三,人口因素。清末时期太平天国运动、辛亥革命等几次战乱阻碍了南京城市人口的发展,同一时期,南京的人口少于上海、北京和武汉。南京城市人口的

---

① 《民政部官制内容》,载《申报》(上海版)1907年3月1日,第3版。

② 参见李百浩、熊浩:《近代南京城市转型与城市规划的历史研究》,载《城市规划》2003年第10期。

不稳定发展对近代城市化进程产生了重要影响。

2. 清末南京市城乡规划执法主体

清末时期的南京没有完整的城乡规划法律文件，没有正式的市政机构，也缺少专业的城乡规划法律执行机构，从当时城乡规划的实践来看，城乡规划的实施主要是由清政府与地方主要官员（如李鸿章、张之洞和周馥）完成的。

第一，地方官员主导下的工业基地规划与建设。1868年，洋务官员李鸿章在南京成立金陵机器局，拉开了南京近代工业的序幕。金陵机器局成立后，洋务官员先后在南京创办了一些近代化的军工企业。在近代官办工业的推动下，商人投资的民营近代工业企业于1894年后开始在南京出现，如胜昌机械厂。近代南京工业企业的建立带动了整个城市产业结构的近代转型，是晚清城乡规划重大变革的标志性事件。

第二，地方官员主导下的马路、铁路拓建。1864年后，南京与外地的联系只能依靠驿道，很不方便。1889年，张之洞提出了建设交通道路的设想。他把社会经济的发展与道路建设联系起来。1894年，张之洞就任两江总督，参照上海租界道路的技术结构标准，修筑了南京历史上第一条道路——江宁路。从那时起，张之洞在城内和下关地区开辟了一些新的道路。张之洞修建交通要道的举措，是南京道路近代化的起点，是南京交通近代化转型的开始。

第三，清政府主导下的商埠建设。1868年，南京下关设"洋棚"后，在下关地区，清政府开始修建码头和道路。1899年5月1日，清政府宣布金陵关开关，于下关设置商埠局。1904年，两江总督周馥进一步将商埠的范围定义为"以惠民河以西，沿长江岸长五华里，宽一华里左右地带，为外国人开设洋行，设立码头货栈之地"。这是清政府在南京开设的最早的对外工商交流园区。下关商埠局的成立，使商埠得以独立规划建设，开始由传统的商埠区向近代化的城区发展。下关商埠区在商埠局的支持下，开展了包括码头、桥梁、公路、铁路、工厂、发电厂、车站、金融机构、现代建筑、市政设施、近代娱乐等一系列综合规划的现代化城市建设。除清政府设立的官码头、招商码头外，地方当局和商人也在此开办了酒楼、饭店，设置巡警及清道夫，英国、德国、日本等国相继在这里建立了港口和各类建筑。在这片古老的南京大地上，商埠街——一个现代化的市场首先出现。到民国时期，下关新城的地价已大大超过旧城。

总之，上海、北京与南京等地道路与西式建筑的修建标志着新的城乡规划主体功能的体现，也标志着城乡规划法律体制有了新的变化。然而，北京、南京与上海相较而言，虽然上海的城乡规划主体分为租界与华界两类，但由于受西方城乡规划法律影响较大，上海除了有功能较完备的城乡规划执法与管理主体，还有内容较完备的地方城乡规划法律体系，而北京与南京主要是在清政府与主要地方官员主导下进行城乡规划活动，因此，在城乡规划法律法规体系这一方面，北京与南京不免相形见绌，几乎是空白的。

四、清末时期城乡规划法律主要问题

19世纪中叶到20世纪初，在国内外因素的相互作用下，我国城乡发展迅速，特别是出现了几个近代化程度较高的中心城市。城乡规划成为重要的地方工作。其中，上海、北京、南京等城市规划法律的发展与进步为日后全国城乡规划法律体系的形成奠定了基础。但是在全国范围内，城市化发展水平是不平衡的，清末的城乡规划及其法律体系是在政治上不平等的殖民条件下产生的。作为西方列强的统治工具，清末城乡规划法律对城市发展的推动固然有有利的一面，但也导致城乡规划法律在发展中出现了不可回避的问题。

（一）立法与执法机关不稳定，职能权责不明确

从清末政府关于城乡规划最高立法机关与执法机关来看，依然具有古代特色，变化不大，没有专门的城乡规划立法机关与执法机关，职能混乱、权责不明。地方立法与执法机关虽然经历了地方自治与外来法制等因素的影响，比古代有所进步，但从上海、北京、南京三地分别来看，其中问题依然比较严重。

从上海来看，首先，就公共租界区的城乡规划立法与执法机关而言，职权混乱。按法律规定，城乡规划立法机关本应该是纳税人会议，但在职权执行过程中，真正由纳税人会议作出的城乡规划的法律法规并不多。工部局作为城乡规划的执行机关，反而成为事实上作出规划与建筑等规范性文件最多的机构，从而获得立法之权。当然，这样会加快城乡规划立法和执法的速度，但使两大机关的职权行使出现混同，无法使城乡规划的遵守与监督起到真正的作用。其次，就上海的华界区域城乡规划立法与执法机关而言，城乡规划的立法职能与执法职能更是复杂。华界区没有专门的城乡规划立法机构，华界在清末时期没有形成城乡规划法律体系，在立法方面与租界相比有较大差距。但由于受租界影响与清末地方自治运动的影响，其地方城乡规划立法与执法渐有专门机构，只是权限集中于一个机构，而且由于时间的变化，其机构也不断发生变化。1895年，沪道刘祺祥开办上海南市马路工程局，1905年上海士绅发起成立上海城厢内外总工程局（后改为城自治公所），总工程局分设议事会和参事会两机关，系按西方政治制度，分别为市政的议决机关和执行机关。1909年，该局因所辖范围被划为自治区域，便由绅董

李钟珏改组为城自治公所。1900 年成立的闸北工程局,后改为上海北市马路工巡总局,到 1911 年又改为闸北地方自治公所。从上海华界城乡规划机构的演变来看,几年内几易其名,立法与执法职能统一于多个机构。虽然在较短时间内学习了西方城乡规划的机构设置,但不稳定的机构设置对于城乡规划法律的制定与执行是极其不利的。因此,这一时期也很难出现行之有效的城乡规划法规与强有效的执法效果。

从北京来看,清末北京作为封建都城受中央政府的直接管辖,中国开放门户之前,北京的城乡规划为双重管辖体制,受中央与京城两种权力的管制。这种城乡管理体系,造成政令不一、政出多门,缺乏统一标准。面对西方列强的入侵,针对传统方式的弊端,清政府逐渐改变了以往中央以“工部”为规划建设机构,北京以“顺天府”为地方城乡规划机构的混合规划模式。从京师地区试办,先以安民公所为基本模式,设置善后协巡局,以后发展为工巡总局和内外城巡警总厅,最后发展为由民政部具体负责城乡规划与管理职责。以上机构确实为城乡规划的管理做出了一定贡献,但也和上海一样,短时间内城乡规划法律制定与管理机构几次更易,很难形成有效的城乡规划局面。尤其是八国联军侵华后,使馆区凌驾于国家主权之上,极大地损害了国家尊严,同时对城市的统一规划与管理也造成困难。① 因此,北京的城乡规划职能部门的变化及使馆区的规划与管理职能对北京的整体规划造成不利影响。

从南京来看,其不仅没有具体的城乡规划立法机关,城乡规划执法主体也相当匮乏,主要以清政府地方官员为主进行规划。虽然后期在下关设置了商埠局,起到了规划的主要职能,但下关商埠局是由清政府在南京设置的下设机构,对南京城市的建设与城乡规划只涉及局部地区,难以做到城乡的全局规划。从规划效果来看,清末时期的南京城乡规划与建设远远不及上海与北京,这也从另一个侧面反映出清末时期南京城乡规划法律问题的严重性。

(二)缺失国家城乡规划法律,地方法规多元化

清末时期,从全国政权统治来说,虽然在整体上立法是一元化的,全国适用统一的制定法,但清末时期的中国并没有统一普遍适用的国家层面的城乡规划法。同时,由于治外法权与地方自治的兴起,仅就城乡规划法而言,存在地方立法主体

---

① 但使馆区是北京历史上出现的西式街区,完全不同于传统的城市地域空间,其组织结构和街区风貌几乎是西式规划与管理的范本,在一定程度上影响了北京政府在改造旧城市区,以及在规划建设新城区的活动中模仿其规划技术、标准和规划法律制度。

多元化的情况，造成地方城乡规划法律内容的多元化，从而导致城乡规划建设中的无序状态。以上海为例，上海在租界、华界各自发展的特殊格局中，各自形成城乡规划法律与管理系统，其整体性与衔接性的欠缺成为上海日后全面发展的不利因素。城乡规划的畸形和缺乏整体性，造成了城市拼贴的感觉。

首先，城乡规划与建筑的总体布局不尽理想。上海公共租界内的建筑基本是一种随机建造的建筑，没有总体布局及其相关规定，缺乏整体规划。虽然上海公共租界对租界内规划与建筑的相关规定已经比较齐全，对房屋图纸设计的审批权、房屋建造活动中的监理权、违章建筑的查处权等内容都有明文规定，但其对租界内的建筑却缺乏整体规划，留有瑕疵。如外国人、官僚、资本家等城市中的富人居住的是花园洋房；高级职员、商人等城市中的中产阶级居住的是公寓住房；普通居民居住的是一般里弄住房；贫苦劳工、流民等城市的下层人员则居住的是棚户或简易住房。[①] 由于公共租界内没有城乡总体布局的规划，这些不同材质、不同式样、不同高低的住房交织在一起，呈现了一种乱象，很不美观。相比之下，法租界的城乡规划立法较为先进。1900年10月10日，上海法租界《西式建筑区域规划》决策规则：除非有法国总领事批准，否则，在嵩山路及西部扩建定居点地区建造的建筑，必须按照欧洲定制用砖头和石头建成，至少在楼层底部上有整整一层楼，设计方案必须经公董局工程师批准。后来，由于中国业主的强烈反对，1910年12月28日，董事会解除了对嵩山路以西中国房屋建设的禁令，但坚持按照欧洲习惯用砖石建筑。后来，董事会还对其他地区的建筑区划作出了规定。[②] 可见，即使是租界区，由于规划的立法主体不同，城乡规划内容差异很大，从而造成不同的规划效果。

其次，城市相关配套设施的总体布局也不尽理想。为了便于城市居民的生活，与居民区相配套的相关设施应当俱全。但是，上海公共租界也没有此类总体布局的规划及其规定，这类设施处于自生自灭的无序状态。业主觉得有利可图，便开店营业，否则就关店闭门，以致有的地方的居民区远离商业网点，有的地方的商业网点集中，又不与居民区结合在一起。这就造成了居民生活的不便。如上海澳门路，路虽然不长，但它靠近东面的一段是大量的居民区与仓库，几乎没有商店，靠近西面的那段则有商店等一些相关的设施，却又很少有居民点，[③]这造成了

① 参见熊月之主编：《上海通史》(第5卷)，上海人民出版社1999年版，第187页.

② 参见史梅定主编：《上海租界志》，上海社会科学院出版社2001年版，第571页。

③ 参见易福田：《上海市行号路图录》，福利营业股份有限公司1939年版，第510～511页。

许多居民生活的不便。

再次,道路的总体布局不尽理想。上海公共租界的道路由于缺少整体布局及其相关的规定而导致道路的布局不尽合理。东西方向的道路比较宽敞,南北方向的道路比较狭窄。比如,北京路、南京路等都比较宽敞,广西路、云南路等都比较狭窄。随着城市的扩大和人口的增加,南北方向的道路就显得滞后,比较拥堵。同时,上海公共租界还与法租界接壤,其接壤地是洋泾浜(今延安路)。但是,这两个租界各自为政,城市总体布局既无相关法律规定,也无协调机构,因此,南北向的城市道路多不衔接,以致交通不畅,很不方便。

最后,有法不依情况比较突出。从清末的城乡规划法律体制来看,除租界对城乡规划的违法责任与法律监督有明确规定外,中国其他城市基本没有相应的法律规定。然而,即使租界有相关的责任规定,其监督与执法情况依然存在很多问题。以上海公共租界为例,有法不依主要表现在娱乐场所等特殊建筑和建筑物的高度限制上。考虑安全等诸多原因,上海公共租界的建筑规定限制了西式建筑的高度,一般不得超过 85 英尺,但这一规定一直没有得到很好的实施,超高的建筑并非个别情况。1905 年,天洋洋行在地产重建中,在现有的一个 3 层高的文艺复兴样式的建筑上,再加了一个新建筑,以致总高度达 115 英尺;1906 年,九江路和四川路口的安利洋行建造了一幢 9 层的建筑,高达 130 英尺;另外,广东路上建筑的大来大楼也达到了 90 英尺的高度;等等。[①] 这些都是有法不依的典型例子。

(三)城乡规划法律的不平衡,乡村规划较薄弱

清末时期的乡村规划法制及实践在城乡整体规划中进步不大,虽然在地方自治运动中,乡村自治也是其中重要的内容,但乡村规划及其相关法律制度并不多见,有所变化的主要是城市郊区,也就是我们通常所说的乡村城市化。历史经验证明,乡村城镇化是市场经济发展的必然结果。从某种意义上说,任何城市都是由乡村发展演变而来的,城乡规划从这个意义上来说,本该是一体化的。以上海为例,晚清上海城市与近郊城镇在文化景观和居民生活方式上的鲜明对比,显示出近代上海城市发展对近郊城镇的巨大影响。[②] 受上海口岸开放的影响,上海东北部乡村聚落的空间结构呈现以租界城市建成区为中心的环状结构。学者林星在研究东南沿海通商口岸城乡问题的基础上,认为城市现代化进程形成了城乡相

---

① 参见练育强:《上海公共租界建筑管理法规研究》,载《探索与争鸣》2010 年第 3 期。

② 参见罗苏文:《论 1895—1927 年上海都市郊区市镇的变化》,载《史林》1994 年第 4 期。

互依赖、相互促进、相互制约的新型结构关系。①

但在清末中国,城乡规划不再像古代的发展脉络一样,整体上出现了断裂,虽然有乡村城市化的趋向,但经济的发展使国家重点倾向于城市规划与建设,对乡村规划并无过多关注与建树,相应法律法规更是鲜见。近代城市发展对农村的拉动,导致“文明城市”与“落后乡村”的尖锐对立,②这同样体现在城乡规划法律的立法与执法中。由于经济原因,清末时期农村整体规划并不常见,只是比较重视学校建设方面的规划,希望通过此种规划与建设从根本上改变乡村落后的局面。如《申报》(上海版)记载:

十年一月二日上午十时农业教育研究会纪录:到会者邹秉文、原颂周、唐荃生、葛敬中、季子宰、袁番、沈信卿、黄任之、尤慰高、郭秉文,公推邹秉文君主席。一,邹秉文君报告偕王企华君原颂周君学校情形附报告书,谨就原报告书所开改革乙种农校办法七条略加修正,公推邹秉文、王企华二君草就意见书,由社呈请教育部改订乙种农校规程,并将该意见就近呈送江苏教育厅,商请邀集农业专家组织初等农业教育委员会或乡村国民学校,切实试办,俟有成效再行推广。一,黄任之君提议徐静仁君委计本社计划,当涂职业学校,由社转记本会重加研究规画,进行议公推邹秉文君前往调查草具计划书报告本会。一,黄任之君报告穆抒斋君拟在上海杨思乡创一农村职业学校,委托本会计划,议公推孙恩厅、唐荃生、原颂周三君前往调查草具计划书报告本会……③

以上内容主要涉及乡村教育计划,并不是法律意义上的乡村规划。清末政府对乡村规划法律制度的漠视,与当时政治、经济、军事等各方面因素有关,但清末地方自治运动的兴起与对乡村教育规划的重视,对以后国民政府时期乡村建设运动的发展与振兴不无意义。

(四)城乡规划法律移植渐多,本土化问题凸显

清末,外来法律与中国本土习俗的冲突势在难免,尤其在城乡规划过程中,这种冲突时有发生,但外来法律的本土化是解决问题的一个重要途径。例如,上海公共租界在城乡规划法律制定与执行中尊重华人习俗的做法是本土化的一个重要体现。上海开埠后,英法等国纷纷开辟租界,华人不少墓地被圈入租界内,随着

---

① 参见林星:《近代东南沿海通商口岸城市城乡关系的透视——以福州和厦门为个案》,载《中国社会经济史研究》2007年第2期。

② 参见任银睦:《近代青岛城市发展与腹地农村社会经济》,载《扬州大学学报》(人文社会科学版)2004年第4期。

③ 《农业教育研究会纪录》,载《申报》(上海版)1921年1月4日,第3版。

各项规划与建设的开展,冢舍墓地如何处理成为中外论争焦点。根据中国的传统习俗,人们很重视死后的“埋葬”,否则会被嘲笑为“死无葬身之地”,一旦埋葬,就不能移动,否则会破坏风水,影响后世的运气。由于中国的这一传统习俗,公共租界的历次土地章程都给予了充分的尊重。如1845年《土地章程》第5条规定:“商人租定基地内,旧有华民坟墓,租户等不得践踏毁坏。遇有应行修理之处,听凭华民通知租户,自行修理。其祭扫之期,以清明节前七后八共十五日、夏至一日、七月十五前后共五日、十月初一前后共五日、冬至前后共五日为准,各租户不得拦阻,致拂人情。祭扫之人,不得砍伐树株,亦不得在离坟远处挖土添坟。其墓内共有坟墓几冢,系何姓氏,均须注明数目,嗣后不得再行添葬。如有华民坟主自愿迁葬者,听从其便。”1854年《土地章程》第11条规定:“租地内如有华民坟墓,未经该民依允,则不能迁移,可以按时前来祭扫,但嗣后界内不准再停棺材。”1869年《上海洋泾浜北首租界章程》第16条规定:“至西人所租地基内,如有中国原业户坟墓,非与商允,不得擅行迁去;所有未迁之坟墓,亦准原业主随时前往查视,届期祭扫;总之,租界以内,不准再行于地基上埋棺厝柩。”1893年《新定虹口租界章程》共8条,其中有2条对坟墓作了规定。其第3条规定:“华人坟墓,若非其家属自行允准,不得动迁。”第4条规定:“凡筑公路,不能穿过义冢。”事实上,在执行过程中,工部局也严格执行了这一规定。1876年11月13日召开的董事会会议明确提到,修筑的道路只有在遇到坟墓时才会转弯,需要避开。公共租界还充分考虑了中国迁坟的季节,如1877年3月26日的董事会提出,修筑熙华德路需要迁移大约40座坟茔,此事非常紧急,必须与村民们在20天内商议好,因为只有这个季节可以搬迁。如果不能,将不得不等到明年,可能还会有其他困难。上述建议充分考虑了中国的传统习俗。可见,英美租界《土地章程》的制定和执行充分尊重了中国人民的风俗习惯。这种做法说明了在法律移植的过程中如何尊重当地的条件,即法律的本土化,这也应该是《土地章程》得以顺利实施的主要原因之一。

与公共租界做法不同,在土地利用的过程中,法租界的管理当局不尊重中国人民的传统习俗,从而导致了一系列的严重冲突,比较激烈的是1874年和1898年的“四明公所①血案”。19世纪70年代,上海法租界的发展随着市政建设的发展和人口的增加而加快,土地价格也大幅上涨。然而,四明公所的义冢是埋葬贫

① 四明公所始建于1797年,是宁波人在上海的同乡会馆,拥有至少超过100亩的地产,一部分作为会馆机关使用,一部分是宁波人寄柩的丙舍,还有相当大的部分是宁波人的坟冢。公所位于上海市西北角,紧邻护城河。1862年,它被纳入法租界。

困者的坟地，卫生条件差，管理不善，在一定程度上影响了城市的面貌，容易引发传染病。第一起"四明公所血案"发生在1874年，法租界董事会考虑四明公所的墓葬不卫生，附近人口密集，是传播疾病的温床，计划修建一条贯穿四明公所的道路，迫使四明公馆迁出租界。此事遭到四明公所的极力反对。宁波同乡会多次要求董事会将这条路稍微向北移动，并提出承担修建这条路的费用。1874年5月3日下午，在四明公馆外，300多名宁波人与法国警方发生冲突。之后，情况变得十分严重，宁波人包围了董事会，烧毁了40多栋法国人房屋，而7名中国人被打死，20多人受伤。① 法国领事葛笃不愿再制造麻烦，迫使市政委员会放弃了修路计划。1897年，上海发生了严重的鼠疫，第二起"四明公所血案"由此发生。法租界认定，四明公所对丙舍和义冢的管理不当是引起疫情的主要原因。法租界董事会重提道路建设计划，再次与宁波同乡会发生冲突。1898年7月16日，法国总领事白藻泰命令水兵和警察占领四明公所，拆除围墙，导致当晚的抗议游行。17日上午，白藻泰下令镇压，导致了一场屠杀，造成17名中国人死亡，20人受伤。② 杀戮事件引发了全体旅沪宁波人的停工和抗议。最后，四明公所的地产大体得以保留，让出一小部分土地，开辟了宁波路(淮海东路)，但代价是清政府同意法租界再次扩展地界。

从表面上看，四明公所事件是法租界管理当局在市政规划建设过程中为解决公共卫生而与中国人发生的矛盾；从卫生和城市发展的角度看，迁移冢舍也未尝不可，但在没有充分证据表明冢舍与疫病之间有直接联系的情况下，租界当局拿冢舍坟墓作借口，可见其对中国丧葬习俗具有较深偏见。因不了解华人传统思想，法租界当局对待此事态度强硬，行为极为野蛮，这反映了西方殖民者强势文化的冲击。它也反映了在城乡规划过程中如何尊重中国传统文化，如何使城乡规划法律实现本土化的问题。

(五)城乡规划法与民族情绪，规划执行阻碍多

清末，虽然中西矛盾时缓时紧，但仇外情绪和民族主义一直很强烈。在城乡规划法方面，这主要体现在中国人民对西方城乡规划法制建设和文化特色的不满和抵制。在近代化初期，这些不满和抵制主要针对的是西方城乡规划和公共设施的引进和建设。长期的生存方式和风俗习惯所养成的文化心态和保守观念促成了城市居民的怨恨与极端行为。例如，在19世纪六七十年代，上海当地人认为电

---

① 参见《总论四明公所》，载《申报》(上海版)1874年5月5日，第1版。

② 参见《论四明公所事》，载《申报》(上海版)1898年7月18日，第1版。

线对风水是一种威胁，所以他们将英国商人在上海和吴淞之间架设的电报线全部去除。与此同时，一些旧官员也把外国人在上海修建的电线和铁路视为惊民扰众，变乱风俗。即使在20世纪80年代和90年代，许多人仍然认为火车的“电掣风驰”所带来的“热闹”是乱礼的祸根。尤其是在一些传统城市，反应更为激烈，甚至认为西方人怀有险恶的意图。例如，北京在20世纪初刚刚引进自来水和电力照明时谣言四起，认为北京的新供水系统是外国人设的陷阱，供水是腐败的，电力是外国人的鬼魂，是西方人的阴谋，一些电力事故被鼓吹为这种诡计和幽灵的最佳解释。一般来说，这些行为和态度在传统的文化和政治中心更明显和持久。到了20世纪初，上海对这些奇特的把戏已经习以为常，并乐于接受。甚至在1914年，作为中国城市象征的城墙也开始被拆除。然而，北京对这种现象的反应是激烈的和不可接受的，规划和建设的风格也坚持传统城市的和谐和完美。随着城市西方化的发展，对新型城市的不满和谴责无疑将对城乡规划法的近代化及其特点产生持久的影响，特别是殖民化的形式使中国城乡规划法的近代化缺乏深厚的地方意识和经验。这无疑会在近代中国不时出现的民族主义情绪和运动中引起怀疑和抵抗，限制城乡规划建设的现代意义和进程。

综上，清末虽然一度实行新政，出现了一批新式的城乡规划管理机构，但并没有解决城市受双重规划与管理的问题。另外，缺失城乡规划总体布局的法律，未能对城乡空间总体结构进行法律预设，地方法规多元化，导致规划实践中呈现无序状态；注重城市规划法律体制的建立，过分忽略乡村法律规划；法律移植与本土化的冲突及国民的排外情绪等，都不同程度地影响了清末时期的城乡规划法律的实施。总之，清末以租界为代表的城乡规划法律体系已经初具雏形，但又有明显缺失，而这种缺失又是清末时期整个经济发展与政治局面造成的，无可避免。而以上城乡规划法律和管理体制的弊端是造成近代中国城乡规划法律制度变革挫折的重要因素。

五、本章结语

与古代中国城乡规划法律一体化的特点相比，近代城乡规划法律出现了二元体制的特点。这主要是因为在清末时期战争频繁、城乡贸易发展不均衡和政权变化的共同作用下，古代时期城乡融合的局面被打破，城乡对立产生。城乡对立的确立也是以旧体制的缓慢瓦解和新体制的逐步建立为主要特征的，这是一个渐变的过程。内外环境的根本性变化必然引起体制的重大变革。① 清末是中国近代社会的开端，城乡规划法律作为国家统治的重要制度性工具，在城乡规划法律二元体制下，在重城轻乡的理念影响下，清末时期的城乡规划法律必有较大变化。

鸦片战争后，列强在中国先后确立了27个租界区域。这些区域尽管在法理上仍为中国领土，但土地使用和行政管理却多由外侨独断。同时这些区域往往仅占据所在城市的一部分，租界在区位上与华界毗邻，并且在政治、经济、文化上存在密切交流。这就形成了一种情况：租界成为中西文明相互撞击、交汇、融合的地方，成为西方资本主义文明影响封建中国的桥头堡。包括城乡规划与建筑制度在内的西方资本主义的法律制度，逐渐为中国人民及政府所接收，甚至发展出基于同样理念的华界自治组织和政府，并实施了西方化的城乡规划与建设。如天津在地方自治刚刚萌芽时，就将"城垣拆毁"，"遂日见商务之兴隆，较之庚子以前，实觉别开生面，而地面安宁秩序，亦较胜于从前"。② 汉口于1907年拆除旧城墙，城基改修马路，名为后城马路，这是汉口第一条近代街道。但以上地方都是在细枝末节上进行城乡规划的立法与执法，与上海租界较完备的城乡规划法律体系和规划机构无法比拟。

租界的城乡规划法律制度能顺利形成雏形，是与其本身具有的特殊权力有关；而其他地方的城乡规划法律体系在清末时期很难一时建立，是与中国本身的法律发展基础有关。正如张仲礼指出："租界是外国势力楔入中国的基地，但也是中国引进西方设置，租界的城市得风气之先，西方的市政制度和城市管理方法最早地输入运用，城市的开发、更新得到了较早、较大的推动，相对来说，未建有租界的城市，就缺少这样的发展条件。"③在清政府推出法制改革以前，传统法制在中国已运行了4000余年，根深蒂固。其儒家指导思想、礼法结合原则、维护等级特权的内容、行政司法统一的司法制度都与现代法制相违背。北京和南京作为传统的城市，仍在清政府的严格控制下，传统的法律制度仍在发挥作用，近代法律体系只能建立在原始传统法律改革的基础上，所以它的负担会更重，阻力会更大。④ 其城乡规划法律的近代化是很难在短期内建立的，城乡规划法律体系中存在较多

---

① 参见叶超：《体国经野：中国城乡关系发展的理论与历史》，东南大学出版社2014年版，第138页。

② 《盛京时报》1906年9月29日。转引自余子明：《清末地方自治与城市近代化》，载《人文杂志》1988年第3期。

③ 张仲礼主编：《东南沿海城市与中国近代化》，上海人民出版社1996年版，第583页。

④ 参见王立民：《中国租界法制初探》，法律出版社2016年版，第75页。

问题自然是无可避免的。如清末时期的北京作为比较敏感的国家政治中心，在城乡规划与管理这一块，虽然有《京师地方自治章程》的专门法规，但是在城乡规划法律制度方面基本上处于空白，还是以行政命令为主的规划模式，还没有形成类似于上海租界城乡规划法律体系的雏形，在城乡规划实践方面也较为被动，法律规划实践方面落后于上海。而清末时期的南京也是一个特殊城市，它既有一般城市特点，又是不平等条约中的开埠通商城市，因此，在城乡规划法律发展中它也形成了中西相互结合的形态。南京在城乡规划与建设方面主要是自主转型，又在部分地区（下关商埠）学习实践西方城乡规划管理体制，但由于受中国传统体制影响较大，南京在清末时期城乡规划法律体系的建立中凸显的问题也较多。

近代初始，虽然中国城乡规划法律问题较多，但在西方城乡规划法律的影响下，以上海为代表的中国地方城乡规划法律体制出现了重大变化。19 世纪末 20 世纪初，中国的城市扩张、人口增长、社会结构和城市功能日趋复杂，从简单模仿西方城乡建设的临时性、散乱性到部分专门化、初始系统化的城乡规划法律内容与相关机构建立，清末城乡规划法律体制开始了近代化，为民国时期城乡规划法律变革和确立奠定了重要基础。

第三章　发展:北洋政府时期城乡规划法律与问题(1912～1927年)

1912年,南京临时政府开启了以资产阶级政权为基础的民国时期,但孙中山主政的南京临时政府仅3个月有余,在城乡规划法律方面几乎没有什么建树。因此,对于近现代中国城乡规划法律问题发展期的研究从北洋政府开始。北洋政府在中国历史上处于一个承前启后的时代,虽然社会性质没有发生根本变化,但国体和政体发生了本质的变化。北洋政府的封建专制统治,导致混战不断、政局动荡、社会失序,但同时,辛亥革命使中国从帝制走向民主共和时代,"民主""科学"的观念开始深入人心。随着帝制的灭亡和近代化的起步,北洋政府和各级地方政府仿效西方国家改革了旧有的立法机关、行政管理体制和各类行政机构,建立了新的城乡规划法律体系,北洋政府时期的城乡规划法律内容具有革故鼎新的特色。但由于北洋政府本身的落后性,在革故的同时不免存在相应的法律问题。

一、北洋政府时期城乡规划法律体系的构建

(一)北洋政府时期国家城乡规划立法

中国古代已有涉及城乡规划与建设方面的法律文件,但一直到民国初年,中国并未有专门的全国性的城乡规划法。这与中国历来的"礼制"思想有关,注重道德性

与理性,而忽略法制的建设。北洋政府时期,虽然已有西方相关的城乡规划(以城市规划为主)法律思想与制度的输入,但由于政局不稳,人心未定,城乡规划和建设也刚刚起步,中国尚不具备能力出台全国性的统一的城乡规划法。当时,北洋政府公布的与城乡规划有关的法律文件只有配套法律法规,如《民业铁路法》《电信条例》《土地征用法》等法律文件。1914 年 3 月 31 日,政府公布《民业铁路条例》。1915 年 11 月 12 日,政府公布《民业铁路法》,全文共 75 条,其中规定铁路工程时涉及城乡规划方面的规定:"关于收用土地,得依法办理。关于官道、桥梁、河川、沟渠等工程之设施,应先禀请该地方行政官署核准。铁路横断通行官道,须筑天桥隧道或栅门……"[①]另外,1915 年 4 月 18 日,袁世凯公布《电信条例》,全文共 22 条,其中涉及城乡规划的规定是"电报电话线路,不论经过何地,得择便建设"。[②] 1921 年 10 月 7 日,北京市政府以"大总统教令"颁布了《市自治制》,出现近代城市建制。之后北洋政府先后颁布《市自治制施行细则》《修治道路收用土地暂行章程》等相关法律文件。[③] 以上法律文件的内容均不同程度涉及城乡规划方面的条文,但由于被规定在不同的法律中,过于分散,也缺少统一的规划原则,各地在城乡规划的实践中难以操作。

在民国初年,对于城乡的治理,依然注重各地依据自身情况出台的地方城乡规划和管理法规。这些法律法规并非源自中国古代封建法制,而是主要从西方国家相关法律法规的引进和借鉴中,经过完善而形成的。中华民国初期,为了适应新问题,各地市政当局及负责管理市政的各机构相继颁布了一系列的城乡规划(以城市规划为主)和管理法规,城乡规划和管理开始走向近代化和初步的法制化。

(二)北洋政府时期地方城乡规划立法

1. 北京市城乡规划法规的相关内容

第一,建筑法规中的城乡规划法律内容。北洋政府时期,掌控市政全部职能的是市政公所与京师警察厅,京师警察厅除了执掌社会治安等工作,也承担了大量城乡规划建设方面的监督和管理职责,为了有效地完成广泛的城乡管理工作,制定法规便成为其中必不可少的一环。京都市政公所和京师警察厅在其存在期间先后修订了数百件法规,涉及城乡管理和社会生活的方方面面,是北洋政府时

---

① 谢振民编著:《中华民国立法史》(上),中国政法大学出版社 2000 年版,第 636 页。

② 同上书,第 641 页。

③ 参见张研、孙燕京主编:《民国史料丛刊》(第 25 册),大象出版社 2009 年版,第 40 页。

期京城地方主要的立法机构和执法机构。例如,1913年,《京师警察厅呈报建筑规则》对房屋修缮、新建房屋应当遵守的程序、违反规定的处罚等都有相应的规定。1915年,为了进一步改善北京市的无序状态,使城乡交通便利、外观整洁,方便城乡的规划和改造,订立了《房基线办法》,测绘专科测定详图,把标准掌握在“其退让亦只于房屋全部中之少数,以冀于整齐划一之中,仍属兼顾市民私益之意”。[①] 1916年11月颁布《建筑管理办法》,1918年颁布《京都市房基线施行规则》,首次提出与现代城乡规划中道路“红线意义相近的概念”。[②] 北京市基本的线路管理方法类似于美国的分区法规。可见,在城市化的过程中,中西城乡规划和建设管理面临的问题基本相同,法律的发展有其历史必然性。另外,相关法规有《内城巡警总厅设官治事章程》《京师内外城巡警总厅办事规则》等。具体内容涉及城乡规划建设与管理的有《建筑管理施行办法》《夏令建筑暂行变通办法》《公共场所建筑审查暨征费办法》等一系列法规。

第二,涉及近代城乡规划法内容的道路交通与电报、电灯、电话等法律规则。城市公用事业有了新发展,在街道卫生方面,1913年12月颁布《京师警察厅改订管理清道规则》;为了应对新交通工具的出现,1915年7月颁布了《管理汽车规则》,这是城市机动车交通管理法律法规的雏形;1915年9月,作为对以前规定的补充,颁布了《巡守长警指挥汽车通行简章》。其他主要有《清道执行细则》《管理地排车专则》《管理大力车规则》《管理人力车规则》《车辆夜行不燃灯处罚规则》《改订清道规则》《公修道路简章》等相关交通法规。此外,还包括医药卫生法规、饮食服务业行业管理法规、市场管理法规、矫正市容法规、特种行业管理法规等。

第三,颁布《征地暂行规定》和《土地标租放领规定》等相关法律规定。城乡规划和建设法律法规的制定机关主要是京都市政公所,其制定的《征地暂行规定》和《土地标租放领规定》分别调节非国有土地的征用和城市土地的分类与分级。根据北洋政府《土地征用法》及1916年的修改案,市政机关享有征地权。1918年,京都市政公所颁布了《征地暂行规定》,规定市政公所有权自行征地。国家征地的概念和形式是通过北京市政公所全面征用香厂地区的土地而出现的。这一观念和实践的出现,标志着近代土地所有权制度及其产权变迁制度在北京市

---

① 《北平特别市工务局工务特刊》,十八年份。转引自王亚男:《北洋政府时期北京城市发展与管理体制变革1912~1928年——若干重要城市建设项目与管理法规评析》(下),载《北京规划建筑》2009年第3期。

② 王亚男:《1900—1949年北京的城市规划与建设研究》,东南大学出版社2008年版,第105页。

的出现。市政公所还先后制定与颁布了《房地转移凭单规则》《广安市场租地规则》《房地收用暂行规程》等法规文件。

2. 上海城乡规划法规的相关内容

第一,上海公共租界制定与颁布的系列规划相关法规。

北洋政府时期,上海公共租界依然以《土地章程》为城乡规划的主要法律依据。但随着城乡规划的不断复杂化,与规划相关的法规在不断地出现与修改中。1915 年 2 月,上海公共租界的火政处长递交了由其草拟的专门针对戏院等防火问题的提案,[①]该提案经建筑规则修改委员会修改讨论后得到批准,成为管理戏院等娱乐建筑之规则的雏形。1917 年后,上海公共租界采用了美国分区法规定的建设规则。[②] 租界工部局还制定了关于中式住宅的特殊建筑规范。1916 年工部局先后颁布《新中式建筑规则》和《新西式建筑规则》。其中,《新西式建筑规则》第 14 条明确规定了对房屋建筑有限高度的控制,并首次出现了建筑高度与道路宽度的协调控制。1919 年 7 月 17 日,工部局重新制定了 1916 年《新西式建筑规则》中第 14 条的部分内容,修改后的内容对建筑高度作出了更加严格而合理的规定。[③] 建筑的路线和到对面房子的路线都有严格的建筑规划。当时,汇中饭店、汇丰银行、江海关大楼和百老汇大厦等建筑反映了这一时期典型的国际建筑潮流。另外,还有《旅馆及普通寓所出租房屋之特别规则》《钢筋混凝土建筑法规》《钢结构法规》等与城乡规划法相关的法规文件。1923 年 7 月,公共租界工部局公布住房建设规则,因此,租界地区已经形成了系统施工管理规定。这些规定涉及广泛,当时在沪外侨认为,尽管欧洲和美国有几个城市的人口等于或超过上海的人口,却还没有采用等同于上海的建筑章程。[④] 此外,法租界在上海的城乡规划建设方面也取得了一定的成绩。法租界运用法国城乡管理的方法,在城市规划和建设管理中注重控制各类建筑形式。1902 年,法租界董事会规定,在租界一定区域,不能随意建造中国房屋,只颁发西式砖石房屋的施工许可证。1924 年,工部局交通委员会提出交通报告,体现了道路交通规划的特殊性。报告的主要内容包括现有和规划的道路系统、道路交通设施改善的步骤和过程、道路

---

① 参见《工部局修正建筑规则委员会会议录》,上海档案馆藏,档案号:U1-1-166。

② 1916 年,美国纽约的分区法规定了沿街的建筑高度和街道宽度要求,沿街建筑物达到一定的高度应该按照比例撤退。

③ 参见孙倩:《上海原公共租界建筑高度控制》,载《上海城市规划》2006 年第 5 期。

④ 参见黎霞:《上海公共租界建筑管理述评》,载马长林主编:《租界里的上海》,上海社会科学院出版社 2003 年版,第 295 页。

附属设施、交通管理、分区法规、相关建筑法规、公共交通线路规划等。根据以上规划报告,应设置道路两边的建筑高度,以满足交通和经济发展的需要。与此同时,建筑规范也明确规定,建筑物高度应该是1.25~1.5倍的道路宽度。① 之后不久,上海租界制定与颁布了《区划条例》,可以说它是在《土地章程》之后专门进行租界城乡规划的一部法规。

第二,上海华界制定与颁布的系列规划相关法规。

北洋政府时期,虽然上海华界市政机构变化过多,机构重叠,但这些机构还是在城乡规划方面制定和颁布了不少相关法律文件。以下是关于上海城自治公所时期和市政厅时期所颁布的与规划内容相关的法律文件的一个简单梳理。

上海城自治公所时期主要有:《选举董事会细则》《议事会议事规则》《董事会议事规则》《董事会各项办事员规约》《分区办事规约》《卫生项办理清道规约》《道路工程项办事规约》《道路工程项办理路灯规约》《道路工程项路政规约》《征收广告税章程》《取缔各种车辆规则》《规定食物店铺卫生规约》《取缔戏园规则》《取缔影戏场规则》《取缔滩簧书场规则》《取缔弹子房规则》《取缔中区庙园设摊规则》《管理渡船规则》等。②

市政厅时期主要有:《改组市政厅暂行章程》《议事会选举董事会细则》《议事会议事细则》《董事会议事规则》《董事会办事规则》《分区办事规则》《市立小学校暂行章程》《卫生科办理清道规约》《工程科办事规约》《工程科办理路灯规约》《征收广告税章程》《取缔各种车辆规则》《取缔戏园规则》《取缔影戏场规则》《取缔滩簧书场规则》《取缔弹子房规则》《取缔中区庙园设摊规则》《管理渡船规则》《招设清洁所办法简章》等。③

以上两个时期的上海华界城乡规划法律文件与同时期的租界相比,稍有散乱,还未能出现专门的城乡规划法律文件。

3. 南京城乡规划法规的相关内容

南京相比于上海和北京,城乡规划法规的建设相应落后许多,主要原因是南京在整个北洋政府时期,既不是经济发达城市,也不是首都所在地,现代市政体制也未建立起来,缺乏上海和北京那样强有力的专门市政机关。因此,南京在北洋

---

① 参见姚凯:《近代上海城市规划管理思想的形成及其影响》,载《城市规划》2007年第2期。

② 参见《上海城自治公所规则规约章程》,载杨逸编纂:《上海市自治志·各项规则规约章程乙编》,台北,成文出版社1974年版,第1049~1050页。

③ 参见《上海市政厅规则规约章程》,载杨逸编纂:《上海市自治志·各项规则规约章程丙编》,台北,成文出版社1974年版,第1095~1097页。

政府时期所制定的地方城乡规划法规极其罕见。由于南京曾经作为临时政府的所在地,孙中山曾写过《实业计划》,多少涉及南京的城乡规划,但从性质上来说,《实业计划》不是城乡规划法规,只能算是孙中山个人的设想。1920 年,南京才出现了近代意义上的第一部城乡规划法规性文献——《南京北城区发展计划》。《南京北城区发展计划》主要是加强下关与城区的联系,以加快开发建设下关地区在内的北城区,内容分为"区域分配计划"和"干路计划"两部分。"区域分配计划"中将城市用地划分为住宅区、商业区、工业区、码头区、铁路站场、公园公墓区、要塞区和混合区等 8 个功能分区。这些功能分区是在已经存在的基础上作适当调整;只有少量是新划的。"干路计划"把道路按宽度分为 4 个等级。主干道两条,一条为南北向作为北城区的主干,另一条为滨江大道。①

1925 年,鉴于民主虽已建立,却未在南京设立现代市政体制,南京各界代表协商市政建设,决定组建"南京市政筹备处",负责制订南京城市发展计划。1926 年,筹备处陶保晋主笔拟成《南京市政计划》,《南京市政计划》由行政机关制订,此文献在某种程度上具有城乡规划法规的性质。《南京市政计划书》承接了《南京北城区发展计划》的有关内容,对南京进行了较综合的规划,设想通过旧城改造,以改善城区内外的联系和环境,这是一次考虑城乡整体关系的规划,有点类似于当代城乡规划法中的详细性规划内容。其主要内容包括市区规划、住房规划、交通规划、商业规划、产业规划、公园规划、景区开发规划、教育规划、慈善公益规划、财务规划等。其中,交通规划保持了《南京北城区发展计划》的道路结构,但规划内容更为具体,有 6 个具体规划:规划干路以利交通、修神策路以通车站、兴办环城电车、疏浚秦淮河道、开辟城门以利交通、填筑下头江岸以兴商业。计划书还第一次提出在南京建设 5 大公园和 5 大风景名胜的计划。5 大公园分别是:东城公园(利用明故宫古迹适加修葺促成)、南城公园(利用贡院及夫子庙一带加以点缀布置)、西城公园(利用清凉山龙盘虎踞关、随园、古林寺一带山林风景)、北城公园(利用静海寺外三宿崖风景区建成)、下关公园(利用静海寺外三宿岩风景);5 大风景名胜分别为:秦淮河、莫愁湖、雨花台、玄武湖与三台洞寺。另外,住宅计划也较为先进,为使下关住民移居城内,拟定海陵门、三牌楼、双门楼至丰润门一带辟为住宅区,而又因城内住宅积习相沿,不易改进,所以拟以明皇城区为新住宅区,并要求"一律规定图式,分配地段,辟路种树,合资建筑,以为住

① 参见苏则民编著:《南京城市规划史稿》(古代篇 · 近代篇),中国建筑工业出版社 2008 年版,第 279 ~ 280 页。

宅之模范”。

总之,从以上 3 个地方的城乡规划法规的建设来看,北洋政府时期的城乡规划法规与制度是以建筑管理、土地管理和交通管理的相关法规内容为重点的。这和当时中国所处的工业化的起始阶段有密切关系,也与政局动荡有关,这些因素导致全面的、完备的城乡规划法律和地方城乡规划法规还没有正式出现,相关法规内容主要是学习国外的经验,同时,各地的城乡规划法制内容发展也不够均衡。但是,这些新出现的城乡规划法律内容为我国近代城乡规划管理的法制化、正规化开辟了道路。其立法精神、立法原则和法律服务的对象已不同于封建法律法规,它为近代工业化和城乡建设开辟了新局面,为促进建立良好的新型城乡秩序提供历史借鉴。

(三)北洋政府时期乡村规划法律状况

我国重视乡村的理念由来已久,乡村规划与建设思想源远流长。最早研究民国乡村运动史的陈序经在 1949 年的《乡村建设运动史略》中说:“国人重视乡村的观念,本来很早,老子说,‘修之与乡,其德乃长’;孔子说‘吾观于乡,而王道易易’……至于孟子所谓‘死徙无出乡,乡里同井,出入相友,守望相助,疾病相扶持’,可以说是孔子、老子的理想乡村的注脚。此后,王阳明、吕新吾对于乡治不但重视,而且有具体的计划,并努力实行。”以上论述为中国古代乡村规划法律思想的起源提供了线索。古代乡村规划体现了儒家思想,也体现了乡村规划主要为民间法的范围,主要受宗族与习惯的影响,礼法合一的体系也决定了古代城乡规划法律一体化的主要特征,这些在古代部分已有论述。而民国时期城乡规划法律体系演变为二元体制,由城乡融合转变为城乡对立,城乡规划法律中国家主要重视城市规划的内容调控,对于乡村则主要由地方自治来完成。因此,从清末到民国时期,中国的乡村规划以民间力量为主,法律渊源也以民间法和习惯为主,但民国时期与清末又有明显的不同,民国时期部分地方政治权力和知识分子开始加强对农村的渗透。

民国初年,米氏父子①在翟城村的实验以及地方实力派的乡村建设,发起了

① 1904 年,河北省定县翟城村乡绅米春明(米鉴三)被聘为定县劝学所学董,开始以翟城村为示范,实施一系列改造地方的举措,积极开展以兴办新式教育、制定村规民约、成立自治组织和发展经济为内容的乡村自治。这段暂未引起充分研究与关注的本地乡绅自发之“翟城试验”直接孕育了民国时期的乡村建设高潮,并受到海内外广泛关注。

民国时期的乡村规划建设运动。[①] 其中,乡村建设学校的理论探索和实验活动为乡村规划立法和执法的发展提供了实践依据。由于民国初年乡村自治的发展,个别地区的乡村规划作为自治的一部分,也有新的法律思想与法律实践。

1914 年,河北省定县县长孙发绪对翟城村的乡村工作加以提倡,专门创设了利协社与村公所,除继续注重加强教育和农业事业之外,还特别改善了路政、乡村卫生、保卫和风俗等。1916 年,孙发绪离开定县,任山西省省长。事实上,山西省乡村行政建设是通过建立邻(5 家为邻)、闾(25 家为闾)、村的制度,从而达到稳固国家政权,更紧密地控制农村和农民的目的。另外,20 世纪 20 年代初,浙江乡村自治在国民党元老沈定一[②]的领导下,成绩卓著,成立浙江萧山东乡自治区。但 1927 年以前,民国的乡村规划与建设运动虽然成为一种潮流,却并没有形成高潮。

乡村自治更多的是以乡村综合治理为重点,其中虽然有乡村规划的部分内容,但民国前期北洋政府对乡村规划的不重视,导致从中央到地方其实都缺少实质意义上的城乡整体规划及乡村规划等相关法律内容。

民国时期乡村规划的发展更多地体现在乡村城市化的趋势上,这一趋势加速了民国初期城乡空间规划的进程。城市化进程是农业用地向工业用地、农村人口向城市流动的过程。随着城市的扩张,特别是上海、沈阳等新的港口城市,原本属于城市周边的城郊和农村地区迅速转变为新的城市区域,城市空间得到了极大的拓展。贸易开放后,很多城市的经济快速发展,对周边地区有很强的吸引力,城市周边小城镇的农民和商人开始涌入城市,因此,城市人口增长很快。到 1923 年,上海、沈阳和其他开放港口城市开始向开放和近代化功能转换,城乡空间开始连接。随着城市规模的扩大,空间结构得到扩展,城乡环境得到改善,为民国后期的城乡统筹规划和法制建设奠定了基础。

---

① 在民国乡村运动高潮中,影响较大的有:晏阳初等在定县、衡山和新都的实验;梁漱溟等在菏泽、邹平和济宁的实验;卢作孚在重庆北碚的实验;黄炎培、江恒源等在徐公桥、黄墟、善人桥、沪郊的实验;高践四等在无锡黄巷、北夏、惠北的实验;陶行知创办的晓庄学校及国民党中央和地方政府主持的五大实验县。

② 沈定一,字剑侯,曾任国民党中央委员。1928 年年初,他感到国民党中央政事已无可为,毅然辞职回乡,致全力于东乡的地方自治,想从东乡做起,为国民党的政治找到一条出路。但由于东乡自治组织与国民党及浙江省政府的有关法令不合而遭到一些人的怀疑与反对,沈定一也于 1928 年被暗杀。东乡自治会被取消,但乡村建设并没有就此而结束。

二、北洋政府时期城乡规划执法主体的演变

(一)中央执法机构

从中央的城乡规划与管理机构来看,①1912年1月南京临时政府成立后,沿袭旧制,设置内务部,②行政机构的专门化特征更为明显。1912年6月20日,北洋政府公布《内务部官制修正草案》,内务部设六司,其名称稍有改变,而各司职掌与以前大体相同。因此,在北洋政府时期,中央规划与管理城市的主要机构为内务部。

在晚清地方自治浪潮中,城乡规划管理已成为地方自治的主要任务之一。对于北洋政府来讲,中央政府只能做总体规划,而不能做详细的规划。地方市政组织作为城乡规划管理的主体,在我国的一些重要城市已经建立起来,城乡规划的权力实际上已归属于地方政府和乡村自治机关。

(二)地方执法机构

1912~1927年,近代中国市政体制刚刚起步。在此期间,各地的市政公所承担起城乡规划、建设和管理工作。而城乡规划由于城市的地位与受西方影响的不同,出现不同的规划机构与执法特点。由此,将城市主要分为3类:第一类是传统城市,如政治地位居高的都会城市,以北京为例;第二类是租界城市,主要是约开商埠城市,受西方影响较大,以上海为例;第三类是自开商埠城市,受到传统文化与西方文化互相影响,以南京为例。

1.北京城乡规划管理机构的成立与运行

北洋政府时期的城乡规划管理机构先后有京师警察厅和京都市政公所,并共同进行城市规划与管理职责。

首先是京师警察厅。北洋政府时期北京城区警察机关在一定程度上实施城乡规划与管理的职能,它源于清末时期的警察制度。清朝时期的北京为顺天府

---

① 1911年10月,辛亥革命中建立的湖北军政府和稍后的南京临时政府即沿袭了清末民政部的主要机构设置,实行社会行政管理。这种措施实出于统治者安定社会秩序和巩固政权的需要,但这一重要中央机构的设置,毕竟使其权限和职责划分得较清楚,使社会行政管理机构专门化,因而对当时及以后的社会管理工作具有积极意义,军政府成立之后,因以军事为重心,内务行政暂由军政府的决策机构谋略处负责。10月14日,《中华民国军政府暂行条例》规定,军政府设军令、军务、参谋、政事4部。政事部下设外务、内务等7局。由内务局管理民政事务。10月25日,在上述暂行条例基础上加以修改而制定的《中华民国鄂军政府改订暂行条例》则取消了包揽大权的政事部,实行机构专一化,加强行政部门,设立内务、外交、理财、交通等9部,规定内务部权限为"掌关于内务行政事宜"。

② 参见《中华民国临时政府中央行政各部及其权限》,载《临时政府公报》1912年第2期。

治，虽然为清代帝都所在，但初始无特别市政机关。清末的民政部是中央级别的行政机构，虽然对北京城乡的规划与管理有一定职权，但毕竟不是专门的北京市政机构。1906年，北京设立内外城巡警总厅。内外城巡警总厅全面负责北京城市的管理事宜。巡警总厅内设总务、行政、卫生、消防及司法行政等处，分别负责机要、统计、警事、治安、护卫、刑事、户籍、正俗、营业、交通、建筑、卫生、防疫等。1913年，民国政府内务部改革警制，京师内城巡警总厅和外城巡警总厅合并为京师警察厅，直属内务部，设总监1人，由内务总长呈请简任，作为北京全城的管理机构。分置总务、行政、司法、卫生4处，各设3科，后又增设消防处、勤务督察处；城郊地方共分28区，各设区署；并直辖保安警察队、侦缉队等。京师警察厅负责北京市内的警察、卫生、消防事项，兼管交通、户籍、营建、道路清洁、公厕设置修缮、公共沟渠管理等城市规划与建设相关事项，京师警察厅比巡警总厅有更完备的组织系统和更加广泛的管理职能。因此，京师警察厅并不是一个单纯的治安机关，而是一个综合的城乡管理机构，在相当程度上执行着后来的市政府的职能。该机构还在北京颁布和执行了一系列地方管理条例，如1913年5月颁布的《京师警察厅呈报建筑规则》，虽然法规的内容相对简单，但它反映了政府在北京从封建都城向近代化城市和具有独立地位的地方城市转型过程中，试图履行城市规划管理的责任。京师警察厅是北京历史上第一个具有近代意义的城市管理机构，它行使着许多城市管理的职能，在北洋政府倒台后被废除。

其次是京都市政公所，这也是北京城乡规划与管理最重要的执法机构。清政府时期，北京的城乡规划、建设与立法机构及各自权限分工不清，政出多门，体制不顺，规划与管理都没有单独和专门的机构来负责，这是北京作为当时的都城进行城乡规划和管理困难的重要原因。虽然在1909年清政府颁布了《城镇乡地方自治章程》，继之又颁布了《京师地方自治章程》，但民国之始，竟是一仍旧贯。进入北洋政府时期，城市人口增多，经济发展，城市规划与管理的任务迫在眉睫。1913年，朱启钤任内务总长，鉴于北京市政之必要，起草了《京都市政条例》，并提请国务会议设立京都市政公所。1914年4月，内务总长朱启钤乃裁顺天府划定市区。京都市政公所成立于1914年6月，是北洋政府时期负责办理北京市政的专门机构。但由于事实上京师警察厅并未移交出其在卫生、交通管理等方面的权力，京都市政公所的工作仅限于北京市的规划、建设与制定法规，包括对街道修建和整修疏浚沟渠等，京都市政公所制定的法规也主要集中在以上方面（具体法规详见下节的介绍与评述）。

1917年6月29日，大总统令颁布《京都市政公所暂行编制》，主要内容如下：

第一,京都市政公所负责官员暂由内务总长兼任,负责市政事务;第二,京都市政公所人员由督办组织人选,需要具备京都经验和技术的人员,市政公所有权管理全市的市政管理工作。根据第一项规定,第一任督办为朱启钤,历任有王揖唐、谢远涵、张志潭、蒲殿俊等人。①

为更好地认识京都市政公所在北京的城市近代化中的作用,下面我们从京都市政公所的职责部门(见表3.1)来具体分析此机构在北京城乡规划与建设方面的职权范围。

表3.1　京都市政公所组织机构设置

第一部	通讯处、会计处、编辑处、综合处
第二部	政治处、财产处、调查处
第三部	建筑检查处、勘测处、工程处
第四部	建筑处、评估处、物资与供应处

资料来源:王亚男:《1900—1949年北京的城市规划与建设研究》,东南大学出版社2008年版,第61页。

从表3.1可以看出,京都市政公所下设的第三部主要负责管理城乡规划方面的工作,第四部主要管理城乡建设方面的事宜。除了机关本部,京都市政公所下设机构中与城乡规划有关系的还有工巡捐局、测绘专科、京都市营造局、城南公园事务所与海王村公园事务所等。

京都市政公所是仿照西方政府市政管理体制而成立的,具有一定的科学性和高效性,督办与专业技术队伍密切配合,对北京城乡规划建设进行统一的领导、立法与监督。北洋政府时期,北京城乡规划有很多开创性的改革和发展,影响较大,包括整理正阳门、增辟皇城各门、开辟西城南北新华街及城洞、开辟香厂市场、设置东安市场、筹划电灯和自来水安装等工作,其中香厂市场的开辟在中国城乡规划实践中是一著名历史事件。《京都市政汇览》中记载:"当查香厂地区虽偏处西南,而自前朝之季已为新正游观之区,一时士女骈集,较之厂甸或因过之,且可验位置之适宜,人心之趋向,遂于民国三年悉之计划着手进行。"《市政通告》还记载,当时的香厂有个"中央广场",为清理广场,拔掉了大量木橛。张恨水的一些小说中提到了这个广场,目前看到的天桥剧场前的广场是模仿重建的,这原本是

① 参见王亚男:《1900—1949年北京的城市规划与建设研究》,东南大学出版社2008年版,第60页。

宣统二年(1910年)建设香厂的计划,延续了清末的市政思想。香厂地区的建设历时4年左右,不仅铺好了地面,修整了路面,安装了新的马路牙子,而且在两侧都修建了新的建筑。香厂地区也促进了周边城市的市政建设。当时,北洋政府还翻修了玄武门至正阳门的道路,以及前门大街和西珠市口的道路。京都市政公所承担整个香厂区的规划、选址、基础工程、征地搬迁等工作。在法律法规的保障下,京都市政公所的行政管理能力体现了较高的执法水平。在总体规划的基础上,京都市政公所负责监督检查,根据当时建筑管理办法,呈报建筑之件由警厅函达公所后即时交付调查,调查之期间,至多不过2日,查复核定后即将调查情形函知警厅转批原呈报人。但有须与原呈报人接洽之事,或因有特别情形必须延长期限者,不在此限,调查之件有对于原呈报人应加指示者,及时传知在一定期限内来公所接洽其事。属简单者,即由调查员于调查当时面告之。① 可以看出,京都市政公所按照规划评审建筑设计的组织、运行和管理程序,工作高效,有组织、有计划地实现了近代意义上的新区规划建设。②

另以公共空间的规划与建设为例,京都市政公所最早的工程项目规划开始于大规模的公园开放运动。民国初年,各城市由于没有公共空间的规划和设施,民众平时无处消遣,由于没有适于修养和提升自我的地方,男性倾向于喝酒、赌博、嫖娼等不良习惯。这些寻乐方式对身心并不好,建立公园是改变一个不良社会风气的好方法。因此,当时京都市政公所的官方刊物《市政通告》在民国初年积极制造舆论,其舆论倾向主要表现在两个方面。首先,试图创造具有市民身份和归属感的城市环境。有文章指出"只要找一块清净宽敞的所在,开辟出来,再能有天然的邱壑,多年的林木,加以人工设备,专在有益人群的事情上讲求。只要有了公园以后,市民的精神日见活泼,市民的身体日见健康,便算达到完全目的了"。③其次,认为政府应增强其责任感,注重保护人民健康和道德修养。这本双周刊还系统介绍了纽约、巴黎、伦敦、东京和其他西方城市的公园。④ 通过舆论引导,激发了部分精英读者的道德责任感和社会变革愿望,对城乡空间变革的融资和管理发挥了积极作用。

---

① 参见《修正建筑管理办法》,载京都市政公所编:《京都市政汇览》(1914年7月至1918年12月),京华印书局1919年版,第456~457页。

② 参见王亚男:《北洋政府时期北京城市发展与管理体制变革(1912~1928年)——若干重要城市规划建设项目的评析》,载《北京规划建设》2009年第2期。

③ 《市政通告》1914年第2卷,第9~10页。

④ 参见《市政通告》1915年第18卷,第31页。

在以上各项城乡事业的规划与建设中,市政公所起了重要的主导作用,市政公所起初考虑以全局眼光对北京的城乡进行总体规划,做了大量开创性的工作,着手改良北京市政,成绩显著,有资料评述"成立之初,市政草创,措施极简。惟于开放旧京宫苑为公园浏览之区,兴建道路,修建城垣等,不顾当时物议,毅然为之,且于规定市经费来源,测绘市区,改良卫生,提倡产业等,均有所倡导"。① 但由于最初阻力较大,市政公所不得不稳妥审慎地以局部改造作为规划和建设的突破口,对局部规划严格把关,严格按程序批复,有史料可以充分证明市政公所在建设香厂市场时稳妥审慎地进行规划和严格批复程序。

"迳启者,据周仲平等呈称,窃仲平等前拟将香厂八、九两号空地转租于刘宝赓等,建筑北京新世界商场,呈报市政公所,旋奉批驳不准,当由仲平等招集同人议决自行建筑,呈报批准在案,现奉钧厅批示并抄示市政公所限制各条,仲平等自当遵照办理。将来商场建筑工竣,应照华兴经理处规定房屋出租章程,租与刘宝赓等营业。兹将绘成缩进基线尺寸图样二纸并工程师遵照限制各条办理甘结书一纸呈请鉴核,伏乞批准并恳函知市政公所,实为德便,等情。据此,相应将原图两件、甘结一纸一并函送贵公所,请即派员复勘,是否相符,有无窒碍,并希见复过厅,以凭核办。此致督办京都市政公所。"②

从以上史料可见,北洋政府时期,掌控市政全部职能的是京都市政公所与京师警察厅。京师警察厅除了执掌社会治安等工作,也承担了大量城乡规划建设方面的监督和管理职责。创办京都市政公所和京师警察厅是北京在城乡建设和管理体制上的重要变革。随着市政公所职权范围扩大,1925年,实现了国家与地方政权的明确划分。市政公所开始负责全市的管理工作,改变了中央直接管辖北京的局面。由此,市政机关在城乡规划、建设和管理上实现了独立,这是北洋政府时期城市近代化的必然结果。

2. 上海城乡规划管理机构的成立与运行

在北洋政府时期,上海城乡规划管理依然与清末时期类同,分为租界与华界两个部分,执法机构比较复杂。

上海在北洋政府时期,仍以租界地区的发展为主要代表,租界城市化加速了上海城市化和规划法律近代化的进程。北洋政府时期的上海是中国的工业、金融

---

① 北平市工务局编印:《北平都市计划设计资料集》(第1集),1947年版,第9页。

② 《京师警察厅为请派员复勘周仲平改绘图样致市政公所公函》,载《北京档案史料》2006年4月。

业、商贸中心,成为当时远东最大和世界范围内最繁荣的大城市之一。近代以来,中国率先建设了较为先进的市政公用基础设施。外滩的建筑被称为“世界建筑博览会”,形成了上海独特的风貌和重要的规划和建筑符号。租界的规划建设管理及其法律规范体系为上海城乡规划管理奠定了坚实的基础。租界内较为完善的道路红线规划、建筑规划和土地利用分区法规,可供上海未来城乡规划管理技术体系借鉴。我们可以从租界和华界两个地区分别来探析近代上海城乡规划管理机构的运行。

首先,关于租界城乡规划与管理机构的运行机制。北洋政府时期,工部局依然是租界城市立法与执法的主要机关。新时期,工部局根据西方城乡管理模式,进一步完善了城乡规划管理机构设置。北洋政府时期,工部局为更好地管理上海租界,在道路规划和建筑规划方面做了大量工作,特别是城乡专项发展规划具有基本的雏形。1924 年,工部局交通委员会提出了交通报告,报告的主要内容包括道路系统的现状和规划、改善道路交通设施的步骤和过程、道路附属设施、交通管理、相关建筑法规、分区法规、公共交通线路规划等。根据规划报告,由于交通发展和道路不断扩大的需要,道路两边的建筑高度应受制约。与此同时,建筑规范还明确规定,建筑物高度应该是 1.25 ~ 1.5 倍的道路宽度。这些内容为现行《上海市城市规划管理技术规定》的比例控制要求提供了初步依据。①

其次,关于华界的城乡规划与管理机构的运行机制。1912 年前后,在地方自治的风潮中,上海华界地区开始对城市规划和管理机构进行改进。如 1909 年 6 月 18 日,上海城厢内外总工程局被取消,上海城自治公所成立,这一事件标志着上海华界建立的地方自治总机关成立。但上海城自治公所成立时间不长,1911 年 10 月,武昌起义爆发;1911 年 11 月 3 日,上海光复;1912 年 2 月 20 日,上海市议会呈江苏省议会要求上海市政厅直隶省会官厅,之后隶属于中华民国的上海市政厅正式运行。但上海市政厅运行时间也不长,1914 年 2 月,袁世凯政府下令取消地方自治,上海市政厅结束工作,上海市政厅改为工巡捐局,长达 10 年的清末民初上海市的自治告一段落。1914 年 3 月,在江苏省省长韩国钧任命下,工巡捐局开始办公,第一任局长是杨南珊。工巡捐局权限为:“除原有市乡学校划归县知事经办外,其余均照前市政厅规模,厅内原有人员暂勿更动,以资熟手。”②工巡捐局起初沿用了市政厅的城乡规划与管理功能,但其城乡规划功能随着发展逐渐完

① 参见姚凯:《近代上海城市规划管理思想的形成及其影响》,载《城市规划》2007 年第 2 期。

② 《改组工巡捐局之手续》,载《申报》(上海版)1914 年 3 月 1 日,第 10 版。

善,之后专设了工程处,管理上海的道路工程、卫生事项,其中尤其以道路的兴建和扩建为最重。除工巡捐局外,局部地方也开始了城乡规划工作的动作。1920 年 11 月,吴淞商埠局督办张謇制定《组织章程》和《吴淞开埠计划概略》,从而促进了吴淞商埠局的成立。1921 年 2 月 12 日,吴淞商埠局举行开幕典礼,由实业家张謇出任督办,筹备吴淞第二次开埠计划。[①] 1923 年 1 月 1 日,张謇提出《吴淞开埠计划概略》,即开发吴淞的城乡规划大纲,进行局部城乡规划与建设,但由于开埠区域与沪北工巡捐局管辖区重叠而引发争端,经调解,开埠计划有所调整。经 3 年筹备,商埠局完成全埠测量工作,但 1924 年 9 月直皖间的“齐卢之战”,造成经费不足而使商埠局停办,使吴淞的第二次开埠又未能成功,但其规划思想的先进性,对以后的大上海新市区有着直接影响。在商埠局进行局部市政规划与建设的同时,1922 年 6 月,上海市又设立市政筹备处,筹划地方自治。1924 年,沪南、沪北工巡捐局分别改为上海市自治公所和沪北市政局。五卅运动期间,北洋政府颁布《淞沪市区督办署官制》和《淞沪市自治条例》,因为战争的困扰,督办署迟迟未能成立。孙传芳到上海后,一些资产阶级团体发起了组织商埠运动,请求继续实施地方自治。孙传芳赞成建立统一的市政机关,但必须官商合办,并将南市的自治公所实行“官督民办”,而由沪海道尹接收沪北市政局,恢复闸北工巡捐局的旧称,实行“民督官办”。在此基础上,1926 年 5 月 4 日,淞沪商埠督办公署成立,孙传芳自任督办,委任丁文江为总办。丁文江作为总办,撤销闸北工巡捐局,统一南市和闸北市。淞沪商埠督办公署名义是上海历史上第一个统一管理闸北、南市、浦东、吴淞的市政机关,但其管理范围仅限于闸北、南市,从未参与过浦东、吴淞的市政事务。淞沪商埠督办公署下设工务处,乃接收原沪北工巡捐局而设,是直属淞沪商埠督办公署的工务机构,其主要职责是测绘淞沪商埠区域地图、修筑道路、疏浚河道、建设公共设施。该处设立后,制订了淞沪市政建设计划,修筑了控江路、淞沪路、花园路等,又计划在苏州河新垃圾桥至新闸桥一带筑驳岸,建筑大统路。1927 年北伐军抵达上海,淞沪商埠督办公署结束,该处随之结束。

为了更清楚地了解上海各个时期城乡规划与管理机构的演变,将 1912～1927 年上海市政机构变化情况列出(见表 3.2)。

---

① 光绪三十一年(1905 年),上海设立黄浦河道局,对黄浦江进行疏浚,使商船进出便利,但也使外商重新集中于市区,从而造成原来向吴淞口转移的趋势中止,最终导致吴淞埠工、升科、会文等局先后被撤销,吴淞首次开埠结束。

表 3.2 1912～1927 年上海市政机构演变

成立时间	市政机构	权力来源	功能	主要构成	规划机构
1912 年 2 月	上海市政厅	《江苏暂行市乡制》及苏沪都督认可	学务、道路、卫生、农工商务、城镇乡善举、公共营业筹集款项及其他未尽事宜	总董、董事、名誉董事、警务长、区长、科长、赞助员	道路工程处
1914 年 3 月	上海工巡捐总局(南市)、上海工巡捐分局(北市)	江苏省省长任命	道路工程、卫生事项、征收地方捐税、慈善事业等	局长、顾问、总务处、工程、会计、庶务、税务、卫生	道路工程处
1921 年 2 月	吴淞商埠局	《组织章程》和《吴淞开埠计划概略》	规划与建设吴淞商埠	督办	测绘处
1924 年 11 月	上海市公所	《县自治法施行细则》与江苏省公署训令	主管上海南部市政	总董、董事、各处处长	工程处
1926 年 5 月	淞沪商埠督办公署	《淞沪市区督办署官制》和《淞沪市自治条例》	管理淞沪商埠内行政、外交、保安并监督商埠内地方自治事务	督办、总办、总务处、外交处、政务处、保安处、工务处、财政处	工务处

资料来源:《上海市自治志 · 公牍 · 规则规约章程》《上海自治公所各项章程》《上海市政厅公牍》《城市乡地方自治章程》《城市乡地方自治选举章程》《上海市政厅各项章程》《江苏暂行市乡制》《工巡捐局办事人员之规划》《淞沪市区督办署官制》《淞沪商埠督办公署组织大纲》《淞沪市区条例及自治制》。

从北洋政府时期的上海城乡规划与管理机构的演变来看,其整体处于一种极度不稳定的局面。其中,从 1914～1924 年,城乡规划与管理缺少实际的权力机构。但总体来讲,北洋政府时期,上海华界的城乡规划与管理是以城乡自治机构为主,政局的不稳影响了城乡规划与管理的实效。这段时期的上海与同时期的北京相比,上海华界城乡规划的成效不够明显,这与当时上海市政机构的不稳定性有密切的关系,城乡规划难以长期稳定进行,势必影响城乡规划法律思想与制度的发展和建设。

3. 南京城乡规划管理机构的成立与运行

都市组织是城市社会管理的主体。南京城市社会管理的近代化,是以南京市行政机构的设立为标志的。1911年,辛亥革命后,江苏省临时议会通过了《江苏暂行市乡制》,但没有什么成效。1912年,孙中山就任临时大总统,废除省、县,改江宁府为南京府,定南京市为国都,直隶于内务部,置秘书厅和民治、劝业、主计、庶务等科,并置南京卫戍区。同年,马路工程处成立,开始将道路修复与城市社会经济的发展联系起来,标志着规划者对城市道路近代化认识的转变。国都迁至北平市后,1913年废府,设江宁县。1914年5月,设金陵道尹治江宁。1920年,下关商埠局曾自置督办,负责商埠一切规划事宜。1922年,南京市政督办公署下设都市计划处,负责市内社会管理及市政建设。1925年,韩国钧任江苏省省长时,南京始筹备市政公所。1925年的春天,鉴于民主虽已建立,却未在南京设立现代市政体制,南京各界代表协商市政建设,决定组建"南京市政筹备处"负责制订南京城市发展计划。1926年,筹备处陶保晋主笔拟成《南京市政计划》。① 但据史料记载:"1926年又筹设市政督办公署,但均未实现。"②虽然南京市政机构的设置一直困难重重,但城乡规划与建设是近代社会不可避免的社会需求。为适应南京城市近代化的步伐,1926年,南京市工务局成立,主要负责编制城乡规划文件和规划实施,涉及城市分区、交通计划、工商业计划、住宅计划等。

南京进入北洋政府时期后,其城市的工商业、交通业、服务业等均得到很大进步,城市有了多方位的发展,城乡规划的思想和制度也得以影响到近代南京社会的各个层面。在城乡规划管理方面,逐渐出现了专门的城乡规划管理机构,相比北京和上海,南京独立的城乡规划立法与规划管理部门成立较晚。在国民政府定都南京之前,南京的城乡规划体制是较为落后的。

三、北洋政府时期城乡规划法律的主要问题

(一)城乡规划法律的畸形化问题

20世纪初,中国城市的近代化建设在市政管理机构的建立、公共事业的发

---

① 参见苏则民编著:《南京城市规划史稿》(古代篇·近代篇),中国建筑工业出版社2008年版,第280页。

② 云骏:《民国南京城市社会管理问题的历史考察》,载《江苏社会科学》2000年第3期。

展、城乡规划法的制定等方面都是卓有成效的。正是在这一时期,中国城市发生了重大变化,如居民可以共享的公共设施——自来水、电灯、电车的引进和建设等。但在这一时期,城乡规划法律内容在许多方面表现出不成熟和畸形化的问题。

由于近代中国城市工业化程度不高,缺乏资金用于城市建设,市政人员缺乏管理经验,发展城市公共工程终是有限和不足。例如,20 世纪 20 年代初,北京在大规模的规划和建设中,引进了许多主要的公用事业,但城市人口主要为劳动阶层,这些工程对他们来说太奢侈,也不能提供足够的税收用于市政建设。史明正先生曾指出,它们具有“政治上进步,但社会上保守的本质”。① 此外,中央财政配置极为有限、地方税收收入不足等因素加剧了我国城乡规划及其法律的保守性,加剧了近代中国城乡建设与发展的两难境地。近代中国城乡规划的保守性也导致了近代中国城乡规划法制发展的不成熟性和畸形化。这使中国近代社会很难完全接受城乡规划法律的近代化进程。尤其近代化水平较高的城市具有投机、异质性的缺陷,这自然导致城乡规划法律内容的不健全、保守性、不够稳定、重城轻乡等畸形化发展的问题。

(二)城乡规划法律的差异性问题

从中国社会的整个过程来看,租界和商业港口城市发展快速,其他城市和村庄变化较小,因而造成少数城市的异常繁荣和广大农村地区的较为衰落,以及农村城市化的困难。城乡规划法律的不平等性与不均衡性体现在城市之间与城乡之间两个方面。

首先,在不同地方的城乡规划中,北京作为北洋政府的首都,主动引进和宣传近代城乡规划法制北京文化,并创造性地制定了不同于封建社会的城乡规划法律制度,在法制的规范和指引下,实施了当地历史上第一次具有近代意义的具体区域的改建计划和建设,北京的城乡规划有了显著改变,从前文城乡规划的相关法规来看,内容相当丰富,只是在当时还没能出现一部正式而完整的近代北京的城乡规划法规。上海作为当时中国经济大市,城乡规划法制也一直处于中国前列,但由于租界的存在,上海城乡规划法律的发展具有一定的不平等性与不均衡性。至于南京,其城乡规划法制明显落后于上海与北京,这与当时南京尴尬的政治地位有一定关系,到国民政府时期,这种政治和经济上的劣势消失以后,南京的城乡规划法制也就有了快速的转变。

---

① 史明正:《走向近代化的北京城》,北京大学出版社 1995 年版,第 99 页。

其次,在城乡规划法律内容的构建上,北洋政府在城乡规划方面偏重城市规划法律法规的制定与实施,很短时间内便在修筑城市现代化的道路系统、发展公共交通、开辟建设公共场所及中西各式建筑等方面取得一定成绩。虽然民国初年的学者和地方官员开始注重乡村规划与建设,但更多的是乡村自治过程中的一种自治行为,并无专门的乡村规划法律法规作为依据,更无体现城乡规划一体化的城乡规划法律体系。因此,北洋政府时期的城乡规划法律沿袭了清末时期的问题,城乡规划法律的内容其实是以城市规划法律的内容为主要展现,只有在乡村城市化的过程中,城乡才是一体化的,城乡规划法律才是统一的。但整体来看,北洋政府时期的城乡规划法律体系是割裂的,有严重不均衡的差异性特点。

(三)城乡规划法律的政治性问题

由于南京临时政府存在的时间较短,在城乡规划方面并无建树。袁世凯政权统治后,各系军阀纷纷登场,政治势力此消彼长,短短十几年间,政治风云莫测,频繁变化的政局和人事的变动影响了近代城乡规划法律改革的进程,也造成既定城乡规划与法律制度难以按预定目标实现。囿于当时的政治经济环境,近代中国城乡规划是作为国家的一种统治工具,依附于不平等的政治经济地位、殖民历史和规划文化而产生的。在这种背景下产生的城乡规划法律文化具有很大的局限性。如乡村规划中明显受到政治权力的强力控制,当时具有一定影响的山西省的乡村管理经历了“官厅提倡村治”和“村民自办村治”两个阶段。然而,在当时的条件下,“村民自治”也受到了政府的严格控制,山西省乡村建设的政治因素是显而易见的。另外,乡村城市化过程更能凸显城乡规划中政治的作用,按照城市蔓延扩散规律,随着城市化程度的不断提高,作为在空间位置上相近于市区的空间地区,除了被城市地区不知不觉蚕食,一纸行政命令可以调整行政区划、建立特区或以其他手段和形式吸收农村郊区,以转变成城市地区,导致郊区成为城市的一部分。

(四)城乡规划法律的本土化问题

北洋政府时期,城乡规划法律制度的特点是主动向国外学习借鉴和本土自发性探索的互相结合。当时中国颁布的城乡规划和管理法规源于新式的法学理论,主要学习英国、法国、美国与日本。如上海华界学习公共租界和法租界的城乡规划与管理法规的制定;北京学习日本明治维新后的日本新式法规;南京作为通商口岸,则是借鉴西方各国的城乡规划与管理法规,从孙中山制订的《实业计划》和陶保晋主笔拟成的《南京市政计划》可见一斑。可见,当时城乡规划法律思想与制度方面很难有自己独特的见解,大部分内容是来自英国和日本等几个国家的规划法律。同时,城乡规划法律内容还基本停留在建筑法规的层面,规划法律制度及其他相关法律还不是很完备。另外，在城乡规划管理的技术领域，几乎完全是对西方国家规划管理方法和手段的借鉴，如上海租界地区建设各自为政，没有统一规划法律和技术规范，畸形分割，总体布局混乱，给上海城乡的整体发展和后来的城乡规划建设带来诸多不良影响。

1915年，对北京前门的改造试图缓解日益增加的交通问题，但引起了许多不满和批评。许多普通民众抱怨，老建筑的完整性即将遭到破坏，而其他保守派人士则指出，聘请外国建筑师来运营该项目存在风险，对传统建筑造成大规模破坏会带来无法预知的文化后果。其实，民众对城市新兴公共工程的怀疑与抵制，并非因为中国民众意识落后，保护传统文化并不代表思想就是愚昧的，反而这种抵制更能体现当时民众对于侵略的反抗。当然，全部否认城市化进程中出现的先进科学与技术也是有问题的。这种对城乡规划的反对，更多的是与19世纪中叶以来中国与西方之间长期存在的冲突，以及民族主义的兴起和对西方势力在这一冲突过程中扩张的恐惧有关。随着城市近代化的不断深入，人们对城市新阶层、文化特征和生活方式的不满与愤慨也在不断增长。这种不满最终在20世纪20年代和30年代牌楼与有轨电车之间的冲突中彻底爆发。北京的百姓指控丑陋的电车无法匹配古都的宁静和完美的外观，最终导致电车公司的计划破产。① 事实上，近代城乡规划立法与执法过程中的很多问题，体现的是如何处理法律移植与本土化之间的关系问题。

（五）城乡规划法律的环境性问题

保护环境的法律意识应指导城乡规划的过程。近代以前，由于小农经济的影响，环境问题并不突出。随着近代城市人口的增长、道路和高楼的兴起，环境问题在北洋政府时期开始出现。例如，上海港口开放后，随着近代城市空间的建设和扩张，上海市传统的水网络环境发生了显著的逆转，其影响首先由河浜凸显出来。租界自建城之初，就以填堵河岸为主要手段，扩建城市道路。一些河流被填满后，并没有直接修建道路，而是被用作其他城市用地。根据租界市政和卫生部门记录，之前上海发展近代工业以1895年为界，1895年之前，工业废水污染并不严重，之后水质下降的原因，除生活污染和垃圾堆积外，主要是填河筑路和其他形式的行为减少了河流自净能力，改变了河网的正常水循环。1900年以后，城市里的河流已被公路填平，“断头河”和“死河”随处可见。1900年至1920年是河川围垦的高峰期，市政和民间填土活动不仅贯穿租界城市的规划建设，而且逐渐成为华界

① 参见翟志红：《论近代中国城市化进程中的文化冲突与价值演变》，载《求索》2005年第9期。

的常规措施。总之,在近代上海市的城市化进程中,城市空间扩张的需求与河流资源的合理利用之间一直存在矛盾,这也反映了近代城乡规划法律对环境问题的忽视。

四、本章结语

北洋政府时期的统治在近代中国极为短暂,但考虑当时政局的混乱和财力、物力的缺乏,这一时期的城乡规划法律的建设还是有一定成效的。总体来看,与清末比较,这一时期的城乡规划管理机构、法律思想与法规建设是有进步与发展的,尤其是地方城乡规划法律法规有了新的变化。具有近现代意义的中国城乡规划管理工作,经历了从无到有、逐步建立的过程。尤其是各个主要城市建立了较完备的市政机构,各市政当局进行了一系列卓有成效的城市改造和建设活动,并为此颁布了相当数量的城乡规划法规等相关内容,建立了完全不同于封建社会的城乡规划管理机构与法规制度(以城市规划为主)。随着西方国家城乡规划法律思想的发展,上海、北京和南京等城市借鉴并在城乡建设中付诸实践,从而为南京国民政府时期城乡规划法律体系的改革作了必要准备。另外,乡村规划较清末时期有所进展,在民国学者与地方官员的推动下有所振兴,但由于历史原因,乡村规划在整个城乡规划立法体系中没有重要地位,以乡村自治和民间传统习俗为主。因此,整个北洋政府时期的城乡规划法律体系是以城市规划立法为主,法律体系依然是二元体制。在这种体制下,北洋政府时期的城乡规划法律存在畸形化发展、不平等性、政治性突出和法律移植困难等一些问题。北洋政府时期在近现代中国城乡规划法律发展的过程中是一个承上启下的阶段,其法律问题具有时代特征,是国民政府后期城乡规划法律发展的前车之鉴。

第四章 转型:南京国民政府时期城乡规划法律与问题(1927～1949年)

1928年北洋政权统治结束,国民党政府接管政权,1949年国民党政权垮台。该时期相比北洋政府时期而言,民国政府第一次颁布了《特别市组织法》与《市组织法》,将城乡的规划与管理纳入了统一的国家视野,这是中国城乡规划法律发展近代化转型的重要时期。国民政府开始以国家为主有计划地进行城乡建设,尤其是南京市作为新建国都,关于城乡规划部门、城乡规划整体计划与城乡规划法规的各项建设进入一个全新的时期,南京市城乡规划法律开始走向快速发展的道路。而北京市政治地位明显下降,被降为北平特别市,还一度被作为普通市,政治中心南移。这一时期北京市城乡规划法律的发展是缓慢的,北京市城乡规划和建设发展面临着新的形势。而一直作为中国经济大市的上海,则一如既往,城乡规划法律随着经济的发展更成熟和全面。从全国范围来看,中国城乡的规划建设和法规建设在这一时期都有了不同程度的发展和进步,中国第一次制定和出台了全国性的城市规划和乡镇规划,并在局部地区形成了比较完整的城乡规划法规体系。这一时期是中国城乡规划法律发展和近代化的重要时期,为中华人民共和国城乡规划法律的创新奠定了重要的实践基础。

一、南京国民政府时期城乡规划法律体系近代化的前奏

（一）《首都计划》的制订过程与重要意义

1927年，国民政府定都南京。1928年，南京为特别市。为了规划南京市未来的发展，更好地办理首都设计事宜，1929年12月31日，国民政府公布了《首都计划》。孙科在《首都计划》序言中指出："首都之于一国，故不唯发号施令之中枢，实亦文化精华之所荟萃。"南京市"其前途发展，殆不可限制。然正惟其气象如此之宏伟，则经始之际，不能不先有一远大而完善之计划，以免错误，而资率循"。林逸民也指出："此次计划不仅关系首都一地，且为国内各市进行设计之倡，影响所及至为远大。"[①]《首都计划》是民国时期最完整的城市规划，也是近代南京市第一个较系统的城市规划，对近代城市规划具有重要指导意义，并对制定当代大都市法定规划有所启示，有重要的研究价值。

《首都计划》中的《城市设计及分区授权法草案》（以下简称《授权法草案》）是我国第一个城市规划法草案，《首都计划》中的《首都分区条例草案》是我国第一个专门的首都规划条例草案。这两个草案内容完整、条理清晰，运用法言法语，是依照西方的城乡规划法与规划条例编写的，可以说是西方区划法规引入中国的最早尝试。下面重点分析《授权法草案》和《首都分区条例草案》所体现的城乡规划法律思想与内容。

（二）《授权法草案》与《首都分区条例草案》

1.《授权法草案》

《授权法草案》是《首都计划》中一个重要的部分，是中国第一个全国范围内的城市规划法草案，其主要内容如下。

第一，《授权法草案》制定的法律依据。《首都计划》的指导思想是"本诸欧美科学之原则""吾国美术之优点"，宏观上采纳欧美规划模式，微观上采用中国传统形式，即采取了"中西并用"的指导思想。编者在《授权法草案》前言中说道："再说明施行此权限之方法，大抵参照美国授权标准法而订。盖该法之在中国，素所未备，实有参照外国已成者之必要。惟各国之国情不同，自不能悉数移用，故其中之不适用者，则斟酌而修改之。标准法之所未备者，亦审度而增益之，务使其形式与精神，足以适应中国之情势。比如私人房屋建筑之形式，其中美国，政府不得

① 国都设计技术专员办事处编：《首都计划》，王宇新、王明发点校，南京出版社2006年版，第1页。

加以限制，而此则列有专条，凡建筑屋宇之图样，概须经主管机关之核准，即其例也。"[①]此段话说明这部《授权法草案》的主要内容是根据美国的授权法标准而制定的，对不符合中国国情的，酌情加以修改。

第二，《授权法草案》制定的目的。此草案制定是"为中央政府对于市政府进行设计之授权法草案，用备规定时采用之资"。[②] 这句话既表明草案的性质是国家制定的法律，城市规划与设计是应该由国家授予权力，城市规划的权力既受中央控制，但在统一授权下又享有较高的自治权。另外，这句话也表明此草案是"用备规定时采用之资"。具体来讲，《授权法草案》的目的是"在使全国城市之市政条例，其形式与范围，皆有整齐划一之现象。凡授权法之不由中央规定者，各市政所订法则，每易陷于纷歧庞杂之病。美国既已如此，其划分区域之权限，原不属于中央，而属于各省，故四十八省中，其已订有授权法者，所订之法，大抵各不相同，而城市所受之权限，亦因而互异，统系不立，纷淆特甚，其国中之法律名家，鉴于补救之必要，故近有授权法之标准之制订"。[③] 草案的编者认为美国先前的规划法导致了各个城市各自为政，最终造成城市规划与系统较乱，才使国家法律名家为补救而制定最新的授权法标准，也就是城市规划法。因此，《首都计划》的编者认为："我国此时，若不径由中央规定，将求全国之一致，殆必甚难，斯则拟定此草案之本意也。"[④]在借鉴了美国先前城市规划失败的经验上，中国认为要未雨绸缪，以免亡羊补牢，制定一部全国性的城市规划法势在必行。

第三，《授权法草案》的主要内容。《授权法草案》共42条。其主要内容是"凡关于详细市政计划之拟订，土地分段之管理，收用土地之程序，市内分区条例之通过，市政府皆应根据授权法而订立"。"所拟定之草案，包含重新分划地段之请求法及土地收用法、逾额土地收用法、分区收用法等项，先明所定授与市政府之权限，再说明施行此权限之方法。"[⑤]《授权法草案》内容基本类似于当前城市规划法内容。下面具体来分析本草案的法条内容，其包含的规划法内容以表4.1进行说明。

① 国都设计技术专员办事处编：《首都计划》，王宇新、王明发点校，南京出版社2006年版，第228页。

② 同上书，第227页。

③ 同上。

④ 同上。

⑤ 同上书，第227～228页。

表4.1 《授权法草案》法条内容设置

法条	法律分类	具体内容
第1条	立法主旨	明确此法是“以增进市民之幸福为主旨”
第2条至第11条	设计委员会的机构组成及主要职责	委员由市长委任,共5人,需雇用城市计划总工程师等专业人才。委员会职责有:设定全市计划及制定本市地图;拟定分区章程及分区地图等
第12条至第21条	新辟地段之请求法	新辟地段之申请由设计委员会主管,须发给准许证书为据;部分规划须由立法机关核定;新辟地段上建筑执照的申领办法和程序
第22条至第27条	上诉案件的审理办法	明确了上诉案件的主体与法律程序,工部局是初审机关,设计委员会是上诉机关,而市立法机关则具有最高重审的权力,从而使城市规划相关法律案件的审理有了程序上的保障。同时工部局对违反本法的建设具有执法权
第28条至第32条	重定地段之请求法	立法机关采用设计委员会所制之重定地图及报告后,应由市政府令行工务局切实执行,这个条文明确了市立法机关、设计委员会、市政府与工务局4大机构在城市规划中的不同地位
第33条至第36条	逾额土地收用法	市政府在市立法机关的授权下,具有收用逾额土地的权力
第37条至第41条	分区收用法	立法机关采用设计委员会计划及报告后,实施该计划工作,须交工务局长执行,所有收用之房屋地产,应由土地局估定价值,由财政局拨付
第42条	法律效力问题	本法自公布之日起,发生效力

资料来源:国都设计技术专员办事处编:《首都计划》,王宇新、王明发点校,南京出版社2006年版,第228~234页。

从表4.1可以看出,1929年的《授权法草案》是一部完整的城市规划法草案,从形式上已具备了法律的形态,从内容上也吸纳了先进的城市规划法律理念与法律制度,如在城市规划的权力上明显采用了西方的三权分立制度。虽然这部草案由于历史原因没有正式公布,但它却是1939年中国第一部城市规划法的雏形,而且它是编排在《首都计划》中的一个重要部分。因此,它对于民国时期的城市在编制城市规划时具有重要的法律指导意义。

2.《首都分区条例草案》

《首都分区条例草案》是专门针对首都南京市城乡规划的法律草案。文件指出:"划分区域,乃城市设计之先着,盖种种设计,多待分区而后定。""分区之作用,在使全市土地之利用得宜,人口之分配得当,并使应留之交通及空地,各从一定之限制,俾市民公共场所之卫生藉以保持,其关系于城市者至大。故新都市之规划,莫不采用分区之制度。"《首都分区条例草案》明确工务局为城乡规划和管理执行机关。《首都分区条例草案》对土地利用等作出了相应的规定,将首都之地划分为8种分区:公园、第一住宅区、第二住宅区、第三住宅区、第一商业区、第二商业区、第一工业区、第二工业区,[①]详细规定了每一种分区内,"所有新建或改造之屋宇或地方",除作所列之"一种或数种使用外,不得作别种使用",[②]并对各分区内土地的适建性、建筑容量、建筑高度进行控制和规定。《首都分区条例草案》首次对各分区的建筑形态、街道规模、建筑退缩距离进行详细的规划控制,与现代"控制性详细规划"的内容相似。根据《首都分区条例草案》,1936年10月南京市政府制定了《首都分区规则草案》,这些显然是借鉴了美国的"区划制度"。美国的区划(Zoning)是一种政府法令,它依据宪法条款规定的"管辖权"(Police Power),由城市政府对城市土地的使用实施分区管理。区划的一项主要内容是关于土地使用性质的限制,对市区的每块土地都具体规定了允许的用途,提出了避免用地之间相互干扰的原则。此外,区划还对建筑物的高度和体积,建筑物的占地面积比和人口密度等作出规定,如建筑高度和后退红线、天空曝光面、容积率以及相应的奖励办法等。"分区管理"制度是从规划编制到规划实施的一种有效管理手段。

《授权法草案》和《首都分区条例草案》拟实施以中央授权地方依法对城市土地的使用实施分区管理。只是限于各种原因,当时国民政府并未批准和公布《授权法草案》,《首都分区条例草案》也始终是参照执行的"草案",没有正式施行,与正式法规相比,法律效力不足。但从以上城市规划法草案体现的法律思想来看,这反映了民国执政者通过市政改革来实现社会改良和政治进步的愿望,而

① 参见国都设计技术专员办事处编:《首都计划》,王宇新、王明发点校,南京出版社2006年版,第235~237页。

② 国都设计技术专员办事处编:《首都计划》,王宇新、王明发点校,南京出版社2006年版,第241页。

城市规划又是“市政学之最理想的而最重要之一部”。[①] 因此,如前所述,民国时期的城市规划理念并不仅是关于“机械和土木工程”的事务,而是认为“城市设计,并包括城市中之法律与财政上种种问题。总之,不外乎一切有关公益之事”,[②]即从国家、政治、经济、社会和文明等多维角度对“城市规划”进行界定。

总之,《授权法草案》和《首都分区条例草案》的内容带有欧美城乡规划法律的痕迹,并在实际规划操作中仿照某些欧美规划指标体系。然而,不可否认,以上两部草案在很大程度上体现了城乡规划法律思想的民主化和科学化,这是南京城乡规划法律近代化的重要标志。

二、南京国民政府时期国家城乡规划法律体系的近代化

从1927年到1949年,南京国民政府的政治、经济、文化等各项工作都有所变革,其法律制度也有较大改进,六法体系已经初步形成,作为行政法内容的城乡规划法律制度的建设也提上日程,出现了以主干法为核心,以配套法和相关法为支撑的法律体系。

(一)城乡规划主干法

1927～1949年的22年,中国城乡规划思想与实践处于非常活跃的时期,这段时期为城乡规划法制建设奠定了良好的基础。1936年伪满洲国制定并颁布了《都邑计划法》,但因为伪满洲国的统辖范围较小,带有殖民性,其政权并不为国民所认可,所以这部城乡规划法没能起到国家核心法的作用。虽然1937～1945年,国家一直处于战争中,但这一时期出现了中国第一部国家层次的规划主干法律,并且,在之后的不同时期出现了一系列适应时势的国家层面的城乡规划法律文件。具体来讲,1939年,国民政府立法院公布《都市计划法》,本法的适用范围为“城市”,对县、乡、镇一级的规划没有法律规定,所以更准确地说,这部城乡规划法是一部城市规划法。1940年,国民政府公布《都市营建计划纲要》,是对战时城市规划法实施的补充。1943年,内政部公布了《县乡镇营建实施纲要》,对县、乡、镇一级的规划工作进行了法律规制。1945年,行政院颁布《收复区城镇营建规则》,是战时实施办法的补充,以尽快恢复城市和农村生活。以上主干法的具体内容如下。

---

① 孙科:《都市规画之进境》,载陆丹林:《市政全书》,上海中华全国道路建设协会1928年版,第206页。

② 杨哲明:《现代市政通论》,上海民智书局1929年版,第273页。

1.《都市计划法》

1939年6月8日,国民政府立法院公布实施《都市计划法》,由内政部营建司司长哈雄文执笔,全文共32条,不分章节。主要内容有:都市计划的操作程序;计划区域的划分;道路系统及水陆交通;公用事业及上下水道;土地分区使用;中小学和体育、卫生、防空、消防等公共设施;环境与生态保护。《都市计划法》指出,地方政府应根据当地实际情况和需求编制城市规划,强调优先发展城市规划的城市,主要包括:首都、开辟了商业港口和人口增长在10万以上的城市及政府认为应当依照本法规定的其他城市。该法还规定了城市规划的审查和批准、实施情况的核查、编制内容和规划的基本原则。虽然法律规定整体略显简略,但它是我国现代城乡规划法律转型的重要标志。《都市计划法》的重要内容概括起来如表4.2所示。

表4.2 1939年《都市计划法》法条内容设置

法条	法律分类	具体内容
第1条	都市计划法的法律地位	明确此法"除法律别有规定外,依本法之规定定之"
第2条	都市计划的拟定主体	都市计划,由地方政府依据地方实际情况及其需要拟定之
第3条	优先拟定城市规划的城市	下列各地方应优先拟定都市计划:市、已开之商埠、省会、聚居人口在十万以上者
第4条	更新城市规划内容的适用情况	如因军事、地震、火灾、水灾或其他重大事变致受损毁时,地方政府认为有改定都市计划之必要者,应于事变后六月内重为都市计划之拟定
第5条	新城市开发与旧城改造的方式	就旧城市地方为都市计划,应依当地情形另开新市区,并应就原有市区逐步改造
第6条、第7条	审批程序与步骤,各级管理机构职责	都市计划拟定后,应送由内政部会同关系机关核定,转呈行政院备案,交由地方政府公布执行

续表

法条	法律分类	具体内容
第8条、第9条	建立编制咨询机构(都市计划委员会)	都市计划委员会的组成及相应规则
第10条	规划前后的各项要求	划定规划范围和公有土地、用地分区,制定道路和航道交通系统、公用事业系统和排污系统,应说明实施方案和资金来源等
第11条至第18条	处理好各分区间的关系	长期规划,涉及居住区、商业区、工业区、行政区域和文化区的划分,以及分区后的变化等规定
第19条至第27条	注意各项公共设施的建设与规划	道路、公园、饮用水、中小学体育卫生消防器材、废弃物处理和公墓设施等规定
第28条至第31条	其他相关规定	分期建设的要求,新建城区的要求,各省市制定相应的实施细则的要求
第32条	法律效力问题	本法自公布日起施行

资料来源:蔡鸿源主编:《民国法规集成》(第41册),黄山书社1999年版,第99～102页。

值得注意的是,《都市计划法》的适用范围是"都市"范畴,以市级以上城市为主体,并未涉及县、乡、镇。直到1943年4月,内政部公布《县乡镇营建实施纲要》,城乡规划的范围才有所扩展。但随后,战争形势发生了变化,只有上海市等少数城市真正开展了这方面的实际工作,其余城市并没有足够重视这项工作。

《都市计划法》导入了一些国外城市规划新理论与制度,尤其是第11条到第30条的内容,主要吸收了当时西方的分区制。这可能是受国际上《雅典宪章》①的影响,也可能与制定该法律的城市规划师哈雄文有关,因为他有海外留学背景。

总之,这部法律在当时的中国有重要的意义,其内容基本与西方城市规划法律内容接近,并且是通行于全国的城乡规划主干法律,标志着中国的城乡规划法

① 1933年8月,国际现代建筑协会(Congrès International d'Architecture Modern,CIAM)第4次会议通过了关于城市规划理论和方法的纲领性文件——《城市规划大纲》,后来被称作《雅典宪章》。《城市规划大纲》提出了城市功能分区和以人为本的思想,城市要与其周围影响地区成为一个整体来研究,集中反映了"现代建筑学派"的观点。《城市规划大纲》首先指出,城市规划的目的是解决居住、工作、游憩与交通4大功能活动的正常进行。

律进入了近代转型期。然而,该法律也有一些问题,如没有明确和详细规定审批、编制程序,内容过于简单,可操作性比较差。但是,作为我国近代第一部城市规划法,《都市计划法》对于我国城乡规划体系的建立和城乡规划学科的发展有深远的意义。自 1939 年颁布《都市计划法》后,其在中国大陆一直实行到 1949 年,后又在我国台湾地区实行到 1964 年才进行了相应修改与扩充。

2.《都市营建计划纲要》

1940 年 9 月,《都市营建计划纲要》由国民政府军事委员会公布。这一纲要实际上是为了适应当时战争形势的变化。例如,为防止毒气弹扩散,道路设计要注意风向;为确保供水安全,要求供水设施要合理,如大型水厂和小型水厂应形成一个系统;为了适应防空建设需要,规定建筑时必须留出七分空地。[①] 因此,《都市营建计划纲要》是一项权宜政策,主要是为了满足战时的需要。

3.《县乡镇营建实施纲要》

1943 年 4 月,内政部公布《县乡镇营建实施纲要》。这是国民政府开始关注小城市与乡镇规划和建设的开始,是《都市计划法》的重要补充,也是城乡规划法律制度近代转型的又一个重要标志。《县乡镇营建实施纲要》总则部分规定:"一、凡县城及乡镇公所所在地,其营建事业应依本纲要规定为实施之准则,县城人口在十万以上者适用建筑法及都市计划法之规定;二、居住人口满五千以上,或居住人口未满五千而将成为重要定期集市之乡村地方,经县政府之指定,得适用本纲要之规定;三、县政府所在地之营建事业,由县政府拟计画报请省政府核定;四、乡镇公所所在地及依本纲要第二项指定之地方,其营建事业由县政府指导乡镇公所拟具计画,报请省政府备案;五、乡镇之营建工作,乡镇公所得组织乡镇建设委员会协助乡镇长办理之;六、县城及乡镇之营建计画及其办理情形,应由省政府按期报请内政部备案;七、省政府对于各县乡镇营建事业,应事前分派技术人员指导及拟具计画;八、县乡镇营建事业之标准,除中央法令已有规定者,省政府得依地方情形订定之。"[②]

另外,《县乡镇营建实施纲要》分则部分从建筑、道路及通讯设备、公安和附则 4 个部分进行了详细规定。从以上规定可以看出,《县乡镇营建实施纲要》是对居住人口在 5000 到 10 万之间的小型城镇所作的规划法规。内政部在按语中特

---

① 参见何流、文超祥:《论近代中国城市规划法律制度的转型》,载《城市规划》2007 年第 3 期。

② 国民政府内政部:《县乡镇营建实施纲要》,载张研、孙燕京主编:《民国史料丛刊》(第 32 册),大象出版社 2009 年版,第 8 页。

别指出:“本纲要将县城、集镇、乡村最低限度之营建准则予以规定,俾基层工程建设时有所遵循,且得为有计划之发展,国家整个营建方针亦得以贯彻。”这也意味着《县乡镇营建实施纲要》为乡、村、镇规划编制提供了依据,村镇规划和建设工作开始受到当局的重视。它是对《都市计划法》的重要补充,和《都市计划法》的内容合并在一起,就类同于今天《城乡规划法》的主要内容。因此,虽然是在战争时期,但国民政府对城乡规划法的全面重视、法律内容变革的全面性还是值得借鉴的。

4.《收复区城镇营建规则》

1945年10月20日,鉴于战后政局的混乱,国民政府行政院颁布了《收复区城镇营建规则》,作为收复地区的临时规划法。如《收复区城镇营建规则》总则部分第1条规定:“收复区城镇营建事业之计划实施,除法律别有规定外,依本规则之规定。”此规定说明,收复区的城市规划在不违背《都市计划法》的规定下,要依据《收复区城镇营建规则》来实施。另外,从该规则的内容来看,其调整的范围比《都市计划法》有所扩大。该规则第2条规定:“本规则所谓城镇指院辖市、省辖市、省会、县城及居住人口二万以上之集镇。”①这可以说是《都市计划法》与《县乡镇营建实施纲要》两个法律文件的综合,城乡规划调整的对象和范围扩大了,说明国民政府在调整城乡规划方面的视野随着国际城乡规划理论的发展也在进步。

同时,作为城乡规划实施的重要手段,《收复区城镇营建规则》明确强制征地和保留征地的一些措施。经行政院的许可,市、县政府对于城镇将来所需用之土地可以采取保留征收的措施,经核准划定的公用土地可以呈请保留征收,刚开始保留征收没有时间限制,修改后的土地法规定了期限,保留时间不得超过3年,逾期视为撤回。但是,经批准,交通运输线路和国防装备的期限可以延长至5年。《收复区城镇营建规则》还提出,城市规划中的所有建筑都应根据地形和人口分布情况,尽量配合镇保甲制度。这表明该法律规则注重行政边界的平衡原则。

此外,《收复区城镇营建规则》体现了先进的区域规划思想。②《收复区城镇

---

① 国民政府内政部:《县乡镇营建实施纲要》,载张研、孙燕京主编:《民国史料丛刊》(第32册),大象出版社2009年版,第16页。

② 参见国民政府内政部:《县乡镇营建实施纲要》,载张研、孙燕京主编:《民国史料丛刊》(第32册),大象出版社2009年版,第17页。

营建规则》对都市计划的审核批准备案、实施步骤、土地收用与整理、道路系统、公共建筑和住宅工程、公用工程及附则等也进行了详细规定,并单列城镇规划为一章。[①] 在整个规则中,功能分区原则和严格的产业隔离原则突出,可以说,区域规划理念首次在近代中国法律规范上出现,明显有《雅典宪章》的影子,它反映了第二次世界大战后国际区域规划思想对中国的影响。[②]

(二)城乡规划配套法

1. 城乡规划组织建设配套法规

1928年7月,南京国民政府公布《特别市组织法》和《市组织法》,主要规定市政机关的组织形式。《特别市组织法》和《市组织法》实施2年后废止。1930年5月,国民政府颁布实施新的《市组织法》。1930年9月4日,国民政府根据此法撤销特别市的称谓。《特别市组织法》和《市组织法》是城乡规划组织的基本法律依据。涉及城乡规划与建设组织的基本法律是国民政府于1928年3月9日公布的《建设委员会组织法》共11条,[③]改建设部为建设委员会,并第一次以法律的形式公布了国家城乡规划与建设机构的组成,以此为契机,带动了全国各地对城乡规划主管部门的建制。之后,此法不断修改,分别在1931年2月17日和1936年11月4日重新颁布《建设委员会组织法》,说明国民政府对此法的重视程度。1933年5月24日,由建设委员会公布《建设委员会振兴农村设计委员会组织章程》,这部章程有着重要的启示意义,表明在民国时期,国民政府重视城市规划的同时,也开始关注农村规划工作,民国政府已关注农村的规划法律的制定,体现出城乡一体化的先进思想,民国时期的这种做法是值得我们肯定的。另外,1936年8月29日由行政院公布《各省市建设中心工作审查委员会组织规程》,以督促各省市城市建设规划工作的进行。

随着1939年《都市计划法》的颁布,城乡规划的各级组织建设也开始具有专门化、统一性与规范化的特点。《都市计划法》第8条规定:“地方政府为拟具都市计划,得遴聘专门人员,并指派主管人员,组成都市计划委员会议定

---

① 如该规则对都市计划的审核、批准、备案作了更明确的规定:“收复区之市、省会营建计划及区域营建计划应经内政部及有关部署之审查核定;县城及集镇营建计划应经省政府之审查核定并报请内政部备案。”参见国民政府内政部:《县乡镇营建实施纲要》,载张研、孙燕京主编:《民国史料丛刊》(第32册),大象出版社2009年版,第16~17页。

② 参见何流、文超祥:《论近代中国城市规划法律制度的转型》,载《城市规划》2007年第3期。

③ 参见《国府建委会组织法》,载《申报》1928年3月8日,第10版。

之。”第9条规定:“都市计划委员会之组织通则,由内政部定之。”[①]根据《都市计划法》的规定,内政部于1946年4月颁布了《都市计划委员会组织规程》,明确了其组成和议事规则。成员应由当地政府任命的官员、政府指派的了解市政工程的人员、当地热心公益且被聘任的人员和上级政府指派人员构成,指派人员要多于聘任人员。计划委员会设主任一人,主任由市长或者首席工务长兼任,全面负责委员会的工作。然而,由于战争的影响,大多数城市的规划委员会没有及时成立。

1944年11月,内政部公布《乡镇营建委员会组织规程》,主要涉及乡镇规划委员会的性质、任务、人员组成及议事规则。

1944年11月,内政部还颁布了《营建技术标准审查委员会组织规程》,明确委员会审查与规划建设技术有关的法规和标准。

2. 城乡规划编制法规

为了适应抗战后城乡重建的顺利发展,国民政府内政部专门制定了《城镇重建规划须知》,这实际上是一项城乡规划技术规范。规章根据6个级别的城市划分,从面积和人口分布、结构形式和分区使用、公共建筑、道路系统、下水道、绿色空间、公用事业等多个方面提出了具体的规划要求。城市水平越高,对规划的要求就越高。与《都市计划法》相比,《城镇重建规划须知》的适用范围有所扩大。[②]

1946年1月31日,国民政府行政院颁布《土地重划办法》,主要是关于城乡土地利用与规划的内容。例如,该办法要求,土地行政主管部门在重新规划图则和重新规划地图批准后,立即通知土地所有人,并在重新规划区内张贴重新规划通知公告。

3. 城乡规划实施法规

1929年6月,国民政府公布《实业部技师登记法》,这是一部有关管理规划与建筑技师的法律。1945年9月29日,内政部电发各省政府,实施《省公共工程队设置办法》,规定由省级政府组织专业型队伍,负责指导各地的战后重建计划的制订和实施。1945年11月29日,行政院颁布《市公共工程委员会组织章程》,规定市政工程委员会由9至13名委员组成,主要审议与市政工程有关的事项。为此,1946年《申报》(上海版)发表《设立工程专管机构议》一文,作了专门的评议,媒

---

① 蔡鸿源主编:《民国法规集成》(第41册),黄山书社1999年版,第100页。

② 参见何流、文超祥:《论近代中国城市规划法律制度的转型》,载《城市规划》2007年第3期。

体舆论表示积极拥护国家建设各级公共工程队的做法。① 1947 年 3 月 15 日,行政院发布《协助建设示范城市办法》,规范了建设示范城市,民国政府希望通过城市规划和建设的示范,为全国城乡规划建设方向提供指导。

以上法律法规是由国民政府制定与公布的,主要是《都市计划法》的配套法规,与清末时期及北洋政府时期比较而言,城乡规划配套法律所涉及的范围大大扩展。

(三)城乡规划相关法

相关法律主要有《建筑法》《土地法》《市县道路修筑条例》及其配套法律法规,其中相当一部分内容属于城乡规划法调整的对象和范围。

1.《建筑法》与相关法规

1937 年,"七七事变"后,国民政府先后颁布了一系列关于建筑的法律法规,以解决战后城乡重建工作的迫切需要。

1938 年 12 月,国民政府公布《建筑法》,共 47 条,统一规范了建筑施工人员资质、建筑审计、建筑许可申请程序、建筑占地面积的边界确定、非法建筑处理方法、名胜古迹的保护等,本法是中国建设工程规划许可的先例。1944 年 9 月 21 日《建筑法》重新修订后,共 50 条,但内容没有明显变化。1944 年《建筑法》明确了建设项目的主管部门、建筑许可证、建筑边界和建筑管理。首先,1944 年《建筑法》明确了可以申请建筑许可的范围。② 其次,其明确建筑主管部门,"在中央为内政部,在省为建设厅,在市为工务局,未设工务局者为市政府,在县为县政府"。③ 以法律的形式,明确了国家主要的城乡规划和建设管理机构。最后,1944 年《建筑法》根据建筑的重要性和施工单位的不同,分别采取不同的审批方案。根据 1944 年《建筑法》,未经批准的私人建筑最高可被处以建筑成本 1% 的罚款,必要时可拆除。1944 年《建筑法》对建筑申请表、工程图纸和规范的具体要求也有明确规定。此外,改变建筑的性质也需要批准。④

1939 年 2 月 27 日,国民政府行政院颁布《管理营造业规则》,1943 年 1 月由行政院修订。1942 年 5 月 7 日,国民政府颁布了《公共建筑限制暂行办法》。这些规定限制了抗日战争时期公共建筑的建设,除行政院批准外,不得建造任何建

---

① 参见《设立工程专管机构议》,载《申报》(上海版)1946 年 1 月 1 日,第 9 版。
② 参见蔡鸿源主编:《民国法规集成》(第 41 册),黄山书社 1999 年版,第 84 页。
③ 蔡鸿源主编:《民国法规集成》(第 41 册),黄山书社 1999 年版,第 84 页。
④ 参见蔡鸿源主编:《民国法规集成》(第 41 册),黄山书社 1999 年版,第 87 ~ 88 页。

筑。即使是行政院特许的建筑物,也要严格按要求提交说明书及相关文件。[①] 1944 年 12 月 27 日,国民政府内政部公布了《建筑师管理规则》,该规则是我国建筑行业第一部职业道德规范和专业纪律规范。1945 年 2 月 26 日,内政部颁布《建筑技术规则》。

2.《土地法》与相关法规

1928 年 7 月 28 日,国民政府颁布了《土地征收法》,规定了依法征收土地的限制条件。1930 年 6 月 30 日,国民政府颁布《土地法》,共 397 条。《土地法》规定:土地分为城市用地和农业用地,城市用地分为限制使用区和自由使用区,限制使用区应当附加控制条件。具体内容包括:对全国范围内的土地进行调查和土地登记、定义块级、土地权利登记、确定土地价格、对土地私有制的限制。《土地法》首创城乡规划建设项目管理的理念,也是首次从法律意义上对城市建设用地与农村土地进行区别,这与当今的城乡规划区范围划定有类似之处。从当时来看,1930 年 6 月颁布的《土地法》是比较重要的一部城乡规划的相关法,此法对于土地重划的机关、重划的程序等事关城乡规划的内容有详细规定,是当时进行城乡规划的一个重要法律依据。1946 年 4 月 29 日,国家政府修订颁布了《土地法》,包括总则、地籍、土地利用、地税、征地 5 个部分。该法第 90 条规定:城市地区的道路、沟渠和其他公共用地应按照《都市计划法》的规定进行。它反映了土地法与城乡规划法的协调。民国政府还颁布了《土地施行法》,作为实施《土地法》的配套法律。

1945 年 8 月 21 日,重庆国民政府行政院通过《收复地区土地权利清理办法》,全面开展接收被占领地区的工作。1948 年 5 月 19 日,国民政府颁布了《收复地区权利清理办法第六修正案》。

3.《市县道路修筑条例》

1937 年 7 月 22 日,国民政府公布《市县道路修筑条例》,内容主要包括市道、县道与乡道的划分标准,道路规划的法定程序,道路规划系统与工程图应具备的各项要求,市县道路的宽度要求,道路规划的主管机关的管理职责,道路规划与管理的主要经费问题等。其中,涉及城乡规划的内容相当广泛。这个条例早于《都市计划法》,所以该条例中的许多内容是城乡规划中必须要遵守的,即使 1939 年的《都市计划法》公布后,该计划法中没有涉及道路宽度及道路规划管理等内容,根据《市县道路修筑条例》还是要继续遵守的。

---

① 参见蔡鸿源主编:《民国法规集成》(第 41 册),黄山书社 1999 年版,第 39 页。

为使相关内容更加明确,现将国民政府时期的城乡规划法律体系列出(见表4.3)。

表4.3 国民政府时期的城乡规划法律体系

类别	法规名称	颁布时间与部门	主要内容	意义
主干法	《都市计划法》	1939年6月8日,国民政府公布,由内政部营建司司长哈雄文执笔	共32条,不分章。内容包括都市计划的操作程序、计划区域的划分、道路系统及水陆交通、公用事业及上下水道、土地分区使用、环境与生态保护等	中国第一部城乡规划法,内容完整
	《都市营建计划纲要》	1940年9月,军事委员会公布	内容注重城市防空	适应战争时期需要
	《县乡镇营建实施纲要》	1943年4月,内政部公布	共36条,有总则与分则部分,分则部分分别从建筑、道路及通讯设备、公安和附则4个部分进行了详细规定	是国民政府开始关注小城市与乡镇规划建设的开始,是《都市计划法》的重要补充
	《收复区城镇营建规则》	1945年10月20日,行政院公布	共67条,有总则与分则部分,全文共分为七章:总则、征地整理、城市规划、道路系统、公共建筑与住宅工程、公共工程、补充规定	作为收复区的临时性规划主干法,具有较高的法律效力

续表

类别	法规名称	颁布时间与部门	主要内容	意义
配套法	《建设委员会组织法》	1928年3月，国民政府公布（1931年与1936年重新修改并颁布）	共11条，改建设部为建设委员会，明确委员会的任务、性质、人员组成和议事规则等	第一次以法律形式公布了国家城市规划与建设机构的组成规则
	《建设委员会振兴农村设计委员会组织章程》	1933年5月，建设委员会公布	明确振兴农村设计委员会的任务、性质、人员组成和议事规则等	表明民国时期对乡村规划的重视，体现城乡规划一体化的发展思路
	《乡镇营建委员会组织规程》	1944年11月，内政部公布	共20条，明确该委员会的任务、性质、人员组成和议事规则等	《县乡镇营建实施纲要》的配套法规
	《营建技术标准审查委员会组织规程》	1944年11月，内政部公布	共7条，规定技术规范审查事项	所有城市规划主干法的技术标准配套法规
	《城镇重建规划须知》	1945年9月6日，内政部公布	共7条，分甲、乙两部分，分为6个级别城镇，明确规划编制要求	规划编制的主要法规依据
	《省公共工程队设置办法》	1945年9月29日，内政部公布	共5条，关于省政府设置城市建设专业队伍的主要办法与工程队主要任务	省级城市规划实施的主要依据
	《市公共工程委员会组织章程》	1945年11月29日，行政院公布	共10条，主要涉及市级公共工程委员会的主要职责等事宜	市级城市规划实施的主要法规依据
	《都市计划委员会组织规程》	1946年4月，内政部公布	共8条，主要包括都市计划委员会组织办法、主要形式	《都市计划法》的配套法规
	《协助建设示范城市办法》	1947年3月15日，行政院公布	共8条，主要是关于建设示范城市的各项事宜，暂定南昌、长沙为示范城市	特殊城市规划实施的主要法规依据

续表

类别	法规名称	颁布时间与部门	主要内容	意义
相关法	《建筑法》	1938年12月26日,国民政府公布,1944年9月21日修正后公布	共50条,五章,主要内容有总则、建筑许可、建筑界线、建筑管理、附则	建筑主干法,是城市规划法的主要相关法律
	《管理营造业规则》	1939年2月27日,行政院公布	共29条,包括营造业的等级划分及相应的业务范围	城市规划建筑施工资质的主要相关法律
	《建筑师管理规则》	1944年12月27日,内政部公布	共42条,五章,包括总则、开业领证、执业与收费、责任与义务、附则	城市规划建筑执业纪律的主要相关法律
	《建筑技术规则》	1945年2月26日,内政部公布	共42条,五编,包括总则、建筑高度面积、设计通则、结构准则、附则	城市规划建筑技术规范的主要相关法律
	《土地法》	1930年6月30日,国民政府公布,1946年4月29日修正后公布	共247条,五编,内容包括总则、地籍、土地利用、地税、征地等	土地法的主干法,是城市规划的重要相关法
	《土地施行法》	1935年,国民政府公布,1946年4月29日修正后公布	共61条,五编,内容包括总则、地籍、土地使用、土地税、土地征收等	土地法的配套法,是城市规划的重要相关法
	《收复地区土地权利清理办法》	1945年8月21日,行政院公布	主要明确战后收复区的土地所有权的处理规则	利于战后土地纠纷的解决,是城市规划相关法
	《市县道路修筑条例》	1937年7月22日,国民政府公布	共48条,六章,包括总则、修筑、管理、经费、使用及保养、附则	涉及城市规划的内容相当广泛,是城市规划的相关法

资料来源:蔡鸿源主编:《民国法规集成》(第33~55册),黄山书社1999年版;《国府建委会组织法》,载《申报》(上海版)1928年3月8日,第7版。

(四)其他法律

1. 各种训令和谕令

国民政府军事委员会和蒋介石也颁布了众多的训令和谕令,也具有法律效力。如 1935 年 8 月,国民政府军事委员会《关于修复开辟新路的训令》;1936 年 4 月,蒋介石发布《关于修筑道路及保护森林等》的谕令。[①] 之后,陆续有相当数量的关于城乡规划方面的重要谕令颁布,这种训令和谕令在当时是具有法律意义的。

2. 关于参照执行的法律与条例草案

1929 年制定的《首都计划》拟定了《授权法草案》和《首都分区条例草案》,以保障《首都计划》的实施。《授权法草案》是中央政府对于市政府进行设计之授权法,是一部完整的城乡规划法草案,在形式上已具备了法律的形态,在内容上也吸纳了先进的城乡规划法律理念与法律制度,如在城乡规划的权力上明显采用了西方的三权分立方式。虽然这部草案由于历史原因没有正式公布,但它却是 1939 年中国第一部城乡规划法的雏形,而且它是编排在《首都计划》中的一个重要部分,因此,具有重要的法律指导意义。另外,《首都分区规则草案》也始终是参照执行的"草案",没有正式施行。鉴于当时国民政府对《授权法草案》和《首都分区条例草案》无批准手续,与正式法规比较,法律效力不足。

三、南京国民政府时期地方城乡规划法律体系的近代化

1927 年国民政府定都南京市后,除对首都的规划全力以赴外,上海市、北京市等城乡规划法律体制也有不同程度的改变,纷纷设立相应规划机构,制定和颁布了相当数量的城乡规划法律制度,对各地的城乡规划提供了法律依据和保障。但相比国家城乡规划法律体系中城市和乡村规划分别有所规范的进步不同,地方城乡规划法律体系依然是以城市规划为主,乡村规划法律相关内容还是有所欠缺。

(一)南京市城乡规划法律制度建设

1. 关于市政组织与规划机构的法律文件

从 1927 年 4 月南京政府定都,南京市政府先后制定颁布的相关组织条例有:《南京特别市工务局组织条例》《南京特别市工务局局务会议议事细则》《南京特别市工务局办事通则》《南京特别市工务局总务科办事细则》《南京市特别市政府

---

① 参见《南京特别市行政机构档案》,南京市档案馆藏,全宗号:1001－1。

工务局设计科办事细则》《南京市特别市政府工务局建筑科办事细则》《南京市特别市政府工务局取缔科办事细则》《南京市特别市政府工务局公用科办事细则》《南京市特别市政府工务局下关办事处科办事细则》《南京市特别市政府工务局监工员服务细则》《整理市政办法》等。内容涉及城市规划主管机构的组织构成与主要职责。如《南京特别市工务局组织条例》第4条规定："本局设技正三人，承局长之命处理左列事项：一、关于规划市内土木电机机械各项事项；二、关于审定土木电机机械各项工程图样事项；三、关于稽核土木电机机械各项工程估价及投标事项。"第7条规定："设计科分设'计划'、'测绘'两股，其事务之分配如左：计划股关于市内道路桥梁河道公园市场以及一切公用场所等工程规划估价事项；测绘股关于测量制图及保管仪器图籍事项。"①1929年4月7日，《申报》（上海版）登载的国都设计评议会的会议内容也体现了市工务局具有法定的部分规划权和规划执法权。② 1946年公布《南京市公共工程委员会都市计划委员会组织规程草案》；1947年2月，南京市政府第六十九次市政会议通过《南京市都市计划委员会组织规程》；1948年2月公布《南京市平民住宅设计委员会组织规程》等相关组织规则。③

2. 关于土地规划与管理的相关法规

1927年至1930年，南京市政府先后制定颁布了《南京特别市市政府处理市有土地暂行条例》《南京特别市土地征收章程》《南京特别市土地登记章程》《南京特别市土地登记章程实施细则》《南京特别市旗产登记章程》《南京特别市政府土地局清查市有土地暂行章程》《南京特别市市政府土地局标卖市有基地滩地章程》《南京特别市市政府土地局承领溢地章程》《南京特别市市政府土地局建筑用地勘丈暂行简章》等。④

1931年10月，南京市政府颁布《整理中央政治区域土地办法》。1932年6月，颁布《公有土地处理办法》。1934年10月，颁布《整理中央政治区域土地办法》，同年又颁布《乡区市划分办法》。1935年1月，颁布《南京市城厢空地建筑房屋促进规则》。1935年8月，颁布《辟筑道路两旁挖填坡度之处划定拆线办法》。1935年12月，颁布《南京市收用道路两旁退缩土地暂行规则》。1936年6月，颁

---

① 张研、孙燕京主编：《民国史料丛刊》（第56册），大象出版社2009年版，第333～334页。

② 参见《国都设计评议会》，载《申报》（上海版）1929年4月7日，第6版。

③ 参见《南京市行政机构档案》，南京市档案馆藏，全宗号：1003－1。

④ 参见张研、孙燕京主编：《民国史料丛刊》（第56册），大象出版社2009年版，第13～14页。

布《公有土地处理规则》《公葬墓园暂行条例》等。1936年7月,颁布《建筑铁路征收土地暂行办法》。1937年2月,颁布《筑路区内土地移转限制办法案》。1937年6月,颁布《外人举办专科以上学校购地限制办法》;8月,颁布《限制墓地面积暂行办法》等重要法律文件。①

3.关于建筑等相关法规

1927年11月,国民政府南京市参事会通过《南京市特别市市政府工务局取缔建筑章程》。随后,南京市政府工务局颁布《市区建筑暂行简章》。1928年1月,南京市参事会修正通过《南京市特别市工务局退缩房屋放宽街道暂行办法》,同年1月28日,颁布《南京市特别市承办建筑店铺领照章程》。从1927年4月到1929年2月,南京市政府还出台了《南京特别市营造业登记章程》《南京特别市新开干路两旁建筑房屋办法》《南京特别市政府工务局建筑投标规则》《南京特别市政府工务局管理城砖规则》《南京特别市政府工务局管理自流井规则》《南京特别市政府工务局限制采运市区内山石办法》《南京特别市政府工务局取缔公用摊场规则》《南京特别市政府工务局招商承办菜场规则》②等相关城乡规划的建筑法规。

1933年2月,南京市政府制定颁布了《南京市工务局建筑规则》,这是南京市第一部关于城乡建设管理的综合性法规。该规则对公私建筑物清照、营造、取缔等手续,建筑通则、设计标准、消防设备、公共建筑、杂类建筑与罚则均有详细规定。③ 1933年5月,颁布《南京市新住宅区建筑章程》,主要内容有房屋间距要求、高度控制要求等,类似于现在的控制性详细规划;11月,《南京市新住宅区建筑章程》经过修正后颁布实施;7月,颁布《南京市工务局取缔棚户建筑暂行章程》和《南京市市政区域住宅区建筑规则》;12月,《南京市工务局取缔棚户建筑暂行章程》经过修正后颁布。1934年10月,颁布《南京市乡镇区临街建筑暂行规则》。1935年1月,颁布《南京市城厢空地建筑房屋促进规则》;3月,颁布《南京市迁移棚户办法》。

1945年,抗日战争胜利后,南京市恢复国民政府统治,南京市工务局分别制定和颁布《南京市工务局修正建筑规则》和《乡区建筑规则》。1946年3月,南京

① 参见《南京特别市行政机构档案》,南京市档案馆藏,全宗号:1001－1。

② 参见张研、孙燕京主编:《民国史料丛刊》(第56册),大象出版社2009年版,第15～17页。

③ 参见苏则民编著:《南京城市规划史稿》(古代篇·近代篇),中国建筑工业出版社2008年版,第316页。

市政府市政会议通过《南京市工务局市民住宅建筑工程组织简章》;4 月,颁布施行《南京市棚户区管理规则》;6 月,南京市政府第三十六次会议通过《南京市政府奖励市民建筑住宅暂行办法》,并通过《南京市私有土地上敌伪建筑物处理办法施行细则》。① 1948 年,南京市政府颁布《南京建筑管理规则》。②

其他涉及城乡规划内容的法规有:1936 年 5 月,蒋介石所发布的《关于扩大校场飞机场及道光华门道路须从速进行》谕令;1936 年 7 月,南京市政府颁布的《埋设水管修复路面办法》;1936 年 12 月颁布的《公营市内电话设置规则》等。③

(二)上海市城乡规划法律制度建设

1. 租界城乡规划法规

1927~1937 年的租界城乡规划法律制度没有太大变化,基本法规沿用旧有的规划法律制度。1938 年,法租界公董局颁布《界内整治计划》,将法租界内的房屋分为 5 种类型:里弄房屋、平顶房屋、花园房屋或组合式花园房屋、厂房和临时房屋。同年出版的《法租界市容管理图》是上海市最早的居住区分类。根据规划,居住区分为 A 区、B 区、C 区 3 个区域,每个区域都明确了住宅的功能、形式和设备。例如,B 区仅允许净宽 6.1 米及以上的平顶房屋、公寓或公共建筑、私家花园房屋或组合式花园房屋,并要求有供暖和卫生设施。

租界地区城乡规划建设的发展,在一定程度上促进了上海城市建设的近代化,使上海在短时间内成为世界上最繁华的大都市之一。外滩的建筑被称为"世界建筑博览会",成为上海市的特色和重要标志。租界制定了较完整的红线规划、建筑规划和土地利用分区法规,并为后来上海城市规划管理技术体系奠定了制度基础。

2. 华界城乡规划法规

由于欧洲、美国和其他西方国家城市规划法律思想的影响,以及租界区域规划和建设法制的引领,国民政府加强了华界地区城市的规划和建设,努力吸收西方先进城市规划法律的理论和方法,在城市规划管理方面进行了相关研究和探索。在此期间,上海华界的城乡规划法律框架基本形成,为之后上海城乡规划管理法律体系的发展奠定了基础。

---

① 参见苏则民编著:《南京城市规划史稿》(古代篇·近代篇),中国建筑工业出版社 2008 年版,第 316 页。

② 参见《南京特别市行政机构档案》,南京市档案馆藏,全宗号:1003-1。

③ 参见《南京特别市行政机构档案》,南京市档案馆藏,全宗号:1001-1。

第一,城乡规划主干法规。主要分为两类:一类为部门法规,另一类为专项法规。[①] 在"上海特别市市政府处、局章程和工作细则制定表"(1927 年 7 月至 1928 年 6 月)中,就有制定《土地局章程》和《工务局办事细则》等与城乡规划相关的法律规定。[②] 在"上海特别市市政府各局社会性专项法规制定表"中,明确了工务局必须制定《建筑师、工程师登记章程》《营造厂登记章程》《暂行建筑规则》等相关规定,此外还要求土地局制定《清查市有土地暂行条例》。[③] 1937 ~ 1949 年,上海是中国制定城乡规划法规最多的一个城市,有城市的总体规划法规,也有城市分区规划法规,这是当时其他城市所不能比的。总体规划法规有国民政府时期的《上海市建成区营建区划规则草案》,分区规划法规有《上海市闸北西区营建区划规则》。抗日战争胜利后,1948 年 2 月,上海市工务局制定《上海市建成区营建区划规则草案》,营建区划分为第一住宅区、第二住宅区、第三住宅区、第一商业区、第二商业区、工业区、油池区、仓库码头区、铁路区、绿地等。该草案对每一区域的建筑都作了一定的规定,如工业区除特种工厂外,其他各种工厂均可建立,又如绿化包括公共及私有绿地,除特准建筑物外,不得有任何建筑。从这个草案的内容来看,其基本上与汪伪政权时期的《上海市区划暂行条例》有一定的相似性,不过规划内容更完善、更广泛。

第二,关于组织建设等配套法规。上海市很早就制定了《上海特别市暂行条例》,后又颁布了《特别市组织法》,它是上海市各地区和城市行政管理的"根本法"。但近代上海新建立的主要的地方政权已经不局限于只是制定这些"大宪章",满足于总体法制和总机关的规制建立,它们已经开始认识到,要使政权的行政管理正常地进行,各方面的市政工作能比较良好地开展,还要从上到下地广泛制定各个方面的具体法规。1939 年 1 月 4 日,颁布《上海建设咨询委员会组织法》;随之先后颁布《上海都市计划委员会组织法》《委员会招考技术人员考评办法》《闸北西区计划委员会办事细则》《闸北西区计划委员会组织章程》《大上海都市计划之范围与程序》等规划组织类法规文件。[④]

第三,关于建筑等相关法规。国民政府时期,政治和社会经济发展具有局限性,上海市的城乡规划和管理在很大程度上局限于单体建筑的建设和管理。在此

---

① 参见张仲礼主编:《近代上海城市研究》,上海人民出版社 1990 年版,第 656 页。

② 同上书,第 657 页。

③ 同上书,第 660 ~ 661 页。

④ 参见《上海市工务局都市计划委员会》,上海市档案馆藏,全宗号:Q217。

期间,上海市初步形成了以规划与建筑管理为核心的工作流程和技术规范。客观上讲,上海市的建设项目规划管理,源于租界地区的房屋建设管理,涉及道路红线、结构安全、防火、排水、公共卫生、社区安全等方面,为上海城乡规划管理、土地利用建设管理奠定了基础。在实践中,1927年7月至1928年6月,在这短短的一年中,上海特别市工务局先后制定了《整理人行道暂行罚则》《建筑师、工程师登记章程》《营造厂登记章程》《暂行建筑规则》等4部法规,并从1927年11月14日开始实行技师登记,1928年6月1日开始实行营造厂登记。① 1932年12月,工务局又制定了《上海市建筑规则》共10章237条。随后,上海市政府于1936年颁布了《土地重划办法》,1937年颁布了《上海市建筑规则》。在此基础上,国民党统治下的地区还制定了以建设许可证为基本内容的建筑规划管理制度,对各项建设项目的设计进行审核,颁发建设许可证,并逐步对工厂进行分区管理。新中国成立后,上海城乡建设与规划长期实行"双证制",实行以施工许可证为基础的建设规划管理方法。② 1945年11月,上海市工务局颁布《上海市工务局现有私建棚屋暂行取缔办法》;1947年,上海市政府颁布《上海市处理违章建筑暂行办法》;1948年6月,上海市政府制定并颁布《上海市管理工厂设厂地址暂行通则》;1949年,上海市都市计划委员会制定了《都市水电节约办法》等重要规划类相关法律文件。

(三)北平市城乡规划法律制度建设

北洋政府时期的北平市政当局在市政规划、建设和管理上朝着近代化迈进了一大步,为国民政府前期的规划法律制度建设奠定了一定基础。北平成为特别市后,为适应新情况,颁布了一些新的具有近代意义的有关城乡规划的法规、章程和制度。

1.关于城乡规划方面的单行法规

由于市民不能正确理解测定房基线的定义,因此,此项工作在展开过程中遇到了一系列的困难。实际上,早在1918年7月,北洋政府的京都市政公所就曾经公布了房基线施行规则,并拟定了分期实测的计划,8月还设立了房基线测量队,1925年7月为让市民彻底了解测定房基线的做法,特别编造了退让尺寸明细表,在各胡同张贴,但推行起来一直比较困难。1928年9月,工务局第二科开始承担

① 参见上海市通志馆年鉴委员会编:《上海市年鉴》(1936年),中华书局1937年版,第58~59页。

② 参见姚凯:《近代上海城市规划管理思想的形成及其影响》,载《城市规划》2007年第2期。

房屋基准图的测绘工作,并将测绘工作推进到邻近4个郊区,以完成城乡街道的基础建设。历时10余年,整理工作终于取得明显效果,比预计测定的数量增定1300余处,还将历年测定的各处房基线和路幅等级整理成表格统计在册。①

1928年11月2日,市政府颁行《北平特别市承领公地及房基线余地规则》。该规则共11条,规定市民承领市区内公地及房基线余地者需开具承领书报土地局核定,并按规定地价在3周内缴价承领,再由土地局核准缴价后发给营业执照证明业权。对承领房基线余地者,该规则规定该地与原户地基毗连方得报领。对私自占用者要补行缴价承领,否则一经查明,除补缴之外处以0.3～1倍的罚款②。

1929年3月5日,市政府颁布《北平特别市房基线规则》。工务局划定临街房基线,规定不得有建筑物,有碍房基线的房地一律退让。以下诸项建设都需要按照房基线退让:新建工程如在空地上新造、改造围栏或房屋;原有住房改为铺房或原铺房改变门面样式者;临街房屋加造楼房者;在原有临街房屋墙垣围栏以外改造或新造房屋,而此建筑在房基线以内者等。房基线之余地遵照承领公地及房基线余地规则向土地局缴价承领。这也是现代城乡规划管理中的红线退让原则。

工务局在施行房基线规则中费力颇多。由于历史原因,旧制下的内外城街道在辟建之初是很整齐的,但时间久远,侵占越界的建筑越来越多,房基线不断变化,已经不能保持良好的市街形象,从而妨碍交通与商业的发展。按照以上规则,凡新建翻修添改门面、临街房屋或墙壁维护物者,应按房基线规则规定的尺寸退让,其台基、墙垛、牌坊、车道、栏廊、石柱、凹道等均不得突出房基线之外。《北平特别市房基线规则》还规定,两路之转折处应该成斜角或圆角;各座房屋至少需设厕所一处;凡设有檐沟的房屋,其出水口在公路方面者,需用直管达于地面,其街巷建有公沟者,应能使水泻入公沟;院内明沟或暗沟通房基线以外者,必须与公路之公沟相衔接,如无公沟之街巷,院内需添设渗坑;公私建筑物不得有碍邻居或妨碍交通、有损观瞻;所有建设工程需按手续由工务局核办,对不遵照执行者施行罚则。根据《北平特别市房基线规则》的规定,工务局可以对违法者施以行政处罚,有利于城乡规划的正常执行。

---

① 参见王亚男:《1900—1949年北京的城市规划与建设研究》,东南大学出版社2008年版,第112页。

② 参见《北平特别市成立初期法规选》,载《北京档案史料》2002年第3期。

2. 关于建筑与房地产管理方面的法规

建筑业法规有:《北平特别市厂商承揽工程取缔规则》《北平特别市工务局工程招标暂行规则》《北平市工务局购置材料规则》《工务局修理厂工余营业暂行规则》《北平特别市公私建筑取缔规则》《北平特别市危险建筑物取缔规则》《北平市建筑规则》《饬北平市政府着知市内商民建设楼层应遵守有关规定令》等。其中在城乡规划建设和管理方面影响面比较大的法规介绍如下:1933 年 1 月 7 日,北平市政府制定颁布了《北平市建筑规则》,共 20 条,包括建筑物的定义、建筑地基线的规定、建筑师资格、各类建筑物前的许可条件、建筑及地域性图纸的要求。① 该规则内容丰富,体现了城市建筑必须符合安全、卫生、实用等多项要求的城市规划管理思路,其详细程度基本类同于当代的城市详细规划。1936 年,北平市政府发布《饬北平市政府着知市内商民建设楼层应遵守有关规定令》,要求北平市政府了解本市商业和民用建筑的楼层应符合规定,规定“不仅要设置施工路线的范围,而且要限制高度”。这是北京市首个为保护城市天际线而设置的限高措施。② 后续的建筑相关法规有:1937 年 8 月 7 日公布的《市民呈报空地建筑手续补救办法》,1937 年 12 月 30 日公布的《北京特别市公署工务局建筑稽查服务规则》,1938 年 1 月 28 日修正公布的《北京特别市建筑规则》,1938 年 5 月 17 日公布的《取缔市民呈报临街安设烟阁办法》,1939 年 5 月 5 日公布的《北京特别市沟渠取缔规则》,1940 年 5 月 25 日修正公布的《北京特别市掘路规则》等法规文件。③ 土地方面的法规有:《北京特别市房地移转规则》《修正北京特别市土地屋房评价规则》《北京特别市公产承领规则》《北京特别市公产承租规则》《北京特别市清查土地规则》《营产整理暂行规则》等。④ 1940 年 7 月后陆续颁布的法规包括《城市改良地区征费条例》《保存名胜古迹古物暂行条例》《华北新市区建设暂行条例》《北京特别市新市区租用土地暂行规则》等。⑤

关于房地产管理方面的法规介绍如下:1928 年 11 月 17 日,市政府颁行《北平特别市房地转移规则》,规定北平特别市区域内一切房地所有权、永租权、典权转

① 参见张研、孙燕京主编:《民国史料丛刊》(第 56 册),大象出版社 2009 年版,第 336 ~ 341 页。

② 参见王亚男:《1900—1949 年北京的城市规划与建设研究》,东南大学出版社 2008 年版,第 137 页。

③ 参见张研、孙燕京主编:《民国史料丛刊》(第 56 册),大象出版社 2009 年版,第 11 页。

④ 同上书,第 16 页。

⑤ 参见王亚男:《1900—1949 年北京的城市规划与建设研究》,东南大学出版社 2008 年版,第 185 页。

移事项应报土地局批准,并根据房地价值征收手续费。为了保证房地产权人的权利,1929年2月26日,市政府颁行《北平特别市整理房地契纸章程》,规定在北平特别市区内的房地按照颁布的新章程换领新契,以新契为执业凭证。1929年2月26日,颁行《北平特别市外国教会租用土地房屋暂行规则》,规定了外国教会租地所需要填明申报的16个项目,对外国教会土地绝买者,只承认永租权,只发给永租契,不发买契,如添建新房,需另行纳税;如期满续租,需另行立约税契等。另外,还有《北平特别市区官产局各项官产注册暂行规则》《北平特别市官产局简章》《北平特别市官产局办事规则》《北平特别市房地契纸审核规则》《北平特别市外国教会租用土地房屋税契暂行规则》《取缔市民建筑工程剩余积土办法》等。

3.其他涉及城乡规划的配套及相关法规

关于保证市政机构建立和运转的法规有:《北平特别市市政府市政会议议事细则》《北平特别市市政府各局办事通则》《北平特别市市政府职员奖惩暂行规则》《北平市工务局工区暂行组织规则》《北平市工务局工区办事细则》《北平市工务局河道各闸服务通则》《北平市土木技师技副执行业务取缔规则》《北平市厂商承揽工程取缔规则》《北平市政府工务局介绍土木技师技副代制建筑图说办法》《北平自治事务区分所办事规则》《北平工务局技术委员会章程》等。

1938年4月,华北临时政府颁布《市公署组织大纲》,专门设置了建设局。之后,临时政府又在《修正建设总署直辖各工程局暂行编制通则》中明确规定各市的主要的城乡计划与建设机构依然是工务局。依据以上法律,1939年4月21日,北京特别市公署公布《北京特别市公署工务局组织规则》,对工部局内部组织构成作了详细规定,其中设计股的职责主要是城乡建设与规划设计。1937年12月30日,北京特别市公署公布《北京特别市公署工务局工区办事细则》。①

关于道路交通方面的法规有:《北平特别市河道管理处各闸暂行简章》《北平特别市通航研究委员会章程》《北平特别市整理步道规则》《北平特别市掘路规则》等。②

(四)伪满洲国和汪伪政权的城乡规划法律体系

1931年"九一八事变"后,日本侵略者利用爱新觉罗·溥仪在东北建立了伪满洲国,日本在中国东北实行了14年之久的殖民统治。此傀儡政权的领土包括

---

① 参见张研、孙燕京主编:《民国史料丛刊》(第56册),大象出版社2009年版,第10页。

② 同上书,第25页。

现在的辽宁省、吉林省和黑龙江省三省全境,内蒙古东部及河北省北部。当时,国际上以日本为首的法西斯等国家或政府承认伪满洲国,国际联盟主张中国东北地区仍是中国的一部分,中国政府从未承认这一分裂中国领土的傀儡政权。虽然伪满洲国不被民国政权所认可,但伪满洲国却建立了较完善的法律体系,其中,作为行政法内容的城乡规划体制和城乡规划法制内容,值得我们探讨分析。

1. 伪满洲国城乡规划主要"法律"

中国城乡规划历史一般将1939年国民政府制定与颁布的《都市计划法》作为中国第一部城乡规划法,这种观点有失偏颇。早在1936年,伪满洲政府制定并颁布了中国历史上第一部内容较完整、涉及区域较广泛的城乡规划法——"都邑计划法",计40条,具体内容如表4.4所示。

表4.4 "都邑计划法"的主要内容

法条	分类	具体内容
第1条	立法内容与主旨	明确此法"系指关于交通、卫生、保安、经济等为永久保持公共安宁或增进福利所需之重要施设"
第2条至第6条	都邑计划主管人员的组成及主要职责	规划主管部门构成与地方官署、都邑计划委员会及主管部大臣各自地位
第7条至第11条	主管大臣的主要权限	如第11条规定:"主管大臣认为必要时,得令因都邑计划事业而享受显著之利益者于其享受利益之限度内负担前条费用之全部或一部。"
第12条至第15条	区划内相关土地物件的相关规定	如第12条规定:"执行都邑计划事业之行政官署以都邑计划区域决定当时之时价为基准,并以依土地物件之利用状况所定之相当价格,得收买关于为都邑计划事业所需之土地及其定著物之权利。"
第16条	土地重定地段之规定	第16条规定:"关于都邑计划区域内之土地为使增进宅地之利用得作为都邑计划事业而施行土地重划,关于前项之土地重划另定之。"

续表

法条	分类	具体内容
第17条至第33条	计划中关于建筑的相关规定	如第28条规定:"建筑线为都邑计划区内道路用地之境界线,但有特别情事,行政官署得规定建筑线。"其他法条涉及关于建筑高度、建筑位置及变更等详细内容
第34条至第40条	其他相关规定	主要包括道路宽度、受益人负担金、违反"都邑计划法"的行政责任等相关问题
附则	效力问题	本法自公布日起施行

资料来源:蔡鸿源主编:《民国法规集成》(第77册),黄山书社1999年版,第54～57页。

此法的制定与颁布,标志着中国部分地区的城乡规划走上了法制化的道路,虽然主要在东北三省内实施,但这部法律却有重要的示范作用。另外,伪满洲国也较早出台了针对首都建设的"国都建设计划法",这比当时的国民党统治区也早跨出一步。

2. 伪满洲国城乡规划配套组织"法律"制度

伪满洲国城乡规划组织比较健全,是得力于其"法律"制度比较完善。自1932年至1936年,伪满洲国有关城乡规划组织的"法律"规定,也是比较完备的,具体如表4.5所示。

表4.5　伪满洲国城市规划配套组织"法律"(1932～1936年)

制定时间	名称
1932年9月16日	"国都建设局官制"
1932年9月16日	"国都建设计划咨问委员会官制"
1933年2月8日	"官衙建筑计划委员会官制"
1936年6月12日	"都邑计划委员会官制"
1936年12月28日	"水力电气建设委员会官制"

资料来源:蔡鸿源主编:《民国法规集成》(第77册),黄山书社1999年版,第80页、第82页、第96页、第198页、第207页。

3. 伪满洲国城乡规划相关"法律"制度

由于伪满洲政府存在时间不长,相应的城乡规划相关"法律"并不多,主要有

1933年9月18日颁布的"新京特别市商埠租建规则"、1933年5月31日颁布的"国都建设局土地建筑物出卖及出租规则"、1940年5月22日制定的"土木建筑业统制法"及相应的施行规则等。

同时,需要注意的是,在日本统治的同一时期,另一傀儡政权——汪伪政权为更好地实施城乡规划与建设,也制定与颁布了相应的城乡规划"法律法规"。1943年4月27日,公布"建设部驻沪办事处组织规程",对办事处人员组成及主要职责作了规定。1944年1月15日,公布"建设部组织法",其中,规定了都市建设司的人员组成、议事规程与主要管辖范围等内容。之后,公布"省政府建设厅组织条例",对城市规划机构的主要任务与管辖作了详细规定。1944年8月7日,公布"乡村建设实施委员会组织条例",对乡村建设与规划人员组成、议事规程及主要任务作了规定。另外,汪伪政权时期的"上海市区划暂行条例"(以下简称"条例")应引起我们的特别关注。"条例"共23条,是上海第一个城乡总体计划法规,是汪伪政权时期的伪国民政府"为上海市计划之必要,得指定区域为建设之用,对于该区域内之建筑物依本条例处理之"。① 它主要包括立法目的、区域划分(主要划为10种不同区域)、各区建筑要求、建筑线、建筑高度限制等内容。"条例"内容仿照了西方的城市分区制度,并以法规的形式规定下来,体现了当时"政府"对城乡规划法制的重视。

总之,从伪满洲政府城乡规划法的建设来看,作为主干法的"都邑计划法"、作为配套法的各类组织法、作为相关法的建筑类法律法规都已基本建立,虽然不够完善,但在形式上已具备城乡规划法律体系的完整性,在中国城乡规划历史上应该给予一定的关注和重视。另外,从汪伪政权的城乡规划组织法律制度建设来看,其也较完备、较进步,从中央到地方、到乡镇与乡村,其规划组织的建设基本具备近代化形态。

四、南京国民政府时期城乡规划执法主体的近代化

(一)国家城乡规划管理机构的变化

1927年6月,国民党中央政治会议第110次会议决议,设立中央建设委员会,以期实现总理《建国方略》,统一各省建设行政。特别委员会亦拟专设一建设部,但因各种因素,中央建设委员会和建设部均未正式成立。直到1928年2月,中央政治会议第127次会议决议,设立中华民国建设委员会,专办一切建设事宜,并制

① 蔡鸿源主编:《民国法规集成》(第100册),黄山书社1999年版,第358页。

定《建设委员会组织法》(共11条)，由国民政府于1928年3月9日公布。此法规定建设委员会本总理遗教，研究筹备并实行关于全国之建设计划。① 1928年3月14日，中央政治会议决议建设委员会与各部的职权有两项："(1)建设委员会之职权，依该会组织法第1条之规定，凡国营事业，如交通、水利、农林、渔牧、矿冶、垦殖、开辟商港商埠，及其他生产事业之须设计开创者皆属之；(2)上项事业之已成者，其管理、监督、保护、改良属于中央各主管机关。"②1928年10月，行政院成立，建设委员会改属行政院，其组织法经中央政治会议第165次会议通过，于12月8日公布。此组织法共21条，规定建设委员会研究及计划关于全国建设事业，及国营事业之不属于各部主管者，或属于各部主管得其同意者，均由建设委员会办理并完成之；并规定各省建设厅厅长为当然委员，此规定说明各省也将成立建设厅，主管城乡规划与建设事宜。之后，1931年2月17日公布《修正建设委员会组织法草案审查修正案》，此修正案共20条，规定建设委员会直隶国民政府，其职权有三项："(1)遵照《实业计划》，拟定全国建设事业之具体方案，呈国民政府核办；(2)国民请求指导建设事业，应为之设计；(3)办理经国民政府核准试办之各种模范事业。"③至此，国民党政府中央级别的城乡规划与建设机构正式确立。中央建设委员会是中国第一次成立的主管城乡规划与建设的专门机构。这也是1927年后中国城乡规划进入新局面的重要组织保障，也是近代中国城乡规划法律体制近代化的重要标志之一。

1938年，确立内政部为全国各级城乡规划建设管理的中央机构。1942年，内政部成立营建司，作为城乡规划的行政主管部门，负责指导全国城乡规划的编制和实施。自此，一个完整的城乡规划体制建立健全了，在中央为内政部营建司，省为建设厅，市为工务局，县为县政府。④ 各省纷纷建立建设厅；各市由于工务局主管城市规划与建设时日较久，规模已较完备，工务局和都市计划委员会共同成为各市主要的规划管理机构。国民政府对于规划与建设管理体制的统一具有重要的现实意义，使城乡规划走向统一和有序的管理。《都市计划法》规定，城乡规划公布后，应当在每年年底由地方政府报告分期建设的情况，报内政部审查备案。后来，《都市计划委员会组织规程》和《乡镇营建委员会组织规程》的制定为城乡

---

① 参见谢振民主编：《中华民国立法史》(上)，中国政法大学出版社2000年版，第383页。

② 谢振民主编：《中华民国立法史》(上)，中国政法大学出版社2000年版，第384页。

③ 同上。

④ 参见蔡鸿源主编：《民国法规集成》(第77册)，黄山书社1999年版，第84页。

规划的实施提供了制度保障。其中,对于城镇规划实施的规定,组织城镇建设委员会协助镇长处理城镇建设工作。另外,由于重庆成为国民政府的陪都,重庆的城乡建设成为迫切需要,因此,国民政府专门以中央名义成立陪都建设计划委员会,仿照以前南京的首都建设委员会,为陪都重庆的城乡规划与建设奠定了完整的组织基础。由于战争的影响,全国的城乡规划与建设在当时是不可能进行的,但统一的组织建设为以后的城乡规划和法规制定奠定了必要的基础。

1945 年,抗战胜利后,重建成为时代主题。为了促进城乡规划的正常进行,战后根据《都市计划法》,制定了"都市计划委员会"和"公共工程委员会"制度。中国主要城市的总体规划开始出现,城乡规划活动(主要是城市规划)重新活跃起来。

(二)南京市城乡规划管理机构的变化

1927 年,国民政府定南京市为首都,新建政权深感"首都之于一国,不特为政治上发号施令之中枢,且往往象征一国之团结与进步,一国之文化与建设,国际观瞻所系,全国向心所关,不可不有适应于首都的宏伟气象与未来发展之远大而完善之建设"。这是南京市未来 20 年大规模、综合性城市规划建设黄金时代的开端。① 国民政府定都南京市后,城市规模和城市人口快速发展,南京市的城市近代化进入了高峰期。但值得注意的是,与同期周边城市相比,南京市的近代城镇化程度相对较低。

南京市在未设国都前,是一个仅有 30 余万人的中等城市,城内热闹地区,主要集中在城南一带,城外下关因开埠较早,商业相对繁荣,在下关与城南之间,自兴中门以内直到鼓楼,景况冷落。当时,南京特别市政府在成立宣言中曾感叹:"空存大好之河山,殊鲜文物之精美;实业之凋蔽,市座之秋溢,几使入其境者,忘为东南第一之大都。"虽曾设马路工程处与商埠督办,也仅具市政的雏型,尚谈不上全面的建设。现代大都市的建设,在开始之初,必须有一个较完整的规划管理机构和组织规划编制的机构,以指导具体城市规划与建设。当时,孙科在《首都计划》序言中写道:"首都建设,遂亦为各方所注目……观人国者,观其首都,即可衡定其国民文化地位之高下。"可见,国民政府非常重视首都的规划与基本建设。1927 年 4 月 18 日,国民政府定都南京市后,开始规划南京未来的城市蓝图。

1927 年,国民政府定南京为特别市,随即设立工务局,负责全市市政建设和

---

① 参见李百浩、熊浩:《近代南京城市转型与城市规划的历史研究》,载《城市规划》2003 年第 10 期。

管理。局内设总务、设计、建筑、取缔和公用5科。设计科负责规划、测绘、工程设计等;建筑科负责核发建筑执照等。1930年5月,工务局内改设第一科、第二科,第一科分总务、公用、审勘三股,第二科分计划、营造、材料三股。其中,审勘股负责建筑的查勘;计划股负责规划、测绘等。抗战后,工务局内设审勘室,负责规划管理。1927~1936年南京市工务局组织机构设置如表4.6、表4.7所示。

表4.6　南京市工务局组织机构设置(1927~1930年)

科室	名称
第一科	总务科
第二科	设计科
第三科	建筑科
第四科	取缔科
第五科	公用科

资料来源:苏则民编著:《南京城市规划史稿》(古代篇·近代篇),中国建筑工业出版社2008年版,第314页。

表4.7　南京市工务局组织机构设置(1930~1936年)

科室	名称
第一科	总务股、公用股、审勘股
第二科	计划股、营造股、材料股

资料来源:苏则民编著:《南京城市规划史稿》(古代篇·近代篇),中国建筑工业出版社2008年版,第314~315页。

从以上工务局的内部设置来看,除主管建设外,也对规划与测绘具有一定的职权,在一定程度上辅助了"国都设计技术专员办事处"的城乡规划与设计工作。1933年2月,南京市颁布正式法规,确认市工务局为南京市的城乡建设管理机构。《南京市工务局建筑规则》规定:市区内一切公私建筑的修造均须报市工务局申请执照。领照兴工和排灰线等工作完毕后,均须分别填写单据,并呈请工务局派员查勘,违章查处由工务局取缔科负责。从工务局的职责发展来看,由城乡规划设计和建筑部门逐渐演变为主要管理工程建筑的部门,职责更专业化,城市规划和设计的职责逐渐由首都建设委员会所专权。但《首都分区条例草案》第17条对工务局的执行权作了规定,工务局对城乡规划与建筑的改变有一定的、小范围的规划权力。[1] 在1928年前，市工务局是主要的城乡规划与管理部门，在城乡规划上最大的功绩是1928年主持制订的"首都大计划"，奠定了近代南京城市的基本格局。

1928年，国民政府定南京为特别市，正是在国民政府的督促下，南京市的城乡规划主体发生了重要变化。为了更好地促进首都南京市各项建设的顺利实施，国民政府还于1928年1月成立了以孙科为主任的"国都设计技术委员会"，下设由林逸民担任处长的"国都设计技术专员办事处"，并聘请美国建设专家墨菲和工程师古力治为顾问，同时，还聘请中国建筑师吕彦直等专家相助，着手编制南京市城市总体规划《首都计划》，借以推动国都规划建设。但是，国民政府建立之初，由于政治斗争的影响，孙科与蒋介石在首都规划上的权力之夺也很是激烈。在孙科成立"国都设计技术委员会"后不久，以蒋介石为中心的权力集团又在1929年6月1日设立"国民政府首都建设委员会"。其中，国民党三军总司令兼军事委员会委员长的蒋介石不但担任首都建设委员会委员，也被推选为该会主席。此外，委员中尚有当时政要数十名，如胡汉民、戴传贤、孙科、阎锡山等人。国民政府对于首都建设委员的重视，有下文为证：

但南京特别市于工务局外，更有所谓首都建设委员会，其责任，即欧美各市之设计委员会也。南京特别市，因有此种首都建设委员会，故首都全市之计划，已经详细规定矣。查首都计划，至为详尽，凡中央与市行政区建筑形式，道路系统，路面市郊公路，上下水道，公园及林荫大道，交通管理，铁路车站，港口，电力路灯等，各种计划，均已规定，并经公布在案，是南京市特别市工务局，仅须依照首都计划各种详细设计，分别行之可也。日前首都建设委员会，函请各市对于城市设计，及分区授权法，发表意见暨主张，呈请立法院，规定城市之设计，统由设计委员会负责办理，而以市工务局为执行该委员会议决案之机关也。查设计规定为一机关，执行其设计，规定为又一机关，利益颇大，盖设计规定由一专立机关，负责办理，是一市一切设计事宜，均有专门技术人员，担任全责，技术人才集中，自能切实共同研究，其设计必然精确妥善，与责由工务局兼管其事，因事忙，往往所拟计划皆系草草了事者不可比。再，设计与计划之执行，分开担任，可以互相箝制，如设计委员会之计划有不妥处，工务局之执行机关固可纠正之。即工务局有违反设计，任便更改路线，或其他计划时，设计委员会亦可改正之，是此种划分设计与执行之办

[1] 参见国都设计技术专员办事处编：《首都计划》，王宇新、王明发点校，南京出版社2006年版，第253～254页。

法，可以免去工程上种种舞弊与错误也。首都建设委员会之提议，于市政建设之前途，裨益实大……此种设计委员会，应由市长提经市政会议决议设立之，为市府附属机关，对市长及市政会议负责，专办全市一切工程上设计事宜，凡各局有关工程事项，经市政会议通过者，均由设计委员会代为设计。此种设计委员会，应为常立机关，不独全市之一切之新计划，应由该会负责设计，即以后因时事之变迁，各种计划，必须改正者，亦应由该会负责计划之。上海市中心区建设委员会，与此种设计委员会性质相等，惟其范围，仅为全市设计中一小部分之计划而已。①

可以看出，首都建设委员会是由中央专门设置的，从地位上看，它高于由孙科任主任的国都设计技术委员会，首都建设委员会与国都设计技术委员会虽然都是城乡规划职责部门，但其职责划分是明确的："国都建设事宜，经设计技术专员办事处，拟定训政工作分配年表，由首都建设委员会呈国府、转送中政会核定。"②由此可知，国都设计技术委员会及其办事处是具体的规划设计部门，其规划后的文件要送首都建设委员会审议，最后要由国民政府的中央政治会议来决定。也就是说，最终的规划立法权和决定权归属于国民政府的中央政治会议，但明显首都建设委员会的地位要高于"国都设计技术委员会"。而在首都建设委员会成立前，通常以国都设计评议会的形式实施其职责，如 1929 年 4 月 7 日的《申报》（上海版）登载了国都设计评议会的会议内容："国都设计评议会二日第二次会议，出席孙科、刘纪文、陈公哲等。列席茂菲顾问及顾理委员麦高士奇，决议事项：①全部计划未完成前，由府会同国都设计技术专员办事处，规定建筑取缔法，取缔市民建筑，免与将来规定之建筑法冲突；②预留多数空地，以便建设飞机场；③城垣将来或有利用处，应暂保留；④本市界线之划定，由市工务局、国府设计技术专员办事处商请办法，交会讨论。"③另外，根据《首都计划》中的《首都分区条例草案》来看，首都城市规划与分区的权力主要属于设计委员会和国都设计技术专员办事处，在《首都分区条例草案》第 15 条中也对设计委员会的职权作了明确的肯定。④从上述内容不难看出，在首都建设委员会建立之前，国都设计委员会与国府设计技术专员办事处是具体的城乡规划与设计机关，市工务局是规划的执行机构，两者相互配合、相互牵制。而在首都建设委员会建立后，三者关系变得较为复杂。

---

① 张研、孙燕京主编：《民国史料丛刊》（第 153 册），大象出版社 2009 年版，第 66～67 页。

② 《国都建设之程序》，载《申报》（上海版）1929 年 11 月 1 日，第 9 版。

③ 《国都设计评议会》，载《申报》（上海版）1929 年 4 月 7 日，第 6 版。

④ 参见国都设计技术专员办事处编：《首都计划》，王宇新、王明发点校，南京出版社 2006 年版，第 252 页。

其实，由此也可以看出在南京国民政府时期的城乡规划法律构建中，政治权力的争夺将是影响城乡规划实施的一个重要问题。

除以上统一的城乡规划管理部门外，南京市在城市局部建设中也设置了一些规划机构。1927 年 9 月，为更好地规划与管理孙中山的陵墓，在南京市组织了陵园计划委员会，延请专家负责规划陵园的建设，规划陵园道路、绿化事宜，计划将中山陵建成全国自然公园的模范。1929 年 7 月 1 日，国民政府组织建立总理陵园管理委员会，直属国民政府，专门负责中山陵园的规划与管理。另外，中央政府对南京市的城乡规划与管理也给予了大力支持。例如，在规划和建设的融资上，铁路、港口、机场、郊区公路、政府职员房屋、学校、行政区域和运河资金都是由中央政府提供的，这种情况在其他城市很少见到。

1937 年 11 月，国民政府迁往陪都重庆。12 月 13 日，日本侵略军占领南京市。1940 年 3 月 30 日，日本扶持汪精卫成立伪中央政权。原南京市国民政府的建筑，在沦陷中被日军毁坏严重。至 1943 年，汪伪政权成立“首都建设委员会”，但由于日本很快投降，规划工作没有成效。1937 年 12 月至 1945 年 5 月，南京市处于汪伪政权的统治之下，几乎没有制定新的城乡规划。城乡规划活动基本停顿，城乡建设仅限于修复战争期间被破坏的道路和房屋。直到 1946 年 5 月，国民政府复都南京市，城乡规划机构才重新开始建制。1947 年 2 月，南京市政府制定颁布《南京市都市计划委员会组织规程》，据此成立南京市都市计划委员会，负责组织编制南京市都市计划，成绩显著。

按照 1938 年国民政府规划建设主管机构设置，市工务局为市级主要城乡建设管理机构，作为主要的建设机构，工务局在实践中具有重要的规划职能，对建筑、道路、水利、交通等方面有着规划的职权，如市工务局就制定了《南京市下水道工程计划概要》等重要城乡规划文件。从以上两者关系来看，南京市都市计划委员会负责城市全局性的规划，而工务局主要负责局部规划和城乡建设与管理工作。

从这一时期主要城乡规划机构的设置来看，基本沿袭了 1927 ~ 1937 年的主要机构和职权划分，表明城乡规划机构的设置基本上稳固下来，但从规划成绩来看，由于战争的影响，这一时期城乡规划的效果并不显著。

从南京市在民国时期城乡规划机构的设立可以看出，城乡规划开始走向正规化与专业化的管理，由于国民政府的重视，南京市的城市化进程大大加快，为近代南京市的繁荣奠定了良好的基础。

(三)上海市城乡规划管理机构的变化

民国前期,已经成为中国经济、文化和政治中心的上海,它的城乡规划与管理系统依然是各自为政:管理公共租界、法租界的分别是工部局和公董局,华界虽然总体上受上海县的领导,但实际上也有多个市政机构。1926年5月,"淞沪商埠督办公署"成立,孙传芳自任督办,由著名学者丁文江任会办,主持日常事务。公署下设总务、外交、政务、保安、工务、财务六处及参议会。1927年4月,上海作为当时中国最大的工商业城市,在行政建置上仍只是一个县。但当时的上海在全国的地位举足轻重而且举世瞩目。南京国民政府成立之际,在行政建置上给以特殊的考虑,将上海辟为"特别市"。1927年5月,南京政府任命国民党元老黄郛为上海特别市市长;7月4日,在国民党中央政治会议第111次会议上修正通过了《上海特别市暂行条例》。该条例规定:(1)上海为中华民国特别行政区域,决定析上海县的19个市乡、宝山县的8个市乡、松江县的莘庄乡、南汇县的周浦市组建上海特别市,不入省、县行政范围;(2)上海特别市设市政府,直接隶属中央政府,地位较高,相当于省级。上海是第一批直接隶属于中央政府的直辖市。1927年7月7日,上海特别市政府在枫林桥原交涉使公署宣告成立,首任市长黄郛宣誓就职。市政府驻地在市政府路(今徐汇区平江路),首先接收了闸北的沪北工巡捐局、南市的上海市公所和浦东塘工善后局、上海县清丈局、淞沪商埠卫生局等机构。自此,华界各地均置于市政府的直接统辖之下,清末自治以来各自为政的局面终告完结,整个华界的行政管理得到统一,上海华界的城乡规划与管理机构也走向统一。此外,虽然公共租界和法租界名义上是上海市的特别区,但事实上市政府并无实权。从城乡规划与建设来说,1927年是国民政府在上海设立特别市的开始,到1937年这段时间是上海市全面展开城乡规划与建设的时期,规划管理机制与法制立法状况已不同往日。

1927年中国城市普遍设市后,如何经营新行政制度下的城市,上海市的举措无疑具有全国性示范意义。在市政府建立后,城乡的规划与建设机构也就有了完整的机构体制。国民政府虽然有市参议会,但实权仍在以市长为首的行政管理委员会。① 1927年,上海成为特别市,工务局主管城市建设,设置4个科室,后增设第五科"掌城市规划",至此,华界城乡规划有了专门机构。1928～1937年上海市工务局组织机构设置如表4.8所示。

---

① 参见[法]安克强:《1927—1937年的上海:市政权、地方性和现代化》,张培德、辛文锋、肖庆璋译,上海古籍出版社2004年版,第20页。

表 4.8 上海市工务局组织机构设置(1928～1937 年)

科室	名称
第一科	总务科
第二科	桥梁科
第三科	道路科
第四科	营造科
第五科	规划科

资料来源:沈怡:《讲演上海工务行政》,载《申报》(上海版)1931 年 3 月 1 日,第 13 版。

虽然工务局设有规划科,但作为城乡规划的主要执行机构,在城乡规划与设计方面是力不从心的。1929 年 7 月 1 日,上海市政府成立了上海市建设讨论会,作为专门的城乡设计与规划机构。市政府对建设讨论会的期望甚高,市长张群在致辞中说:"本府遵照总理建设大上海遗训,并根据特别市组织法之规定,成立斯会,蒙各同志各界诸君参加,非常感幸,上海为世界大商场之一,若论建设,不仅在市区内为需要,尤要在收回租界、谋整个大上海之建设计划,得以实现……再我人追溯上海自前清光绪二十年,设立马路工程局以来,忆历三十余年,中间名称组织,虽经屡易,而未以办理而得其法,市政建设仍无成绩可言,而外人常藉此为批评我国之口实,是诚为痛心而可耻之事,盖因名称不统一,组织不完善,而所谓负责官吏,则只知收取捐税而已。自前年市府成立以来,于名称组织各方面渐至统一完善,兹以市民之需要日增,但觉两年来市府之建设成绩,尚未能满足市民之愿望,因根据特别市十五条之规定,成立建设讨论委员会,使市民亦有参加市政机会,并希望少数人所负之重大责任,得到地方上多数市民之协助进行,使完成整个的建设计划,实现总理建设大上海之遗训云云。"①从建设讨论委员会的机构组织来看,有政府官员,有商业界人士,有专业人士,还有少数普通市民。这是上海市城乡规划组织体现民意的一种进步表现,也表明上海市作为开放城市,在城乡规划与建设方面接受西方民主意识的一种体现。

1927 年,上海特别市政府为与租界抗衡,确定在江湾一带建设上海新市中心,计划将闸殷路以南、翔殷路以北、淞沪路以东面积约 7000 余亩土地作为新的上海市中心区域。为此,1929 年 8 月正式成立上海市中心区域建设委员会,负责新市中心区域的规划和设计工作。由沈怡任该委员会主席,董大酉任顾问,下设

① 《建设讨论会昨成立》,载《申报》(上海版)1929 年 7 月 2 日,第 13 版。

建筑师办公室和经费保管委员会。1937年抗日战争全面爆发后,该委员会结束。上海市中心区域建设委员会负责制定《大上海计划》,1929年,上海市政府拟定《建设上海市市中心区域计划书》。之后,上海市中心区域建设委员会陆续提出了《建设市中心区域第一期工作计划大纲》《上海市中心区域道路系统》《上海市市中心区分区计划》《上海市分区交通计划》《新商港计划》《京沪铁路、沪杭甬铁路铺筑淞沪铁路江海站与三民路间支线计划》《建筑黄浦江虬江码头计划书》等一些专题性的和全市性的计划,统称"大上海计划"。1930年形成的"大上海计划",核心内容是另建新的市中心,根据规划,新城区面积比晚清时期的南市和闸北要大得多,目标是把上海市建成一个近代化大都市。在这部"大上海计划"中包含了关于城乡规划的条例草案,这种方式源于《首都计划》。上海市中心区域建设委员会进行规划,制定和颁布了《居住办法修正案》《领地草案》《租地规则》《土地处理规则》等法律规则。① 另外,上海市工务局作为城市建设的重要机构,它的组织构成、颁布的城市法令与建筑法规及它所采取的行动广泛地成为其他城市关注、参照的对象。但由于上海市中心区域建设委员会的成立,工务局规划的权力在实际上已经丧失,只成为当时城乡规划的执行机构,同时,具有少许的制定城乡规划与建筑法规的权力。例如,上海市政府成立后,为了同租界中心区的繁华竞争,上海市中心区域建设委员会与工务局、土地局等机构会同拟订一系列关于上海中心区建设的计划,统称为"大上海计划"。1928年9月,工务局提出分区计划草案,提议原有苏州河两岸浙江路以西、高昌庙附近黄浦江以北、杨树浦汇山路以东等地带工厂林立,拟辟为工业区;除原公共租界中部、法租界东部、老城厢附近商业区域外,陆家浜以南、沪杭路以北、日晖路以东,因在沪南交通干道附近,拟扩展为新的商业区;工业区烟煤污秽、商业区喧嚣嘈杂,都不宜居住。反之,原租界西部和毗邻地带,地旷人稀,空气新鲜,拟辟为居住区,而各区域之间拟以园林树木间隔。该计划充分考虑到上海市原有发展格局及与环境、交通、卫生等的关系,有一定的科学依据,对今天上海城乡发展规划不无参考价值。通过这份计划草案可以看出,工务局具备一定的规划城乡的权力,但比之1928年前,工务局的权力主要局限于建筑方面了。除以上3个主要城乡规划与管理机构外,土地局也有一定的规划城市用地的权力。

1930年7月1日,遵照国民政府颁布的《上海市组织法》,上海特别市改为上海市。上海设市是中国近代史上的一件大事,不仅体现了国民政府对上海市的高

① 参见《上海特别市市中心区域建设委员会》,上海市档案馆藏,全宗号:Q213。

度重视,也反映了上海市人民要求改造华界、振兴华界、赶超租界并最终收回租界的美好愿望。上海市的建立没有改变以上主要城乡规划主体的组织形态,机构的稳定使上海的市政发生了巨大变化。

上海市政府在1927年7月成立之初,只接收了与租界相连的南市、闸北等城市地区和浦东沿江地带。新成立的市政府雄心勃勃,对城乡规划工作极为重视。以城市交通规划为例,1927年,华界的闸北和南市只有172公里的公路,公共租界只占上海市区的15%,但它却有263公里的公路。到1937年,华界有357公里的公路,超过了同期的租界。以上事例表明,上海特别市在新的城乡规划和管理机构的共同努力下,其城乡规划的近代化的成果是明显的。

1939年,上海市沦陷后,进入汪伪政权统治时期,伪国民政府对上海城市建设比较重视,伪上海特别市拼凑了一个"建设局",下设"营造管理科"。并且,伪国民政府还专门成立了派出机构,"建设部为便利调查联络起见,设置驻沪办事处",建设部驻上海办公处对上海市城乡规划建设中的重大事项进行监督和相关指导。1939年1月4日,上海建设咨询委员会成立,其目的是"应行政院长之咨询建设关于上海市建设计划及关系法令之事"。[①] 虽然伪政权在上海市建设的组织齐全,但其工作成效并不理想。例如,其间伪建设局委托伪"兴业株式会社"编制"上海市城市规划",但由于日寇压迫、经济衰落,伪规划成效甚微。

1945年8月,抗日战争结束,日本投降,国民党重新控制上海市,上海市政建置,成立了市政府。饱受日伪政府统治之苦的上海市民对国民党政权寄予很大希望。抗日战争的胜利为上海市城乡规划发展提供了机遇。重建市政府初期,租界已经收回,上海市的人口已经增加到500万。长期的战乱严重影响了城乡建设的发展。大量的人口涌入上海市,城市继续扩张。同时,由于上海租界和华界长期缺乏统筹规划,城乡建设面临严峻的压力。如何应对上海市未来发展对城市空间扩张的需求,合理布局城市空间是当时亟待解决的问题。

为了适应战后重建规划工作,上海市政府成立了"工务局",并授权工务局编制城市规划。上海工务局是光复后的上海市第一个城乡规划管理部门,至此,上海市开始了城乡全局化的城乡规划与建设工作。此时,工务局比以前各个时期的组织建设也更合理与健全。在城乡规划方面,工务局下设营造管理处,设三科一组,具体设置如表4.9所示。

---

① 蔡鸿源主编:《民国法规集成》(第100册),黄山书社1999年版,第156页。

表4.9　上海市工务局营造管理处科室设置(1945～1949年)

科室	名称	职责
第一科	审查科	(1)负责建筑规划的修订;(2)审查施工许可证;(3)保管建筑图纸;(4)审核施工技术人员及相关技术人员的资质;(5)对施工单位进行审核登记
第二科	建筑科	主要包括政府对办公楼和学校的建设和管理
第三科	取缔科	(1)查看授权站点;(2)建设检查;(3)监督危房建设;(4)负责取缔违章建筑等
第四科	工厂组	(1)选址审核;(2)建筑安全;(3)施工设备安全等

资料来源:张仲礼主编:《近代上海城市研究》,上海人民出版社1990年版,第649～651页。

1946年8月24日,市政府设立"都市计划委员会",并下设闸北区规划委员会,进行土地分区,以便尽早重建。任命上海市市长吴国桢为主任,赵祖康为常务秘书,该委员会邀请了来自不同领域的专家和名人,根据土地、交通、分区、住房、卫生、公共设施、城市面貌和金融划分为8个特别小组。1947年2月和6月,计划的第二稿和第三稿已经完成。据记载,上海城市规划的制定,先后邀请了许多国内外著名专家,初步编制人员有:上海市建筑师陆谦受,圣约翰大学教授、德国建筑师鲍立克(R. Paulick),工务局工作人员钟耀华,英国建筑师甘少明(Eric Cumine)和白兰德(A. J. Brandt),圣约翰大学教授黄作乐,美籍华人建筑师梅国超,中国建筑师张俊堃。这8人是城市总体规划初稿的正式签署人员。[①] 上海市政府除了直接参与筹备工作的小组,还设立了工务局技术咨询委员会的规划小组。上海市都市计划委员会创办后负责制订一项长远的上海市都市发展计划,包括市政、工业、金融、商业、交通、土地等方面,1949年上海市解放,该会被军管会接管。1946～1949年,上海市都市计划委员会先后制定了《都市计划法》《都市水电节约办法》《大上海都市计划之范围与程序》《上海市管理工厂设厂地址暂行通则》《上海市应用地质概况》《闸北西区计划委员会办事细则》《闸北西区营建区划规则》等重要规划类文件。具体业务有战后5年公路建设计划基本政策、大上海市区铁路计划、上海港口问题之检讨与意见、浦东和浦西主要渡口交通联系说明表、上海市干道系统计划说明书、虬江口码头交通图、该会分区计划小组会议录、

① 参见张仲礼主编:《近代上海城市研究》,上海人民出版社1990年版,第654页。

规定各区道路种类及宽度、绿地系统计划、地政第一期出租公地图表、国防部物资供应局等机构征收土地有关文件等。① 可见,上海市都市计划委员会在此期间于城乡规划方面作了较大贡献。

(四)北平城乡规划管理机构的变化

早在1921年7月,北洋政府颁布了《市自治制》,将北京市列为自治市。1928年,南京国民政府改北京市为北平市,仍为特别市;1928年6月,国民政府颁布《特别市组织法》,加强城市管理,但是没有对城市内部的基层管理作出说明。1929年1月,成立北平特别市筹备办事处,开始办理基层自治事宜。1930年5月,国民政府又颁布《市组织法》,废除了特别市和普通市的划分,将全国城市划分为院辖市和省辖市,确定北平市为院辖市。

1928年,南京国民政府先后颁布了《市组织法》和《特别市组织法》,标志着城市标准定义的出现及城乡规划管理体制的诞生。1928年6月,北平特别市政府成立,何其巩为第一任市长。市政府在京都市政公所的基础上进行了重组,成立了土地、社会、财政、教育、公用、卫生等局,全面管理北平市的城市公共领域的一切事务,特别市的行政功能初具规模。依据国民政府颁布的《特别市组织法》,自1928年8月起,北平市实行市政会议制度,议题和内容涉及全市的工商业、交通、公安、卫生、公用事业、基本建设、文化教育等各个领域。1928年9月,根据《市组织法》的规定,北平市成立了市政工务局,负责之前京都市政公所关于市政建设的相关事务。市工务局成为负责城市建设和市政管理的机构。根据《北平特别市政府暂行条例》,北平市工务局的组织机构设置如表4.10所示。

表4.10 北平市工务局组织机构设置

科室	内部设置
第一科	总务股、核算股、采购股、庶务股
第二科	设计股、测绘股
第三科	施工股、库务股、厂务股
第四科	研究股、登记股
第五科	专务股、普通股

资料来源:王亚男:《1900—1949年北京的城市规划与建设研究》,东南大学出版社2008年版,第109页。

① 参见《上海市工务局都市计划委员会》,上海市档案馆藏,全宗号:Q217。

从表4.10可以看出，工务局的机构划分参照了京都市政公所的结构，但是分工更专业，规划与建设的工作被专门独立出来。这种专业化与独立化是比较科学和细致的，这种组织的建立在中国城乡规划史上具有重要的开创性意义。

1930年5月20日颁行修正后的《市组织法》，该法对国内城市作了一个较细致的定义，包括：首都；人口在百万以上者；在政治上、经济上有特殊情形者；人口在30万以上者；人口在20万以上，其收营业税、牌照费、地税每年合计占该地总收入1/2以上者……同时，该法废除了"普通市"和"特别市"的划分，一律称"市"，并要求各地根据该法组织市政府机构。修正后的《市组织法》规定了市政府的24项具体职能，其中4项与城乡建设相关，即"土地行政，建筑及修理公用房屋，公园、公共体育场、公共墓地，指导及取缔市民建筑，道路、桥梁、沟渠、堤岸，以及其他土木工程"。各市政府下的工务局负责承担上述有关城乡建设的职能，在部分方面继续承担城市规划的职责。但工务局的主要职责毕竟主要是城乡建设，北平市作为一个大都市，应该具有专门的规划部门。1931年4月10日，市政府公布《北平市市政设计委员会组织规则》，明确北平市市政设计委员会以研究本市市政之设计为宗旨，规定了委员的组成与议事规则等内容。但由于北平市政设计委员会的主要职责是研究市政规划，城乡规划只是其中的一个方面，因此成绩不是很明显。在北平市的具体实践中，工务局依然是主要城乡规划与主管部门，这与上海市和南京市有明显的不同。

1938年4月，北平市进入汪伪政权时期，汪伪政府颁布"市公署组织大纲"，专门设置了"建设局"，主要"掌土地、森林、农矿、水利、交通及其他建设事项"。① 伪政府还在"修正建设总署直辖各工程局暂行编制通则"中指出城乡主要的规划与建设机构依然是"工务局"，并且在1939年4月21日公布的"北京特别市公署工务局组织规则"中规定，"工务局"设置"设计股"，其职责主要有："一是关于本市道路、桥梁、市有房屋、公园、体育场、公墓及其他公共土木水利工程之设计估算及监工等事项；二是关于本市交通之改善，市容之整理，及古建筑之修缮等事项；三是关于编造本局行政计划事项；四是关于工务统计事项。"② 所以，从北平市的规划实践来看，1947年以前，北平市的城乡规划管理机构主要是工务局，虽然民国时期曾有法律文件要求北平市建立"北平市市政设计委员会"，但在实践中，此机构对北平市的城乡规划工作并无太大建树。1947年后，北平市的城乡规划管

① 张研、孙燕京主编：《民国史料丛刊》(第38册)，大象出版社2009年版，第58页。
② 同上书，第251页。

理体制发生了重要变化。

抗日战争胜利后，由于日本殖民者对北平城市的建设和管理遗留了大量殖民痕迹，为了规划北平市未来的城市发展，为制定新的北平市的城市规划做好准备，1947年5月29日，北平市成立了“北平都市计划委员会”。新时期，市长何思源提出因地制宜，突出北平城市特色和个性的规划原则。“北平都市计划委员会”在广泛听取专家的意见和仔细研究的基础上，注意原城市规划的合理性，在详细调查和研讨的基础上，1947年，北平市工务局提交了《北平市都市计划设计资料第一集》，提出把北平市建设成为现代化城市的基本规划方针。北平市工务局指出：要特别注重保护文物古迹，发展旅游区；重视文化教育；继续完成西郊新区建设，同时以城郊村镇为中心建设卫星城。规划内容包括旧城改造、新城开发、旅游区建设和卫星城建设等方面。因此，城市规模的快速扩张和人口的膨胀，使城市生活变得更复杂，城市的功能日趋多样化。北平市工务局对全市进行了实地调查，并进行了数据汇报。根据汪伪时期的建设规划，“都市计划委员会”制定了“北平新都市第一期计划大纲”，其计划的基本内容包括对旧城区进行分区整理、划分区域与改订房基线等设想。[①] 从“都市计划委员会”和“工务局”的职责分配来看，“都市计划委员会”是城市规划与设计部门，而“工务局”则主要是城市规划的调研和建设部门，城市设计部门与建设部门在北平市基本上有了明确的职权划分。这为北平市的城市近代化提供了重要的组织保障。从这一时期北京市城乡规划管理机构的转变可以看出，近代末期的北京市已经呈现综合性城市的性质。

（五）伪满洲国城乡规划管理机构的演变

1.“新京国都建设局”

1932年3月9日，在长春建立伪满洲国的同时，成立伪新京国都建设局。1932年9月6日，伪满洲国政府颁布“国都建设局”官制。据规定，“国都建设局”属于“国务总理”管理，掌理关于国都之都市计划及其执行事项。内部设置局长、理事官、事务官、属官与技正等官员与技术人员。具体设置总务与技术两处。“技术处”的具体职责如下：一是关于管守官印及文书事项；二是关于人事事项；三是关于会计及庶务事项；四是关于都市计划事项；五是关于整地事项；六是不属他处主管的事项。[②] 其中第4项职责表明，“国都建设局”是作为伪满洲国的城乡规划机构而独立存在的，虽然受“国务总理”管辖，但就其职责相应而言，它是独立性

① 《北平新都市第一期计划大纲》，北平市档案馆藏，档案号：J17－1－867。

② 参见蔡鸿源主编：《民国法规集成》（第74册），黄山书社1999年版，第81页。

较强的地方城乡规划机构,又因直属于"中央",所以它又是地位较高的城乡规划机构。"国都建设局"第一任局长是日本人丸山。建设计划是以长春县城和南满铁路终点的长春车站为基础,向县城西南方展开的一种都市计划,即把南满铁路长春车站附属地扩大的一种计划。这个计划内容是由日本东京"震灾复兴局"的技师近滕安吉(当时是伪国都建设局技术处长)和大阪市建设科技正沟江五月(当时任伪国都建设局计划科长)两人制订的,可见当时新京计划主要是由日本人进行的。这个计划未完成,丸山局长被撤。阮振铎于1932年12月到伪国都建设局继任局长后,在1933年年底,才完成全部的计划。所以,在伪新京国都的建设上,城乡规划体制与法规建设主要借鉴了日本。

2."国都建设计划咨问委员会"

"国都建设计划咨问委员会"成立于1932年,属于"国都建设局"的配套机构。"国都建设计划咨问委员会"关于国都建设计划,备国都建设局长之咨问并得建议。主要委员有以下范围:"一是国都建设局高等官,四人;二是国务院高等官,五人;三是新京特别市高等官,二人;四是长春满铁附属地理事者,二人;五是新京特别市及长满铁附属地住民,六人。"①从当时委员会组成来看,底层民众在城乡规划中已有一定的发言权。这与20世纪30年代前后,民权的意识、民意的呼声逐渐高涨有密切关系。南京市、上海市也都先后建立了类似反映民意的咨询机构,体现了城乡规划体制的进步性。

3."都邑计划委员会"

1936年6月2日,伪满洲国政府颁布"都邑计划委员会官制",对城乡规划的行政主体作了法律性规定,内容完备。从机构职权上来说,"都邑计划委员会"关于都邑计划事项应关系各部大臣之询问,并得建议于关系各部大臣。从机构设置上来说,"都邑计划委员会"分为"都邑计划中央委员会"与"都邑计划地方委员会"。从管辖部门上来说,"都邑计划中央委员会"置于民政部,"都邑计划地方委员会"置于管辖依"都邑计划法"第1条规定由民政部大臣所指定都邑之省或特别市而冠以省或特别市之名称。② 从各级委员会的人员配置上来看,以行政官员为主,但也不乏专业人士,在"都邑计划委员会官制"中,法律规定各级委员会的组成中都必须有"十人以内的有学识经验"。③ 这些体现了城乡规划的专业性、科

① 蔡鸿源主编:《民国法规集成》(第74册),黄山书社1999年版,第82页。
② 参见蔡鸿源主编:《民国法规集成》(第74册),黄山书社1999年版,第198页。
③ 蔡鸿源主编:《民国法规集成》(第74册),黄山书社1999年版,第198～199页。

学性与规范性。

从以上三个城市规划机构的设置来看，虽然这只是区域性的，却体现出这一时期的中国城乡规划组织更成熟和完善。

（六）汪伪政权城乡规划管理机构的演变

1. 汪伪政权城乡规划管理机构的设立

1940年3月30日，汪精卫在日本政权的支持下，在南京市建立了傀儡“中华民国国民政府”，取代了华北的王克敏和长江下游的梁鸿志伪政府。汪伪政府辖江苏省、浙江省、安徽省等大部分及上海市、南京市、湖北省、湖南省、江西省、山东省、河南省等小部分。除了国民政府，这是当时中国最大的傀儡政权。为了统治百姓，它还建立了比较完整的组织结构，其城市规划组织也更完善、更进步，在中央成立“建设部”，在省成立“建设厅”，并成立了“乡村建设实施委员会”，开始实施城乡规划建设。从“中央”来看，“建设部”统管全国规划与建设工作，其组织机构具体设置包括“路政署”“水利署”“总务司”“邮电司”“航政司”“都市建设司”。其中，“都市建设司”专门从事规划管理工作。

由上述内容可知，“建设部”设立了“都市建设司”，专门从事城乡规划管理工作。其主要职责有：“督导都市建设事项；管理和监督城市水电工程；城市交通事务的管理和监督；征用私人土地用于城市建设和建筑物设计事项；其他城市建设事项。”①

从地方来看，省政府设置“建设厅”，“建设厅”设置秘书室与其他三个科室，其中，第二科主要职责是关于全国城乡规划与建设事宜：“一、全省公路除国营者外之计划建设管理事项；二、河工堤坝及水利事项；三、海港勘测及设计事项；四、对公共汽车运行的监督事项；五、全省各道县市镇道路之计划及兴筑事项；六、建筑上各种测绘事项；七、航业之管理及促进事项；八、都市及村镇电话经由交通部核准者之兴设改良事项；九、民营公用事业之监督事项。”②

另外，伪政权为促进乡村建设，还组建了“乡村建设实施委员会”，其目的是“培养国民生计，树立民治根基”。③ 傀儡政权不仅把城市规划和建设提上了日程，还开始关注乡村建设和规划工作。

---

① 蔡鸿源主编：《民国法规集成》（第91册），黄山书社1999年版，第292页。

② 同上书，第27页。

③ 同上书，第323页。

2."华北政务委员会"城乡规划管理机构的设立

1940年3月30日，原"中华民国临时政府"的名称被废除，改为"华北政务委员会"，汉奸王克敏任"委员长"，委员会名义上归汪精卫管辖，但享受高度自治权，全权处理河北省、山西省、东北山区占领地区和3个特殊的城市，即北京市、青岛市、天津市的事务，承担所谓的安全、资源开发、调节物资供应和需求等工作，除了外交关系，内部事务的所有方面实际上不受汪伪政府控制，而被日本政权所控制。其行政设置为在"政务委员会"下设省和特别市，省以下设道、市、县。省长、道尹、市长、县知事由政务委员会任命。据1940年3月30日国民政府令，"华北政务委员会组织条例"中规定了"建设总署的设置"，[①]"建设总署"的分科设置是全面而完善的，这是之前国民政府在城市体制建设中所不曾有过的现象。"华北政务委员会建设总署"设有"总务局、公路局、水利局、都市局"，共4局。其中，关于城乡规划方面的具体组织是"都市局"，其具体设置如表4.11所示。

表4.11　"华北政务委员会建设总署都市局"设置

科室	名称	主要职责
第一科	事务科	(1)主要关于都市计划事项；(2)关于都市建筑法规事项；(3)关于都市经营之指导监督事项；(4)关于各市调查统计事项；(5)关于土地重划及街区整理事项等
第二科	技术科	(1)关于都市区域地形之调查测量及审定事项；(2)关于都市计划之编审指导事项；(3)关于都市土木事业之监查事项；(4)关于本局直营工程事项；(5)关于所管工程之承揽契约及审查事项；(6)关于都市文物整理及监督事项等

资料来源：蔡鸿源主编：《民国法规集成》(第91册)，黄山书社1999年版，第360～361页。

"华北政务委员会建设总署"是名义上的全国城乡规划与建设主管机构，并直接管辖各省市区的市工程局，如在1938年6月29日"中华民国临时政府("华北政务委员会"前身)建设总署"颁布的"修正建设总署直辖各工程局暂行编制通则"中规定："第二条，各工程局之设立地点管辖区域及事务范围由本总署随时规定之；第三条，各工程局应冠以所在地称为建设总署某地工程局，但为实施重要都

① 参见张研、孙燕京主编：《民国史料丛刊》(第38册)，大象出版社2009年版，第41页。

市建设而设立之工程局应称为建设总署某市建设工程局。”①从以上规定可以看出，“华北政务委员会”对于城乡规划有统一的组织建设，从中央到地方都是直接管辖，这和当时国民政府的规划法律思想与制度建设有相同之处，也说明城乡近代化的趋势是全面性规划和科学性规划。

五、南京国民政府时期城乡规划法律的主要问题

综观国民政府二十几年间的城乡规划法律与管理机构的建设，尤其是上海市、北京市与南京市城乡建设的实效，陈旧的都市日新月异，城乡面貌焕然改观。然而，由于民国时期的市政建设起步较晚，与欧美国家和邻国日本相比，还有一定的差距。处于国家政权混乱、政局动荡的时期，初步建立起来的城乡规划法律与管理体制，不可避免地会存在不少缺陷。具体而言，城乡规划法律问题主要体现在以下几个方面。

（一）城乡规划法律的不平衡性依然突出

整个近代时期中国的城乡规划法律的发展基本上偏重于城市规划方面，乡村规划方面若隐若现。所谓的城乡规划法律其实更偏重于城市规划，只是在乡村城市化的过程中，城市规划法律中会涉及乡村规划与建设的内容。民国时期，乡村法律虽有所建设，但也主要是知识分子掀起的乡村建设运动或为战争目的而被人关注，真正的法律规范或规划机构在事实上比较缺失，更不用说乡村规划之实效。对此，可以从1948年《申报》（上海版）所载事实而窥一隅进知全貌，全文如下。

最高团防会议前通过建设乡村计划大纲，同时并决议于行政院隶属下设立乡村建设实施委员会，俾可实地负责推动乡村建设工作，以期培养国民生计，树立民治根基，达到增加生产，完遂战争之目的。此举决定后，有关当局现在积极着手筹组，该会短期内当可成立。同时我朝野上下咸对该会未来工作推展，寄以深切期待。盖我国系以农立国，以往之积弱不振，原因虽多，然至要者厥在农村破产。因之国民经济几陷麻醉状态。是以主席于本年元旦，特昭示国人三大施政重点，更指出增加生产为本年施政重点中之重点，此次组织该会，负责建设乡村，实为履行增加生产之切实工作，所望于该会未来之工作为：工作推动应避免官僚化。建设乡村非为易事，主其事者应深入农村，与各乡民打成一片，认识乡民心理，认清现时乡村实况，否则有如隔靴搔痒，难期实效。建设乡村应特别注重组织农民、领导农民、教育农民三点，使彼辈明了当前之国势，激发其爱国心，以增加其建设乡村

① 张研、孙燕京主编：《民国史料丛刊》（第38册），大象出版社2009年版，第59页。

之自信心,建设乡村工作,应努力于乡民农作技术之指导、优良农作品种之散播,农具之改良,及举办其他乡村福利事业。此外更应注重乡村之卫生设备,及交通运输之流畅,如此则乡村建设工作必可获得圆满成绩,于国计民生裨益甚巨。①

上文刊载于1944年的《申报》(上海版)上,此时已是南京国民政府面临垮台之际,而乡村规划与建设仍然在设想中。国民政府时期城乡规划法律体系较之清末与北洋政府已有较大进步,先后出现了由国家制定的乡镇一级的专门规划法律,但城乡规划法律体系却未能形成一体化,依然是分裂的两个部分,乡村规划法律的实践依然相当落后。可见,在国民政府时期的城乡规划法律体系中,乡村规划更多地是城市规划的附属物,甚至因为城市规划的进步,而使乡村规划法律及其实践为国家与民众所忽略。

(二)城乡规划法律的区域性差异较明显

民国时期,出现了全国性的都市计划法与乡镇规划法,注重各地城乡规划的统一规范。和以往不同的是,这一时期大量引进了欧美的城乡规划法律新思想、新理论。但很多城市发展由于受到国外传入、殖民等因素的影响,区域性差异很大。例如,南京国民政府制订的《首都大计划》和《首都计划》,特别是《首都计划》中的两个法律草案,从内容和形式上借鉴了当时欧美城市规划的法律理论,存在不切实际和照搬西方规划法律模式的缺陷。尤其是在1937~1945年南京市沦陷期内,日本的城乡规划法律思想对北京市、南京市、上海华界的城乡规划有所影响,如《日本人在南京租用土地案》,并导致之前国民政府所颁布的城乡规划法律与规划建设处于停滞。

再如,上海、天津和汉口等地的租界,上海租界的城乡规划法制主要是以模仿英国、美国与法国等国家的法律为主,上文已有论述。天津租界的城乡规划法制在民国时期也被建立起来,各租界都制定了相关的法律规定,如德国租界对城乡管理有规定,日本租界对近代警察管理有规定,英国租界对公共安全和卫生有规定。② 在汉口,近代法制也开始产生和发展,如德国租界对城市管理有规定,法租界对城市规划有规定,日本租界对住宅制度有规定,英国租界对工程建设有规定。③ 正是因为法律移植的对象不同及各地经济政治发展的不平衡,各地的城乡

① 《乡村建设实施会短时期内可成立,国府昨明令公布组织条例》,载《申报》(上海版)1944年8月8日,第2版。

② 参见王立民:《中国的租界与法制现代化——以上海、天津和汉口的租界为例》,载《中国法学》2008年第3期。

③ 参见王立民:《中国租界法制初探》,法律出版社2016年版,第71页。

规划法律产生了明显的区域差异,这也是影响全国城乡规划法律一体化发展的重要阻碍。

(三)城乡规划体制中的"官本位"思想严重

城乡规划不仅是一组建筑的规划,而且是紧密联系、互动和功能空间的集合。城乡(尤其是城市)是公共权力聚集的空间。由于权力的碎片化,其他元素聚集,由于权力的消失,其他元素分散,从而使城乡出现、成长、繁荣、衰落,甚至消亡。城乡规划受内外政治权力因素的影响,要在一定地理范围内作各种利益选择。在考虑各种行动方式的过程中,会偏向不同的利益集团,忽视或损害其他利益集团的利益。因此,规划本质上是一种政治选择。事实上,权力结构直接影响城乡规划秩序的形成。城乡规划法律问题也主要体现在各种权力的博弈上。南京国民政府时期城乡规划法律虽然取得了一定的成就,但在规划建设实施上仍存在明显的权力意识,"官本位"思想严重。例如,从南京市在首都计划时期出现的权力之争可以看出,城乡规划成为执政者权力博弈的手段,①从而影响了规划法律内容的实施。又如,1927 ~ 1937 年,南京市迅速修建了许多城市主干道和标志性建筑,但其中大部分是公共建筑,如行政办公楼和政治纪念性建筑。然而,由于资金有限,许多真正关系到公民生活的项目,如水电供应、城市排水和污水排放等,并没有及时实施。此外,战后南京市一片废墟,南京市政府的市政建设只注重一些阻碍城市外观的景观细节。按照规定,不得在视线范围内任何地方发现草棚或高门楼。金陵大学、清凉山、五台山、中山北路等地区,一定要特别注意清洁,防止别人笑话。一方面,南京市有宏伟的陵墓、运动场和柏油路;另一方面,首都居民的供水、供电、供气等基础设施装备落后于沿江几个主要城市。②

(四)城乡规划知识及相关法律知识缺乏

城乡规划问题是近代市政问题的主要方面,其中,城乡规划知识与相关法律知识是当时所极为缺乏的。特别是 1937 年后,除上海市、广州市、北京市、南京市等城市城乡规划建设略有改善外,其他城市的市政规划建设进展缓慢。市政机构形同虚设,不少市政专家纷纷转行,导致市政建设不得不再次没落。国民政府时期城乡规划知识与法律知识的薄弱可以从当时的《市政评论》和《建设评论》中看

---

① 参见王俊雄、孙全文、谢宏昌:《国民政府定都南京初期的〈首都计划〉》,载《新史学》2004 年 3 月第 1 期。

② 参见李百浩、熊浩:《近代南京城市转型与城市规划的历史研究》,载《城市规划》2003 年第 10 期。

出。例如,在《市政评论》中,翁朝庆在《对于都市计划应有的认识》中指出:应分阶段进行城市规划;规划可以前后不相一致;市民应该有机会参与并表达意见;编制城市规划应具有灵活性;政府应该谨慎行事。以上理解恰恰表明政府与百姓其实对城乡规划都有不同程度的误解。顾培恂在《都市计划之原理》一文中主张,为了实现城市的健康发展,城市规划工作者应该相互支持,共同努力,唤起公众对城市规划重要性的认识和兴趣;同时,他指出,城市组织法也存在诸多弊端,良好的城市发展应成为社会热点。姜春华在《城市建设中的几个建议》中提到:城市建设要体现文化底蕴,不能盲目发展,注重建立和发展市政机构;定期召开全国市政会议;成立市政科研机构;中央政府应修改市政法规,以改善市政建设。① 另外,饶华松在《建设评论》中发表《城市建设计划刍议》,从城市计划建设的范围、目的及法律要点等方面介绍城市规划的重要性。② 从以上《市政评论》和《建设评论》的相关著述中,我们可以看出民国时期学者呼吁进行合理城市规划的积极性;但从另一个侧面来看,国民政府时期城乡规划知识与相关法律并不为人所熟知,民众缺乏基本的城乡规划法律知识与规划常识,尤其对于乡村规划及相关法律更是无知,这是影响城乡规划法律构建与实施的重要缺憾。

(五)城乡规划法律与战争间的关系问题

国民政府时期有两次大的战争,即抗日战争与解放战争。受战争影响,国民政府时期城乡规划建设的正常进程被中断,城乡规划法律方面的研究重点转入对防空规划的探索。以当时《市政评论》中的相关文章为例:如王克的《疏散与都市计划》(1941年第6卷第3期);卢镇驶的《防空与城市计划之研究》(1941年第6卷第4期、第5期);周伸岳的《战时都市建设计划》(1941年第6卷第7期、第8期、第9期)等。当时,《市政评论》馆址搬至重庆,在战争的威胁下,建筑规划围绕战争成为舆论主题,尤其是《市政评论》在1941年第6卷第7～9期出版"陪都建设计划专号",此时期,城乡规划建设提倡行政和军事区域的分散,拓宽街道宽度,建设有池塘的公园等。受战时规划思想的影响,此时期的城乡规划法律的内容中均存在战争影响因素,如上文提及的城乡规划主干法:1939年的《都市计划法》,1940年的《都市营建计划纲要》,1943年的《县乡镇营建实施纲要》,1945年的《收复区城镇营建规则》等。

---

① 参见姜春华:《城市建设中的几个建议》,载《市政评论》1934年第10期。

② 参见饶华松:《城市建设计划刍议》,载《建设评论》1947年第2期。

第五章　创新：中华人民共和国城乡规划法律与问题（1949～2010年）

1949年10月，中华人民共和国成立。中华人民共和国城乡规划法律建设取得了辉煌的成就，但也走过了一段曲折的道路。由于受近代城乡规划法律的历史影响，在中华人民共和国成立很长一段时间内，城乡规划法律的发展依然是以城市规划为主，随着我国《城乡规划法》的颁布与实施，城乡规划法律体制的二元化最终完成一元化的演进，各地纷纷制定统一的城乡规划法规，出现乡村振兴的新局面，至2010年，随着具有中国特色社会主义法律体系的建立，中华人民共和国城乡规划法律体系也最终确立。

一、中华人民共和国城乡规划法律体系演变和确立

中华人民共和国成立以来，我国十分重视法制建设，为了适应社会和经济发展的客观需要，全国人民代表大会及其常务委员会、国务院、各部委和各省市已经制定了不少法律、法规和规章制度，城乡规划方面的立法工作也在稳步进行中。

（一）国家城乡规划立法演变及成果

1. 法律初建阶段（1949～1965年）

在城乡规划法律初建阶段，中华人民共和国的城乡规划法律依然是以城市规划法律的演变为主的。1952年

9月，政务院①财政经济委员会召开了全国城市建设座谈会，提出开展城市规划工作，并设置了相应的城市规划管理机构。政务院在《中华人民共和国编制城市规划设计程序草案》中提出，城市规划编制过程包括城市规划、建设规划、详细规划和建设设计等，这是中华人民共和国最早的城市规划编制办法。

1956年7月，国家建设委员会颁布《城市规划编制暂行办法》，明确指出城市规划分三个阶段，分别是初步规划、总体规划和详细规划。由于当时城市规划尚处于初创时期，限于收集基础资料存在不少困难，特别是缺乏当地现状测绘图，所以规定在开展总体规划尚不具备条件的城市，可以先搞初步规划，以替代总体规划。而初步规划和总体规划基本上是同一性质的规划，但它们实际上是两个阶段的工作。初步规划的主要内容包括：确定城市性质；拟定短期和长期人口发展规模；选择城市发展用地，合理划分功能分区；拟定各项用地的经济技术指标。详细规划的主要内容是，对近期修建地区内的住宅、公共建筑和公用事业设施等进行合理布置，作为修建设计的依据。《城市规划编制暂行办法》标志着中华人民共和国的规划工作开始走上法制建设的轨道。"一五"期间全国共有150个城市编制了初步规划或总体规划，各种规划和建设规划的蓝图，以及各城市制定的相应行政法规，只有经过立法批准，才可以直接指导各种建设。②

2. 缓慢发展阶段(1965～1978年)

20世纪六七十年代的城乡规划工作由于受到"左"的错误思想干扰，出现曲折和徘徊，总体而言，10年的城乡规划法律立法与执法等工作基本停顿。

3. 改革前进阶段(1978～2000年)

1978年3月，国务院制定《关于加强城市建设工作的意见》，强调在国民经济发展中，城市具有特别重要的地位和作用，并提出了"控制大城市规模，多搞小城

① 1949年10月1日中华人民共和国成立至1954年9月15日，政务院是中国国家政务的最高执行者。由中央人民政府委员会任命总理1人，副总理若干人，秘书长1人，政务委员若干人组成。政务院对中央人民政府委员会负责并报告工作，在中央人民政府委员会休会期间，对中央人民政府主席负责并报告工作。下设政治法律委员会、财政经济委员会、文化教育委员会、人民监察委员会和有关部、会、院、署、行等机构。政务院总理主持政务院的工作，1949年10月1日中央人民政府委员会任命周恩来为政务院总理。政务院的职权主要有：发布决议命令并审查其执行；向中央人民政府委员会提出议案；领导和监督各委、部、会、院、署、行和全国各地人民政府的工作；任免县、市以上的除应属中央人民政府委员会任免范围以外的主要行政人员等。1954年，第一届全国人民代表大会召开，《宪法》规定设立中华人民共和国国务院，撤销政务院，其全部职权由国务院行使。

② 其中原国家建设委员会等中央部门批准的重要城市有太原市、西安市、兰州市、洛阳市、包头市、成都市、大同市、湛江市、石家庄市、郑州市、哈尔滨市、吉林市、沈阳市、抚顺市、邯郸市15个城市。

镇”城市发展政策,要求做好城市规划工作,明确规划审批的相关要求及规划实施保障。1978 年 4 月 4 日,中共中央同意并批转第三次全国城市工作会议形成的文件《关于加强城市建设工作的意见》(中发〔1978〕13 号)。本次城市工作会议对于“文化大革命”后城乡规划工作的恢复和开展具有重要的转折意义,在相当长一段时期内,对指导城乡规划工作和法律制定具有指导作用。

1984 年 1 月,国务院颁发《城市规划条例》,它是我国城乡规划方面的第一部基本法规,初步建立起我国城乡规划的法律体系,如当前规划实践中十分重要的“一书两证”制度,早在《城市规划条例》中已有雏形(明确了建设项目的规划许可和竣工验收制度),《城市规划条例》的颁布对我国的城乡规划发展当然有十分重要的影响。然而,从当时的社会背景来看,计划经济体制的影响依然突出,全社会的法治意识和法治环境尚不健全,《城市规划条例》的实际作用及对城乡规划发展的内在影响就会大打折扣。尤其作为“条例”,《城市规划条例》在我国法律体系中的地位和法律效力均低于全国人民代表大会制定的法律。另外,《城市规划条例》是以城市规划为中心,乡村规划仅是城市规划的一种附属,主要涉及城市郊区的乡村。因此,《城市规划条例》不是完整意义上的城乡规划法律。1984 年,党的十二届三中全会作出《中共中央关于经济体制改革的决定》,研究和部署以城市为重点的经济体制改革,综合体制改革试点城市从长沙市、常州市、重市庆等少数城市扩大到 58 个城市,并开放 14 个沿海港口城市和海南岛。经济体制的改革对城乡规划法律的运行有重要的支撑作用。

经过几年的准备,1990 年 4 月 1 日,我国正式施行《城市规划法》(已失效),这是中华人民共和国第一部城市规划法律,标志着城乡规划进入新阶段,具有重大的历史意义。依靠法律权威和使用法律手段,确保科学、合理地制定和实施城市规划,确保城市的经济和社会发展目标的实现。各省(自治区、直辖市)还陆续制定了“城市规划条例”或“实施办法”,各种法律、法规、规章等制度的订立及城市规划机构的建立和完善,从根本上改变了中华人民共和国没有城乡规划基本法律的情况,标志着我国城乡规划工作步入法制化的轨道,对中国城市和农村的发展规划来说是一个重要的标杆。《城市规划法》的公布与实施对我国城乡规划的指导有重要意义,但由于受历史因素影响,本规划中虽然对城市郊区的乡村规划有所关注,但依然对乡村规划并无太多条文规定,对于整个国家城乡规划的发展与统一协调,无疑是不利的。

1990 年 7 月,原城乡建设环境保护部颁布了《城市用地分类与规划建设用地标准》,标志着我国城乡规划行业的第一项国家标准正式形成。此后,国务院和建设行政主管部门陆续发布了一系列城市规划方面的部门规章和文件,例如,《建设项目选址规划管理办法》、《城市规划编制办法》、《村庄和集镇规划建设管理条例》、《城市国有土地使用权出让转让规划管理办法》(已修改)、《城镇体系规划编制审批办法》(已失效)、《开发区规划管理办法》(已失效)、《建制镇规划建设管理办法》、《城市地下空间开发利用管理规定》(已修改)、《城市规划编制单位资质管理规定》(已失效)等。由此可见,一个以《城市规划法》为核心的城乡规划法规体系已经形成。但从以上城市规划法律法规与乡村规划法律法规分别制定来看,城乡规划依然沿袭了近代开始的二元体制,城乡对立与分裂的情形依旧存在。

4.创新阶段(2000~2010年)

2000年4月,《县域城镇体系规划编制要点(试行)》(已失效)的颁布掀起县域城镇体系规划的编制热潮,它是新世纪城乡规划发展的重要标志。中国城乡规划立法呈现快速发展的势头,立法工作取得一定突破。尤其是2008年1月1日,《城乡规划法》颁布实施,此法相比《城市规划法》有了很大进步,它是在总结《城市规划法》和《村庄和集镇规划建设管理条例》实践的基础上,根据新的形势需要所制定的,终于在法律上将城市规划与乡村规划统一在一部法律中,是一部适应社会主义市场经济、完备有效的法律。本法共7章70条,分为总则、城乡规划的制定、城乡规划的实施、城乡规划的修改、监督检查、法律责任、附则。《城乡规划法》条文翔实,比之前《城市规划法》的可操作性更强,重点增加了乡村规划立法的内容。《城乡规划法》的颁布与实施有重大意义。首先,它并不是对之前的《城市规划法》的简单补充,而是具有许多开拓性和创新性的措施。其次,2008年国际金融危机、北京市奥运会、汶川地震标志着国际和国内形势发生了复杂而深刻的变化,如城市化率首次超过50%,新一代农民工成为人口迁移的主体,中国的城市化和城乡发展进入一个新的阶段,城乡规划发展依托的政治、经济等社会背景正在发生极其深刻的变化。最后,城乡规划发展随着市场化的深入和法制化的推进,城乡规划法律理论与实践的诸多问题日益突出。低碳生态城市规划、城乡统筹规划、社区规划等的社会诉求日益强烈,规划改革的呼声日益高涨,而汶川、玉树、舟曲等灾区,新疆维吾尔自治区、西藏自治区等边疆地区及区域性特困地区等援建规划的大规模展开,无疑正是对城乡规划法律发展的重要“洗礼”。

《城乡规划法》与之前的《城市规划法》相比,最主要的区别在于:由“城市规划”到“城乡规划”,虽一字之差,调整的对象却从城市走向城乡,从而将原来的城、乡二元法律体系转变为城乡统筹的一元化法律体系。从坚持的原则来看,《城市规划法》是“指导建设”,而《城乡规划法》则是强调资源保护;从方法上来看,

《城市规划法》重规划的编制和审批,《城乡规划法》则重规划的实施和监督;《城市规划法》在施行时,违反规划后没有规定对责任主体的处罚,而《城乡规划法》有严格的责任追究制度,并将对城乡规划主管部门自身工作的约束摆到了重要位置。这就要求我国已建立的城乡规划法规体系,应当以《城乡规划法》为核心,进行调整、补充、修改和逐步完善。

2008年7月1日,国务院公布实施《历史文化名城名镇名村保护条例》。2009年8月17日,国务院还公布了《规划环境影响评价条例》,自2009年10月1日起实施,此条例对城乡规划与编制有重大作用。2010年4月25日,国家住房和城乡建设部公布《省域城镇体系规划编制审批办法》,自2010年7月1日起实施,对省域城镇体系规划加以规范化。

除上述法律、法规外,国务院和建设行政主管部门还在城乡规划与建设的其他诸多方面相继制定出台了一系列相关法律、法规,如《风景名胜区条例》、《防震减灾法》、《城市公厕管理办法》、《城市生活垃圾管理办法》、《城建监察规定》(已失效)、《城市燃气管理办法》(已失效)、《城市道路照明设施管理规定》(已失效)、《城市动物园管理规定》(已修改)、《游乐园管理规定》(已失效)等。城乡规划基本形成了具有中国特色的较为完备的法律体系,为行业健康发展提供了有效的法律保障。

(二)地方城乡规划法规体系的完善

近几十年来,各地人民代表大会及其常务委员会及地方人民政府,在各自的权限范围内,根据各地城乡规划和建设管理的实际需要,依照国家有关法律、规章和政策精神,制定了很多地方性的城乡规划和管理法规规章。由于此阶段,全国各地的城乡规划法规统一受《城乡规划法》指导,各地城乡规划条例有极大的相似性与统一性,此处仅以北京市为例,不再分别对中华人民共和国成立后南京市与上海市的城乡规划法律发展进行阐述。

1. 城乡规划主干法:《北京市城市规划条例》与《北京市城乡规划条例》

1991年,在北京市人民代表大会、市政府的领导组织下,由北京市规划局、市规划院成立《北京市城市规划条例》(已失效)(以下简称《规划条例》)起草小组,历时2年,完成该法律的拟就工作。1992年7月24日,北京市人民代表大会常务委员会颁布《规划条例》。《规划条例》主要内容为总则、城市规划的编制和审批、城市新区开发与旧区改建、城市规划的实施、法律责任、附则,共六章50条。《规划条例》是首都城市规划和管理工作的一部比较全面、系统、完善的地方性法规,为科学地制定首都城市规划,加强首都城市规划管理,保证城市建设更加有序发展,提供了法律保证。《规划条例》是为保障城市总体规划实施而确立,所以在总则中重申了北京市的城市性质、北京市历史文化名城的特点和经济发展的特点。总则还确定了各级规划主管部门及规划编制部门的主要职责。该条例规定"本条例适用范围是本市行政区域",要求实行城乡规划统一管理。《规划条例》的核心内容:一是明确城市规划体系和编制、审批制度;二是确定建设项目审批的"一书两证"制度。[①] 从城市规划组织编制和审批的内容来看,北京市的城市规划分为总体规划和详细规划两个阶段。除城市总体规划外,城区和郊区可编制分区规划,远郊区编制区、县域规划和乡域规划,近郊农村地区编制乡域规划。城市总体规划由市人民政府负责组织编制,区、县人民政府负责组织编制其他规划。城市总体规划由市政府报国务院审批,其他规划由市政府审批。修建性详细规划审批程序由市政府制定。从建设项目审批的内容来看,"一书两证"制度是市和区、县两级城市规划管理行政主管部门行使政府职能的集中体现和核心内容之一。"一书"是指选址意见书,"两证"是指许可建设的法律凭证。建设单位只有取得"许可证"方可进行建设,否则即为违法。该条例还规定了严格管理临时用地,临时建设工程,各项建设工程实施规划监督、检查与验收的内容。另外,《规划条例》规定了城市新区开发和旧城改建的一些重要原则。例如,城市新区的开发和旧城区的改造必须坚持统一规划、合理布局、因地制宜、综合开发、配套建设的原则。旧区改建应当遵循加强维护、合理利用、调整布局、逐步改善的原则。

2008年,《城乡规划法》实施后,各省、市、区结合各自实际情况,陆续制定了城乡规划条例。2009年5月22日,北京市人民代表大会常务委员会通过《北京市城乡规划条例》,与之前的《规划条例》相比,本法规内容更广泛,主要适用于北京市城乡规划和有关城乡建设活动的制定、执行、修改、监督检查。城乡规划包括城市总体规划、详细规划、乡镇规划、村庄规划、特定区域规划和专项规划。《北京市城乡规划条例》更加注重监督检查与乡村规划等内容,是城乡规划一体化的法律体现。以北京城乡规划条例为代表,地方城乡规划法律一体化逐渐在全国推进。

2. 配套与相关法规及技术规范逐步完善

为加强城乡规划管理,自1990年5月至2010年,北京市陆续制定颁布专项配套规划规章,主要有:《北京市人民政府关于郊区城镇和农村建设规划管理的若干规定》(1991年3月6日,市政府第5号令);《北京市禁止违法建设若干规定》

① 参见董卫主编:《城市规划历史与理论01》,东南大学出版社2016年版,第92页。

(已失效)(1999 年 11 月 3 日,市政府第 43 号令);《违反〈北京市城市规划条例〉行政处罚办法》(已失效)(市人民政府 1993 年 4 月 6 日发布,1997 年 12 月 31 日修改);《〈北京市城市规划条例〉行政处罚办法》(已失效)(1999 年 11 月 2 日,市政府第 44 号令,2007 年 11 月 23 日修改);《北京市建设工程规划监督若干规定》(已修改)(2002 年 1 月 1 日实施);以及《北京市建设工程招标投标监督管理规定》《北京市区中心地区控制性详细规划实施管理办法(试行)》《北京历史文化名城保护条例》《北京市测绘条例》等。其中,《北京市禁止违法建设若干规定》指出,市和区、县规划主管部门对查处违法建设负有领导和组织实施责任,对违法建设规定了责令停止违法建设、限期拆除或没收违法建筑物、构筑物和其他工程设施、罚款的行政处罚方式。《〈北京市城市规划条例〉行政处罚办法》详细规定了违法建设的 8 种形式,并明确建设单位代征公共用地时出现的几种情形,按违法建设处理,同时具体规定了各种违法建设罚款的标准和拆除、没收的执行办法等。《北京市建设工程规划监督若干规定》要求,市规划部门负责对建设工程是否按照规划许可证进行监督。监督的内容包括施工前验线、施工中检查总平面位置、竣工后规划验收等。

这期间,北京市还颁布实施了一些技术规范,如《新建居住区和旧区民用建筑防空地下室建设规划编制办法(试行)》、《民用建筑节能设计标准(采暖居住建筑部分)北京地区实施细则》、《北京市新建改建居住区公共服务设施配套建设指标》(已失效)、《北京市住宅区与住宅楼房电信设施设计技术规定》、《北京市新建技术规定》、《北京市新建集中供暖住宅分户热计量设计技术规程》等。

以《城乡规划法》为依据,以《北京市城乡规划条例》地方性法规为核心,北京市已基本建立起城乡规划管理的法规体系。各种直接的配套法规和相关的法律、法规及规章陆续出台,使各项规划管理工作不断完善,逐渐做到有法可依、执法有据,从而保证了城乡建设持续健康有序地发展。①

紧随北京市之后,2010 年 11 月 11 日,上海市人民代表大会常务委员会通过《上海市城乡规划条例》,自 2011 年 1 月 1 日起施行;2012 年 8 月 30 日,南京市人民代表大会常务委员会通过《南京市城乡规划条例》,自 2012 年 12 月 1 日起施行。全国各地也纷纷效仿北京市、上海市、南京市编制城乡规划条例。

与清末与民国时期不同,由于中华人民共和国政权的稳定与时代特色,虽然

① 参见刘欣葵等编著:《首都体制下的北京规划建设管理》,中国建筑工业出版社 2009 年版,第 213 页。

各地城乡规划条例等法规内容会有部分地方特色，但总体来说，根本性的差别已完全消失，不会再有太多地方差异，体现了新时代城乡规划法律普遍化、规范化及一体化的结果，这是城乡规划法律发展的历史进步。

以上各地的法规、行政规章、部门行政规章已较完整地组成了地方性城乡规划管理法规体系，使城乡的规划工作在管理层次上做到有法可依、有章可循。我国城乡规划方面的法律、法规和规章的制定和实施虽然已经取得了很大的进步，但是从全局看，其还处于起步阶段，实际工作中所需要的法律规范还不完整、不配套，已经出台的某些法律规章也还有待于经过实践进一步加以修正完善。

总之，中华人民共和国成立后，城乡规划立法取得巨大进展，从单独重视城市规划到重视城乡规划法律一体化建设，我国城乡规划法律体系基本完成了新时代的创新。

二、中华人民共和国城乡规划执法主体与执法状况

中华人民共和国城乡规划管理体制的“一体化”是新时期中国城乡规划执法的主要发展特色。20世纪末21世纪初是城乡建设大发展时期，城乡规划管理在这一时期建立了“一体化”管理体制，全国城乡规划法律法规体系基本形成，城乡规划管理信息化体系建立，适应了因城乡建设任务增加而带来的管理压力。

(一)国家城乡规划执法主体与执法状况

城乡规划是国家指导城市和乡村规划管理与合理发展的重要依据和手段。而各级城乡规划行政管理及设计勘测部门，则是国家经济建设中一个重要的综合部门。1949年10月，随着中华人民共和国的成立和政局的稳定、各地区城乡规划管理机构的建立，各地区相继开展城乡规划工作，尤其是城市规划编制工作。以沿海城市和部分内陆大中城市为主，由于这些城市在近代时期有城乡规划的经验，具有较强的能力与实力，城乡总体规划很快完成，同时，根据建设需要进行了市政设施规划和居住区规划。在此期间，城乡规划单位和规划主体相对复杂，主要有各地城市设立的城市规划委员会和市政建设委员会，也有像上海工程设计公司这样的建筑师事务所，还有个人，主要是现代规划技术人员和城市规划专家学者。①

20世纪50年代，中国在经济建设上向苏联学习，实行计划经济体制。在城乡

① 国内学者有梁思成、陈占祥、哈雄文等；国外有苏联援华的首批专家，如巴兰尼克夫、希马柯夫、穆欣等。

规划方面，对苏联的经验进行了全面的研究。当时，原国家建设部成立了苏联专家工作组，负责协助部长指导国家城乡规划，主要负责城市总体规划的编制和批准。

1960～1962年，当国民经济陷入困境时，政府宣布将在3年内不进行城市规划。在此期间，全国各地的城市人口被疏散，城市规划技术人员多被遣派至农村。城市规划机构部门遭到撤减，主要工作范围被限制在调查和研究方面，实际规划工作搁置。由于缺乏城市建设资金，住房和基础设施债务开始出现，导致住房不足，市政公共设施紧张，环境卫生状况极为糟糕。1963年以来，国民经济好转，经济状况逐渐恢复，部分城市开始进行城市规划，如北京市、沈阳市、上海市等城市积极准备修订城市总体规划。然而，1964年进行“设计”革命运动，并提出了“左”的口号，批评所谓的高标准，请求降低规划要求和标准，导致城市总体规划不断修改，接连降低各种建筑设施标准，造成诸多不良恶果。

在“文化大革命”中，许多城市规划机构被废除，规划人员流失，数据被破坏。城市规划混乱，违法建筑，管理无序，城市布局受到不利影响。1967年，原国家建设委员会要求暂停北京市的城市总体规划，建设过程中要节约土地、降低成本，这使盲目建设和破坏统一合理的城市布局合法化，对整个国家产生了负面影响。

1972年，原国家建设委员会城建局（原城市规划局）在合肥召开有十几个省、市参加的城市规划工作座谈会，要求各地恢复城市规划工作，开展修订城市总体规划工作。会后，一些省、市行动起来，于1975年前后陆续编制出总体规划。但这些努力未有太大成效。

1978年，在改革开放的浪潮下，国家调整了发展思路，制定了正确的方针政策，开始重视城市规划工作。在此期间召开的全国城市工作会议号召各地认真做好城市规划。1978年8月，原国家建设委员会在兰州召开城市规划座谈会，要求各地立即开始进行编制总体规划，全方位恢复城市规划工作。

20世纪80年代是城市规划大普及、大改进的重要发展时期。1980年8月，中华人民共和国成立以来的第一次全国城市规划工作会议召开，原国家规划委员会总结了城市规划的历史经验和教训，讨论了全面恢复城市规划工作的相关问题，审议通过了《城市规划编制审批暂行办法》（已失效）和《城市规划定额指标暂行规定》；1980年12月，国务院批转了这次会议的“会议纪要”。这次会议，对指导“六五”“七五”期间城市总体规划的编制与审批工作、近期建设详细规划工作具有重要指导作用。截至1986年年底，在全国353个设市城市中，共有339个完成了总体规划的编制工作，占城市总数的96%，其中已被审查批准的有282个，占总数的79.9%;在1980个县城中,已编制完成总体规划的为1695个,占县城总数的85.6%,其中已被批准的为1293个,占总数的65%。根据国家规定,到1986年年底,国务院审批的38个主要城市总体规划全部完成。到1988年年底,全国各市、县总体规划编制完成,完成了第一轮总体规划。

在这个期间,各省、市、自治区的城市,根据批准的城市总体规划进行的各项城市建设工程,其中绝大多数的实施情况是好的,我国城市又一次进入了有规划并基本按规划进行建设的新阶段。如西安市,根据批准的总体规划对维护文物古迹和保护城市传统面貌特色的要求,自1983年起,进行了维修明代城墙、城楼,整治护城河,建设环城绿化、交通干道的综合改造工程,历时4年基本竣工,对保护西安古城风貌、发展旅游事业、繁荣经济起着重要作用。总之,20世纪80年代是我国城市根据制定的规划执法实施情况较好的时代,城市规划得到了稳定和长足的发展。

为了保护好我国具有悠久历史文化传统的古代城市遗产,根据国家文物局和原国家城建局多部门长期从事文物保护和城市规划的著名专家提出的创立国家历史文化名城保护制度的建议,1982年国务院确定并公布了第一批国家历史文化名城,共24个。国务院在公布名城的同时强调指出,这些著名城市在未来的建设中,必须考虑如何逐步实现城市的现代化,也必须考虑如何保存和发展其固有的历史文化特色,并努力把两者有机地结合起来。它是通过保护、继承和发展民族的优秀城市规划和建筑文化传统,在建设物质文明的同时,发展不可缺少的精神文明。

1983年,原中国城乡建设环境保护部和原文化部文物事业管理局举行了研讨会,加强对历史文化名城的保护性规划。从那时起,历史名城的保护和规划在全国范围内得到了积极的开展,并受到了社会各界越来越多的关注。在国家带动与引领下,各地也加强开展文物保护的活动。江苏省扬州市和江苏省南京市、陕西省西安市、云南省大理市等先后组织技术人员,对文物古迹进行普查摸底,编制了历史文化名城保护规划方案。如在西安市的规划中,特别重视各个时代所遗留下来的重要遗址,严格保护重点文物,恢复城楼,划出保护地带和保护传统街区,保持古城的严整格局,并在规划的执法过程中得到了完整体现。在北京市、南京市、苏州市、杭州市、扬州市和其他著名的历史城市,制定颁布了古城区及古迹四周的建筑物高度控制管理办法,恢复了部分历史文化传统地段,将名城保护引入健康发展的轨道。

1984年,国家环境保护局(已变更)成立。两年后,国家土地管理局(已变更)

成立,“三位一体”的统一规划管理体制形成,城乡规划、国土利用和环境保护归于一个部门统筹。1984 年,在基本完成城市总体规划编制工作的基础上,国家启动《上海经济区城镇布局规划纲要》和《全国国土总体规划纲要》编制工作及“2000 年全国城镇布局战略设想要点”等专项研究;此外,1984 年 8 月,城市规划设计单位实行技术经济责任制的改革开始起航。

1985 ~ 1986 年,开展了全国城镇布局规划纲要编制工作,提出了《2000 年全国城镇布局发展战略要点》,作为全国国土规划的一个组成部分,对全国城镇布局和审批设市建制起了重要的指导作用。与此同时,各省、市、自治区的城乡规划部门也陆续开展了区域城镇规划,开展了市域、县域城镇规划。1980 ~ 1986 年的城乡规划执法工作在以下三个方面起到重要作用。一是有效地调节、控制了中小城市的发展,城镇布局渐趋合理。1980 年,全国城市规划工作会议提出要控制大城市、适当发展中等城市、积极发展小型城市的规划原则,北京市、上海市、天津市、沈阳市等特大城市,积极建设卫星城镇,它对控制中心城市的产业和人口具有一定的作用。二是推动城市综合发展和配套发展。随着城市规划法制建设的不断加强,城市规划在指导新区域开发和旧区开发改造方面发挥着越来越重要的指导作用。在全国房屋建设呈空前发展的形势下,各地政府和规划管理部门要求开发公司必须在城市规划的指导下开展各项建设活动,从而保证城市用地结构的优化和开发的合理性。三是较好地解决了城市近期建设与远景发展的矛盾。由于存在城市总体规划和近期规划,各地政府与执法部门重视城市规划的实施,近与远的矛盾有了协调的可能性,并使社会经济发展计划与城市规划相结合,实行综合指导,推动了城市社会经济与空间环境的全面发展。1980 ~ 1986 年,各地制定的城市总体规划实施效果良好。然而,随着城市改革的深入,特别是住房、基础设施和第三产业的快速发展,原有的城市总体规划逐渐不能满足城市社会经济发展的需要,详细的规划不符合旧城改造的要求。总体规划存在的主要问题是城市人口规模过大、建设和发展速度滞后,一些城市的土地利用结构局限在狭窄的范围内,不能满足吸引外资发展的需要,特别是在一些沿海城市和经济中心城市问题更为严重。

1986 年以后,原有的以计划经济拨款为主的下达详细规划任务的传统方式有了改变,要求改革传统详细规划方法的呼声日益高涨。因此,在此时期,城乡规划的主要任务是适应经济发展的新要求,深化改革,制定城乡规划法律及相关规章制度。从 1989 年起,湖南省长沙市、北京市、江苏省南京市等开始着手修订城市总体规划,开始了全国新一轮的城市总体规划全面修改、调整工作。

20世纪90年代,我国经济建设进入一个新的快速发展阶段,城乡规划工作也开始走向新的发展阶段,尤其是国家对乡村规划相关法律制度的建设有了新的突破。同时,1994年年底,北京市、长沙市和南京市完成了总体规划的修订工作,新一轮的总体规划修订在全国各地逐步启动,城乡建设快速发展。然而,在此期间,宏观调控导致的城市发展过快问题也引起了人们的关注。

1996年5月8日,《国务院关于加强城市规划工作的通知》(已失效)强调,许多地方随意扩大城市区域,胡乱设置开发区,到处建设商城,无限下放规划管理权,规划与建设问题凸显。该通知指出,中国人多地少、耕地资源稀缺的各地应根据具体情况确定城市总体发展目标和规模,按照"严格控制大城市规模,合理发展中等和小城市"的方针,科学合理地做好城市规划的编制工作。原建设部依照国务院精神,提出《关于贯彻〈国务院关于加强城市规划工作的通知〉的几点意见》,全面部署和开展城市规划总体修订工作。总而言之,在这一时期,虽然一些城市受到了经济开发区和房地产热的影响,存在盲目规划的现象,然而,就整个城市的发展而言,城市建设迅速发展,各种设施得到改善,特别是在经济社会发展水平较高的沿海城市,在规划、执法和管理等方面都取得了很大的成就。

2000年,全国大中城市迅速启动战略规划和概念规划编制工作,战略规划的兴起,反映了地方政府把城市规划作为加强城市经济功能、提高中心城市竞争力、推动城市快速发展的重要手段之一。它也是计划经济时期城市规划从"被动"向"主动"、向市场化发展的重要标志。2000年有很多重要事件:中国正式加入世界贸易组织,中国的规划设计和咨询服务市场向国际开放;城市规划专业教育评估制度和注册城市规划师执业资格制度正式建立并付诸实施。①

2004~2010年是中国城乡规划执法与实施情况自改革开放以来最好的时期,其背景原因大概有:(1)1995年前后,第二轮城乡(主要指城市)总体规划修订的方法与目标比较正确;(2)城市化速度急速加快;(3)中国遇到几个难得的机遇,如2008年北京奥运会和2010年上海世博会等较大的世界性活动的举办,几次重大机遇对中国城市规划有重要的历史意义。北京市、上海市、广州市、杭州市等几个大城市更新了城乡规划的各项制度,从偏重城市规划执法走向城乡规划执法并重的法律建构,大大促进了中国城乡规划执法与管理的能力与水平。

当然,中华人民共和国的城乡规划执法与管理工作在此期间也遇到前所未有的挑战。但总的来看,中华人民共和国的城乡规划法律和执法主体的建设,承前

① 参见董卫主编:《城市规划历史与理论01》,东南大学出版社2016年版,第92页。

启后,发展与机遇并存,困难与问题接踵,该时期是一个重要的发展、提升与创新的时期。

(二)地方城乡规划执法主体与执法状况

1. 北京市、区(县)城乡规划部门分工

北京市、区(县)规划两级管理方式,建立于20世纪50年代,“文化大革命”开始后中断。1986年年底到1987年重新设立区、县规划管理局,实行北京市的城市规划管理局和区、县人民政府双重领导。建设项目审批管理的权限进行过多次分工,逐步下放一些权力。但直到2003年调整为直属机构前,城区和近郊区的审批权限仍主要集中在市里。城市规划管理权包括城市规划组织编制和审批、规划实施(主要是建设项目审批)、规划监督三方面的权力。北京市、区(县)两级规划管理体制确立以来,组织规划编制工作实行分级管理,规划审批权按照法规规定高度集中在市一级政府。

1992年,《规划条例》对建设项目规划审批,提出实行市、区、县规划局分级负责制。北京市城市规划管理局据此制定《关于核发建设用地规划许可证和建设工程规划许可证权限的规定》(已失效),规定核发建设工程许可证的权限,实行市、区、县规划局分级负责制。具体建设项目审批权限和违法建设查处权限在市、区之间进行了多次分工。从以上分工中可以看出,城市近郊区建设项目的审批权限很小,主要承担建筑高度4米以下平房翻建、扩建工程的审批工作;远郊区审批权限相对较大。①

2. 北京市城乡规划管理一体化体制的形成

第一,市城乡规划委与市规划局合并。自20世纪80年代末到90年代,北京市设立了首都规划建设委员会,机构设在市城乡规划委员会。北京市城乡规划委员会作为市政府的组成部门,负责协调城市规划的编制,联系协调市规划局和规划院。市规划局作为城乡建设规划管理的主管机构,依据批准的规划和建设规划,对建设项目实行规划管理。市规划院作为市属局级事业单位,根据市政府授权编制城乡建设各种规划。20世纪80~90年代是北京市的城市规划管理的“三驾马车”时代,其中的“三驾马车”即城乡规划委员会(与首都规划建设委员会办公室是一个机构、两个牌子)、市规划局和市规划院。市规划局与区县规划局是业务指导关系,三个机构分设,突出了相互制约,弱化了相关协调,特别是对城市发展

① 参见刘欣葵等编著:《首都体制下的北京规划建设管理》,中国建筑工业出版社2009年版,第209页。

的重大问题，缺乏统一领导加以综合解决的体制。当时，市城乡规划委对规划实施和规划编制中的重大问题难以协调；而市规划局忙于建设项目审批，对城市发展中的重大问题重视不够。人们说"规划研究院不研究规划"，主要是指市规划院忙于承接各类规划编制任务，特别是来自市场的任务，而忽视了城市发展重大问题的研究。

2000年，国务院推进地方行政体制改革，《北京市党政机构改革方案》撤除原市城乡规划委员会和市城市规划管理局，组建新的市规划委员会(以下简称市规划委)。市规划委主要负责草拟城乡规划和重大政策、法规、规章及技术规范，负责编制城市总体规划、分区规划、调节性详细规划等，负责审核建设项目规划许可证，负责监管各类建设项目和违法施工的查处，并负责监督管理测绘、勘察和设计行业等。同时，简化审批事项和人员编制，行政员额精简为原来的51%；①以及，规划执法大队、规划展览中心、规划展览馆等单位相继成立。

第二，区(县)规划局调整为市规划委的直属机构。2000年市政府机构改革后，市规划委机关的编制数比原市城乡规划委和市规划局的编制减少了一半。但是，这一时期的建设工程量却连创历史新高，建设项目审批的任务更繁重。特别是在《行政许可法》颁布实施后，对行政审批的程序和周期又有较大的缩减，而审批的质量和责任则要求更高。为适应这一新形势的要求，市规划部门将建设项目的审批权不断下放给区(县)局，但在实施中出现了诸如超越审批权限审批项目、因区(县)规划局干部素质过低难以承接审批任务等问题。2002年，《国务院关于加强城乡规划监督管理的通知》(国发〔2002〕13号)和原建设部等9部委局《关于贯彻落实〈国务院关于加强城乡规划监督管理的通知〉的通知》(建规〔2002〕204号)颁布，要求加强城市规划的统一管理。经市政府批准，将各区(县)规划局调整为市规划委的派出机构，确定了统一内设机构和职能，市规划委负责任命考察区(县)局的领导班子，其他工作人员仍由区(县)政府负责管理，办公经费由区(县)政府负责提供。组建市规划委后，建立了与19个规划分局统一的规划管理办公自动化系统，重新明确了分工。2003年9月，市规划委与各分局联网，各分局统一程序、统一标准进行审批，项目审批权限大幅度下放。

第三，市规划院调整为市规划委所属的事业单位。2002年，北京市政府颁布《关于调整本市规划工作管理体制的通知》(京政发〔2002〕37号)，要求将市规划院调整为市规划委所属全额拨款事业单位，受市规划委委托，负责本市城乡规划

① 参见刘欣葵等编著：《首都体制下的北京规划建设管理》，中国建筑工业出版社2009年版，第213页。

的组织、编制和论证,以及市政府下达的有关规划编制任务,受市规划委的领导。由于规划设计市场基本形成,各类规划、设计单位广泛地参与和承接各类规划编制任务,市规划院在规划编制中更多地发挥规划综合的作用。同时,市规划院依旧可以承担非政府的委托项目。至此,市规划委、市规划院、区(县)规划分局一体化的管理体制和工作机制全面建立。

第四,组建北京市规划监察执法大队。2000 年机构改革将原市规划局的检查处撤销,组建北京市规划监察执法大队,为市规划委所属的行政执法机构,为准公务员机构。该机构主要负责市规划委员会批准的建设项目的规划和监督工作,并根据行政机关的规定查处违法建设活动;负责申报完成的建设项目的规划验收工作;指导全区、县行政部门的执法检查工作。

第五,首都规划建设委员会履行议事协调职能。自 20 世纪 80 年代建立首都规划建设委员会以来,首都规划建设委员会在处理城市整体发展与保障首都职能方面发挥了不可替代的作用。但是,随着经济体制和城市规划建设体制的改革和完善,首都规划建设委员会的职能从最初的实质性职能,逐渐转化为议事协调职能。首都规划建设委员会职能的转变以 2000 年前后行政体制改革为界。改革前,首都规划建设委员会依托城乡规划委员会,承担对重大建设项目的审查职能。根据 1996 年 1 月 22 日制定的《首都规划建设委员会议事规则》,首都规划建设委员会主要负责审定北京市的城市总体规划,研究重要地区、重要街道的重要建设工程,研究草拟城乡规划、建设和管理等法规,同时协调各方关系。① 此外,作为北京市人民政府管理全市城市规划和设计的工作机构,首都规划建设委员会办公室归口联系、协调市规划局、市规划院、建筑设计院和市政设计院。

2000 年市政府机构改革后,组建市规划委,建立了统一的城市规划管理体制。市规划委与首都规划建设委员会合署办公,设首都规划建设委员会秘书处,负责首都规划建设委员会办公室的日常事务。首都规划建设委员会主要履行国务院议事协调机构的职能,其主要职责是筹划首都规划建设,组织协调各方力量和功能,有序建设首都北京市。首都规划建设委员会全会每年至少召开 1 次。主任办公会不定期召开,主要研讨首都北京市的规划、建设、管理等重大问题。另外,建立了联络员制度,联络员会议不定期召开,由首都规划建设委员会秘书长主持。其主要职责是通报城乡规划建设中出现的重要情况;协调城乡规划建设中各部门存在的主要问题;对重要问题提出建议、意见提交首都规划建设委员会全体

① 参见刘欣葵等编著:《首都体制下的北京规划建设管理》,中国建筑工业出版社 2009 年版,第 211 页。

会议审定。为了提高城市规划建设决策的科学性,首都规划建设委员会设置专家咨询组织,名为首都规划设计审查委员会,人员由特聘专家组成,其主要职责是对重要地段或重大建设项目的规划设计方案进行审议,为首都规划建设委员会和市政府工作提供参考和技术支持。

3.地方城乡规划监督体系初步建立

第一,行政监督检查程序。由中国的国情所决定,目前对于城乡规划的法律监督主要是行政监督,关于立法监督与司法监督还不够成熟。依据《北京市建设工程规划监督若干规定》(已修改)等法规的规定,建设工程规划审批后行政监督检查的程序如下。(1)初步检查程序。对照建设施工和竣工中的申请程序,分别进行行政检查,如对规划红线界桩和建筑工程竣工规划分别进行验收。(2)核发程序。建设工程竣工后,经城市规划行政主管部门规划验收合格的,核发建设工程竣工规划验收合格证明。(3)行政处罚程序。① 行政处罚的程序有三种。一是简易处罚程序,指监督检查人员当场发现违法的程序。适用简易处罚程序须符合违法事实确凿、当场作出行政处罚决定、适用于单位或个人的行政处罚较轻等三个条件。二是一般处罚程序。适用于一般处罚程序,要求城市规划行政主管部门必须全面、客观、公正地调查取证,必须有不少于2名执法人员进行调查制作笔录,与案件有直接利害关系的监督人员应当回避。调查取证,应当出示执法证件。三是听证程序。听证程序是一般程序中的特殊程序,凡是责令吊销许可证或者数额较大的罚款的行政处罚适用听证程序。

第二,违法建设查处程序。1992年10月1日起施行《规划条例》,市政府陆续制定了一系列配套规章,自1991年起实行区(县)政府与市政府签订《查处违法建设责任书》的形式,到1994年检查发现违法建设、违法占地15,132起。1994年区(县)政府换届后,将《查处违法建设任期目标责任书》纳入政绩进行考核。1994～1998年共检查发现违法建设、违法占地31,081起。1995年以后,陆续在通县、顺义、昌平等县检查发现以旧村改造为名,采取化整为零的手段,越权立项、批地、批房的违法建设,其中有一些乱占耕地、违法建设的典型例子。1998年,市政府第102次常务会议要求进一步加强领导,严肃纪律,落实责任制,坚决查处法人违法、领导者违法和执法部门违法的行为,切实加强依法管理和依法行政工作。市人大、市政府于1996年9月17日召开全市土地执法检查动员会议,部署《北京

① 城乡规划监督检查的行政处罚,指城乡规划行政主管部门依照法定权限和程序,对违反城乡规划及其法律规范和规划许可,尚未构成犯罪的建设单位和个人进行制裁的行政行为。

市实施〈中华人民共和国土地管理法〉办法》(已失效)以来的土地执法检查工作。在检查中发现全市非农业建设各类违法占用耕地十多万亩。主要违法形式是越权审批、化整为零、以耕(地)报非(耕地)和未批就占等。1997年4月22日,市房屋土地管理局、市规划局等联合向市政府提出了处理违法用地问题意见,市政府批转执行。1998年下半年,市政府决定,由市规划局和市统计局牵头,由市环境综合整治办公室、市规划局等组成快速调查办公室。

1991～2000年,全市通过城市环境综合整治共查处违法建设37,934起,仅中华人民共和国成立50周年整治环境时,查处违法建设1300多万平方米,2000年又拆除460多万平方米。2001～2005年综合整治1537万平方米,拆除41.9万平方米。2001～2007年,全市查处违法建设512起,共378.7万平方米,处罚金额8.6亿元。① 1999年11月2日,市政府以第43、44号令颁布了《北京市禁止违法建设若干规定》、《〈北京市城市规划条例〉行政处罚办法》(已失效)。至此,违法建设的适用范围、责任认定、处罚标准、处分种类等更加明确、具体。

至2010年,北京市的城乡规划行政监督检查程序和违法建设查处程序基本确立,标志着中华人民共和国地方城乡规划法律监督体系初步建立。

三、中华人民共和国城乡规划法律存在的主要问题

我国自1952年正式提出开展城市规划工作和设置城市规划管理机构以来,国务院和建设行政主管部门先后颁布了一系列与城市规划相关的法规、规章及规范性文件。至2007年10月,《城乡规划法》出台,我国城市规划法律体系从城乡二元结构走向城乡统筹,因而城市规划法的调整对象也从城市区域扩展为城乡规划与建设中所发生的所有社会及经济关系。② 中华人民共和国成立后,城乡规划法律体系与内容有了新的发展,真正实现了城乡规划法律一体化的突破,在立法、执法与法律监督等方面实现了创新。但是,回顾几十年的城乡规划法律建设的过程,有些问题依然值得我们反思与关注,从而对我们以后城乡规划法律变革有所启示。

(一)法律原则性强

20世纪50～80年代,我国没有制定过城乡规划法,最初的40年,从中央到地

---

① 参见刘欣葵等编著:《首都体制下的北京规划建设管理》,中国建筑工业出版社2009年版,第216页。

② 参见耿慧志主编:《城乡规划管理与法规》,中国建筑工业出版社2015年版,第76页。

方各级政府，为了实际工作的需要，制定了大量有关城乡规划和建设管理的规章制度，由于没有国家法律的依据，没有国家和地方法规的授权，这些基本上都是行政性条例或指令。在中华人民共和国成立初期，由于实行集中的计划经济，同时对城乡规划的作用认识不足，在一定程度上只是被动地实施规划中确定的项目。我国城乡规划工作本身处于发展和探索的阶段，技术力量和管理经验都很不足，在一定程度上未能实现城乡总体规划和详细规划作为城市和乡村建设依据的法律规范的必要条件。例如，在城市规划方面，我国大部分城市在最初的40年里都编制过一些城市总体规划和详细规划，对指导城市的建设发展管理起了一定的作用。但是，这些规划有的长期没有获得过正式的确认与审批，有的即使批准了，由于只处于总体原则与框架阶段，因此这些仍然不具备法律文件所需的确定性要求。就乡村规划法律而言，中华人民共和国成立初期至80年代，农村工作的重心不在于规划而在于改造，更是缺乏乡村建设所依据的法律规范的必要条件。20世纪90年代前后，在《城乡规划法》正式施行之前，城乡规划工作的依据是“一法一条例”，即《城市规划法》和《村庄和集镇规划建设管理条例》。该法律法规的制定和实施标志着我国城乡规划工作步入法治轨道，地方相应制定了地方城乡规划条例、乡村规划与建设管理条例等，但由于制定时间较迟，原则性过强，乡村规划法规过于形式化，从而导致实践中的操作性难题。再如，中华人民共和国成立初期，各级城乡规划法律文件对文物保护没有注重，全国上下对“文物”的认识不太一致，很多地方上的文物建筑被拆除，文物建筑的历史与艺术价值被忽视。鉴于城乡规划和建设对时间上的持久性和延续性、空间上的统一协调性的要求，要以法制的权威性来加以保障。目前，我国城乡规划管理中的一些问题，大部分与无法可依密切相关。例如，中华人民共和国成立后40年间的城乡边界管理权限问题，多年来一直没有得到妥善解决。这主要是因为没有具有国家法律效力的城乡规划区及其划分标准，城乡接合部没有明确的界线，所以成了规划建设最混乱、管理最薄弱的地段。随着城镇化步伐的加快和市场经济体制的建立，城乡分割管理已经不能适应城镇化快速发展的需要。城乡规划的科学性不足、规划制定和修改程序缺乏专家论证和必要的公众参与、乡村规划制定和实施管理落后、城乡规划发展不协调等一系列问题，从制度层面对城乡规划工作的进一步发展提出了新的要求。①

原则性立法导致审批周期过长、难以适应时代快速发展。审批周期长在一定

① 参见黄建初：《〈城乡规划法〉的立法背景和立法目的》，载《城乡建设》2007年第12期。

程度上意味着更注重实质上的审批,甚至经手的部门也多。正是因为法律规定过于原则化,各地区规划部门的自由裁量权就相对更大,严格的规划审批成为必然,但规划审批周期过长又必将导致规划滞后于城市发展,各种矛盾难以调和。总体来说,《城乡规划法》为建构我国规划法律体系框架奠定了基础,也为地方明确授权,制定适合本地具有可行性的法规、规章等留下了空间。同时,《立法法》将规划立法权扩大至设区的市后,由于各地方法治人才缺乏而导致立法技术落后,造成法条缺乏地方特色、内容冲突和可操作性低、技术性不强等一系列问题。① 例如,《城乡规划法》在应对西部地区工作中存在盲点,一些设施难以划入规划范围。西部地区独特的历史环境、气候条件、民风民俗以及人、财、物各方因素导致法律难以深入贯彻实施,以言代法、以权压法的现象时有发生。② 若是一味植入法律而忽略这种软文化的作用,想必很难达到预期的成效。③ 因此,有必要进一步厘清《立法法》赋予设区市的立法权限,而不是盲目立法,造成法律体系混乱。

(二)法律权威不高

首先,政治波动在一定程度上影响了城乡规划立法与执法。例如,1960 年,"三年不搞城市规划"的口号引起了连锁反应。1961 年 1 月,原国家计划委员根据中央《关于调整发展速度的决定》,降低了建设规模,指示大幅度裁减城市规划人员。1966 年"文化大革命"开始后,裁撤了城市规划局,工作人员被下放到"五七干校"。在这个意义上,"三年不搞城市规划"口号的提出,正是中国城乡规划事业第一次走向衰落的直接导火索。由于人才的流失,城乡规划工作困难,城乡建设活动盲目无序。对于快速发展的中华人民共和国来说,建设和发展的代价无疑是痛苦的。这一时期的政治波动影响了中国的城市规划法律的形成。在我国计划经济时期的城乡规划工作中,应突出政治和政策性以及为实现一定的政治目标服务的必要性。然而,城乡规划的政策性应该建立在合理认识城乡规划科学性的基础上。

其次,行政权力干预城乡规划的现象一直存在,体现了人治思想的影响。自中华人民共和国成立至今,即使我国设有城乡规划法规与法定规划,但在建设管

---

① 参见姚爱国、凌冰、吴伟:《设区的市开展城乡规划地方立法若干问题之思考》,载《规划师》2015 年第 12 期。

② 参见王凯、李浩、徐泽、马嵩:《〈城乡规划法〉实施评估及政策建议——以西部地区为例》,载《国际城市规划》2011 年第 5 期。

③ 参见雷诚、赵民:《"乡规划"体系建构及运作的若干探讨——如何落实〈城乡规划法〉中的"乡规划"》,载《城市规划》2009 年第 2 期。

理中通行的仍是以行政权力为基础的决策。根据当前政治体制,中国各级城乡规划部门和职能部门是各级地方人民政府专职部门,其行政、人事和财务资源等各个方面都受制于地方人民政府,所以当地人民政府行政指令通常可以直接控制规划部门的行为。在我国,城乡规划工作中通行的主要以行政手段为主的导向和控制,既有其历史的必然性,也产生了积极作用。事实上,行政控制与行政干预在各个国家都是存在的,在我国今后的城乡规划和建设中,也仍然需要一定程度的行政机制。但是实践证明,单纯或主要依靠行政机制是远远不能适应经济和社会发展的客观需要的。城乡的规划和发展需要历史的延续性,但行政机制的模式往往难以保证这种延续性。城乡建设侧重近期效果,往往与城市政府任期内的短期行为指导思想有关;一些城乡规划意图和发展方向多变,也往往与城乡的主要党政负责人的人事关系变动有关。城乡规划和管理是对城乡中各项建设活动和土地使用功能的统一安排和协调,各项工程一旦实施,后果将很难扭转。为此,城乡规划中的各项政策、各种控制标准和技术规定要有严格的、长期的确定性。采用行政手段来管理,往往弹性太大,过于灵活,给不适当的行政干预提供了可能。

最后,城乡规划实践活动涉及多个领域,"政出多门"现象较普遍,这也是当前城乡规划法律体系既有设置的主要成因。突破这一"瓶颈"需要将各部门配合协调的路径与方式进一步制度化、程序化。① 例如,始终较突出的城乡与土地"两规"矛盾,主要在于规划部门和土地管理部门分头编制规划导致技术平台互不衔接、指导思想之间存在矛盾、管理体制上分权抑或集权存在分歧。② 同时,由于各个规划都有与之相对应的法律法规进行规范,其互相之间很难做到有效的协调与衔接。③ 此外,"多规"之间存在的空间同一性、差异客观性和矛盾复杂性等问题,包括诸如规划期限与规划范围、基础资料与用地分类、规划用地规模与布局、空间管制分区与要求、规划审批层级与标准之间的矛盾,均导致其互相难以协同。④

综上所述,为了保证城乡规划和建设稳定地、连续地、有效地实施,我国有必要建立起城乡规划的法律权威。法律权威的建立并不排斥行政机制的作用。法

---

① 参见王金岩:《城乡规划法的价值演进》,载《城市问题》2008年第7期。

② 参见黄焕、付雄武:《"规土融合"在武汉市重点功能区实施性规划中的实践》,载《规划师》2015年第1期。

③ 参见郭晓芳:《"多规合一"法律探讨——以〈厦门经济特区多规合一管理若干规定〉为视角》,载《人大研究》2016年第11期。

④ 参见马军杰、张丹、卢锐、朱国华:《中国城乡规划法研究进展及展望》,载《规划师》2018年第12期。

律规划和行政机制都是社会控制的形式，在一定意义上，两者是统一的。法律为行政行为授权和提供法律依据；行政行为以法律为武器，在法律规范的框架内行使必要的行政干预。

（三）法律移植明显

中华人民共和国成立后，我国城乡规划法律体系与法定规划受苏联模式影响较大。基于相同的社会体制和相似的情况，苏联城乡规划理论思想被引入中国，从建立计划经济体制的途径，即已深刻地影响了中国城乡规划的思想理论、规划体系与机制、规划技术与手法、城乡规划管理与法规等。苏联的规划思想对于中华人民共和国成立初期城乡规划工作的影响是压倒性的，从立法到执法各方面的影响无所不及。自1951年起，苏联规划专家开始大规模参与到中华人民共和国的城乡规划创建工作中。规划的基础理论与基本原则、标准与规范，乃至规划专业教育大纲的制定，都是在参照苏联专家意见的基础上完成的。① 中华人民共和国成立初期城乡规划受到“苏联模式”的影响，抛弃政治和历史等因素的影响，苏联城乡规划管理体现了严格的权责体系和完备的资料信息系统。中华人民共和国成立之初，以苏联的城乡规划及法律制度为模板，在不断发展工业建设的实践中，为现代中国城乡规划建设打下了坚实的基础，形成“古为今用、洋为中用、土洋结合”皆为我所用的多层次、全方位的中国现代城市规划制度体系。但外国模式产生的影响，有利也有弊。

受苏联模式影响，中华人民共和国成立初期重视城市规划而轻视乡村规划，苏联对中国空间规划的影响主要指的是城市规划。中华人民共和国成立初期，在继续沿用近代“都市计划”一词的同时，苏联规划技术也被引入中国，在无法找到中文与之直接对应的词汇时，苏联专家的俄文翻译岂文彬使用了“城市规划”一词。从目前掌握的资料可以看出，最早正式使用“城市规划”的场合是1952年9月中央财政经济委员会召开全国第一次城市建设座谈会时，作为全国性的会议其示范性影响得到了充分体现，该会议还同时下发苏联专家草拟的《编制城市规划设计程序（初稿）》作为试行本。在这次会议之后，各地开始普遍使用“城市规划”一词，这种用法沿用至今。早在1949年，苏联专家就参与了中华人民共和国的城市建设，重点关注中央体制和东北等解放区的城市建设。苏联根据战后积累的城市建设经验，提出了财政、交通、水利、工业等方面的建议，满足了中华人民共和国

① 参见唐相龙：《苏联规划在中国：兰州第一版总规编制史实研究（1949—1966）》，东南大学出版社2016年版，第73页。

社会主义改造的需要,在经济复苏时期发挥了重要的作用。我国在"一五"计划期间的城市建设模式引入主要来自主观的学习与借鉴,城市规划不论是规划理论、规划程序还是技术标准等都全面学习了苏联。规划重点是主要围绕工业规划而展开的物质性规划,核心是工程技术。工厂负责工业区内布局设计的"总甲方"制度;重"生产性建设"、轻"非生产性建设"。当时,中华人民共和国的规划力量相对薄弱,因此,在苏联专家的技术支持下,选址工作组在促进规划技术传播方面发挥了一定的作用。与此同时,各地也派人到北京市参与规划编制,这进一步扩大了苏联规划法制思想的影响。

苏联模式的长期运用,对中国城乡规划法律体系有一定的负面作用,在城乡地位、重工轻农等方面有长期影响,这种状况一直延续到20世纪80年代以后。

(四)公众参与缺乏

城乡规划的民主参与是人民行使当家作主权力的直接途径。一方面,城乡规划集思广益,有利于提升城乡规划的民主性与科学性;另一方面,问计于民、取信于民,有利于城乡规划的执行并得到公众支持,维护社会和谐稳定,从而保障公众权益。我国《城乡规划法》第26条有关于行政机关编制的城乡规划报送审批前,应公告草案,举行论证会、听证会等多样形式征求专家与公众意见的规定。这条监督程序无疑是进步的,但是由于配套法律的缺失,《城乡规划法》中民主参与依然处于"受拘束之尝试阶段"。① 我国当前采用的是以公示等事后监督方式作为公众参与行政规划的一种方式,然而由于规划行政权力与土地使用者权利的冲突,上层规划的实施面临诸多困境。② 公众参与意识淡薄、实质参与不足、事前参与不到位、公众参与的程序性规定可操作性不强、公众参与的法律支持欠缺等一系列问题导致效果并不是太好。在实践中,我国城乡规划的公众参与制度还存在立项阶段公众参与缺失、政府与公民沟通渠道太少、缺乏社会组织参与等突出问题。因此,为保护行政相对人的利益,有必要在城乡规划过程中纳入社会组织和公民的全程监督,保障公众参与制度的完善与执行。

我国《城乡规划法》强调城乡规划部门的主动执法,这是城乡规划"自上而下"的治理方式,体现了城乡规划具有行政执法的主动性。公众参与,也可以"自

---

① 张继刚:《浅谈城市规划中的公众参与》,载《城市规划》2000年第7期。

② 参见生青杰:《我国城市规划法的理论基础——从平衡论视角出发》,载《郑州大学学报》(哲学社会科学版)2006年第4期。

上而下”,通过立法、执法过程参与城乡规划。然而,从我国城乡规划公众参与的现状来看,自上而下的公众参与还处于象征性阶段,并无实质性的意义。大部分公众在进行参与时,规划草案已经完成,这就导致公众参与存在部分缺失。而且,公众的观念也存在一些不足,刺激公众主动参与城乡规划的动机通常是利益,只有当发生和利益相关的事情时,公众才会主动参与到城乡规划中去。另外,公众进行程序性的参与,基本上较表面化。虽然法律上有所规定,可以通过公示、听证会等方式以方便公众参与,收集各类意见和建议,但由于权限问题,进行以上活动的通常都是主管机关,而且法律并没有具体规定采纳的程度和范围,这就导致对于意见和建议的采纳受到主观意愿的影响较大,随意性强。因此,目前,公众参与更多的是“自下而上”的形式,缺乏合理的规划和参与规划的路径,城乡规划中的开发与拆迁行为造成侵权问题,个别民众有强烈表达意愿的需求,在无法完成诉求的情况下,就会表现出极端对抗的行为。这是公民参与规划的途径不畅所致的。与此同时,互联网等信息技术的发展正迅速推动我们进入新媒体时代。普通民众已经具备了“自媒体”的能力,这也给我国城乡规划公众参与方式带来了新变化。新媒体的出现,使以个体或群体为代表的公民积极参与城乡规划成为可能,而且积极的批评是法律所提倡的监督行为。公民通过新媒体参与城乡规划,符合城乡规划法制化的要求,可以在宣传规划信息和规划法律知识、加强监督规划执行和行政行为、表达利益诉求和完善建议等方面发挥积极作用。新媒体成为城乡规划信息传播和公民参与城乡规划的重要桥梁。随着城乡规划理论的不断发展,公众参与已经成为城乡规划决策合法性和科学性的重要依据。《城乡规划法》于2008年实施,为公众的知情权和公众参与提供了法律依据和保障,城乡规划的公众参与制度建设有了很大进步。然而,无论是从实际效果还是从保障制度的角度来看,我国公众参与仍存在诸多问题,总体上仍处于初级阶段。①

(五)监督能力欠缺

首先,我国城乡规划立法监督机构主要是地方人大及其常务委员会,按照《全国人民代表大会组织法》的有关规定,我国人大对城乡规划立法监督可以分为两类。一是在城乡规划立法审批阶段,改变或撤销政府制定的同宪法、法律相抵触的城乡规划内容;审查和批准政府的城乡规划及执行情况的报告。二是在城乡规划实施阶段,视察和检查政府执行工作情况,受理公民对行政机关及其工作人员

① 参见牛锦红:《新媒体时代城乡规划“参与”与“治理”的法治化路径——以南京典型规划案例为考察对象》,载《城市发展研究》2015年第8期。

的申诉、控告、检举和意见。但在实践中，现有的城乡规划立法监督，仅是形式审查，缺少一整套有法可依和可操作的机制，监督很难进行，也很难产生应有效果。因此，有必要提升地方人大在城乡规划法律监督中的重要作用。

其次，行政监督缺乏力度。我国行政监督主要有两种形式。一是上级政府对下级政府进行监督，如行政复议、撤销决定、吊销许可证、变更决定等。由于受现行经济机制和行政体制的影响，上级政府对下级政府的监督比较薄弱，难以发挥监督作用。二是本级政府内部专门设立的监督部门，对本部门的行政人员依法或者违法行使行政行为进行监督。在这种监督中，政府内部监督自己的政府管理人员，但由于受两级管理体制的影响，这种监督无疑会流于形式，不能有效地监督城乡规划的实施。因此，当前应加强和完善城乡规划行政监督制度。事实上，我国规划督查部门属于封闭的行政内部机制，因而督查工作面临无法律依据、督查方式缺乏直接的干预手段等困境，这是规划工作事后频繁修改或者落实不到位的重要原因。① 如《城乡规划法》对规划师之类的人员及其所属单位缺乏相应的规制责罚体系，规划失职成本小，在一定程度上影响了规划总体效果，因此，有必要对这类人员及其所属单位进行相应规制。②《城乡规划法》第六章"法律责任"中提出的行政决策责任追究主体的界定只表明了过错或失误的承担主体是人民政府负责人及其他直接负责的主管人员和责任人员，这种模糊的法律条文语义和现实执行中的困境会造成规划决策责任追究主体的认定模糊。③ 此外，《城乡规划法》在"城乡规划的修改"一章中虽提到了规划实施的事后评估，但关于规划评估的具体内容、标准、程序和机制等均未有明确规定，导致规划评估流于形式。④

最后，司法监督权力缺失。城乡规划司法监督，是法院对城乡规划行政机关及其工作人员的规划编制与执行通过法律审查方式进行的合法性监督。⑤ 城乡规划司法监督就是以事后监督的形式弥补立法监督的不足，通过法律审查监督规划编制程序的合法性，与其他监督形成良性互动，兜住程序正义的"网底"，从而弥补程序缺失漏洞，实现程序正义。但我国理论界普遍认为，现行行政诉讼制度中的城乡规划难以纳入司法监督范围。一方面，城乡规划长期被当作抽象行政行

---

① 参见蔡泰成：《从规划事权的角度探讨城乡规划督察》，载《建设科技》2017年第4期。

② 参见傅立德：《城乡规划配套立法的建议》，载《规划师》2008年第3期。

③ 参见叶强、栗梦悦：《应然与实然：〈城乡规划法〉立法的改进和完善》，载《规划师》2017年第3期。

④ 同上。

⑤ 参见谭纵波：《城市规划管理与法规》，清华大学出版社2005年版，第13页。

为无法进行行政诉讼;另一方面,行政规划未对行政相对人造成实际损害而无法追究侵权责任。目前,我国也没有专门规范城乡规划行政行为的程序法,涉及城乡规划编制和施行的程序均分散于《城乡规划法》及相关规范性文件中,城乡规划的制定、变更、施行与废止程序普遍存在立法初衷较好但实践发生偏差的现象。在实践中,由于上下级政府利益交织,城乡规划的拟定机关往往又是决策机关,行政机关依然掌握着绝对的话语权。并且,在实践中,行政机关内部没有具体的部门协调程序,必然会造成重复处理、朝令夕改,这不仅降低了行政效率而且违背了相对人信赖保护原则。程序上的缺陷导致司法监督形同虚设,但是随着城乡规划领域对于西方城乡规划司法监督体系的介绍和学习,法学界开始关注城乡规划的司法监督,分析城乡规划的可诉性成为法学探索的新方向。

四、本章结语

中华人民共和国成立后,我国城乡规划法律建设取得了巨大成就,在近代中国城乡规划法律的基础上有了重大突破和创新。城乡规划从立法、执法到法律监督等方面经历了一个从建立、发展到逐步科学化、规范化的过程,尤其是城乡规划的法律体系已基本完备,并最终从法律层面确立了城乡规划法律体系的一体化格局,这不仅是古代城乡规划法律的回归和升华,更是新时期我国在城乡融合、乡村振兴方面的创新发展。

但中华人民共和国城乡规划法律的发展并非一蹴而就,其中问题依然值得关注。首先,在城乡规划法律制定与执行等方面,权大于法的现象依然可见,行政命令高于法律,一定程度上造成城乡规划在实践中出现问题。其次,重视外来法律的作用,如苏联城市规划模式的理念和做法对于中国新兴工业城市的建设,乃至中国现代城乡规划法律体系的建设都具有重要价值。但对待外来法律,中华人民共和国成立初期依然具有盲目性和依赖性,造成法律移植与本土化的关系处理不当,苏联模式对中国城乡规划建设也造成不利影响,过度重视工业建设而忽略乡村规划,从而对中华人民共和国成立初期法律体系与法定规划具有消极影响;另外,受中国传统法律思想影响,城乡规划法律的执行中存在民主意识差、法律监督缺位等问题。以上城乡规划法律问题在近代时期就已经存在,依然不同程度地影响了当代城乡规划法律的建设与实施。

目前,我国城乡规划处于落实中央城市工作会议、《中共中央、国务院关于进一步加强城市规划建设管理工作的若干意见》,以及党中央、国务院提出的生态文明建设、建立空间规划体系等战略部署的重要时期。事实上,过去 70 年的快速城镇化已使我国在生态城市、高密度城镇化、大型基础设施、智慧城市等规划领域处于领先地位，但相应的制度与法律建设仍显滞后。我国在2017年全国住房城乡建设工作会议上提出了“全面提高城市规划建设管理品质，推动城市绿色发展”和“加大农村人居环境整治力度，推进美丽乡村建设”的城乡生态发展的规划理念。同时，党的十九大报告进一步强调了以人为本和生态文明建设的重要性，并明确提出了建设“智慧社会”的概念，这也意味着智慧城市建设已成为我国的一项基本战略。[①] 此外，我国城乡规划工作正致力于在可再生能源、人工智能、缓解和适应气候变化方面开拓新的前沿，[②]这对我国未来城乡规划法的进一步发展提出了新的挑战。我们仍然需要继续加强城乡规划法制建设，为树立完备的城乡规划法律体系而努力。

① 参见马军杰、张丹、卢锐、朱国华：《中国城乡规划法研究进展及展望》，载《规划师》2018年第12期。

② 参见石楠、陈秉钊等：《规划60年：成就与挑战》，载《城市规划》2017年第2期。

第六章　近现代中国城乡规划法律问题的启示

城乡规划与法律有内在的密切联系,城乡规划要走向法治化,就要做到有法可依、执法必严、违法必究,这是我国近现代以来城乡规划工作的历史经验。2008 年实施的《城乡规划法》是我国城乡规划开始步入全面法治化轨道的重要里程碑,城乡规划法律问题的探索也成为社会主义法治实践的重要部分,建立健全城乡规划法律体系是未来很长一段时间内我国法治现代化建设必须攻克的难题。

我国当代城乡规划管理工作中大力引入和扩大法律法规控制的手段,并使之与行政机制相结合,这是现代城乡规划建设与新时期新形势的客观需求。目前,我国城乡规划法律体系基本健全,许可制度、管理程序和信息平台基本建立,依法行政和按规划办事的基础已基本奠定。城乡规划与建设稳步发展,法律机制进入了中央与地方相对协调的治理阶段。我国城乡规划法律建设进入了一个新的起点,城乡规划法律在经济和社会转型中面临定位转型。城乡规划法律不是为了设计未来,“而是依靠基于对过去的知识来管理当代”。① 回顾历史,笔者发现我国城乡规划法律中还存在一些自始未能解决与处理好的

① ［美］张庭伟:《转型时期中国的规划理论和规划改革》,载《城市规划》2008 年第 3 期。

问题。通过对近现代中国城乡规划法律问题的剖析，以史为鉴，我们认识到需要关注的问题主要有：(1)处理好国家主权与城乡规划法律的关系；(2)处理好政治权力与城乡规划法律的关系；(3)处理好法律移植与固有城乡规划法律的关系；(4)处理好传统文化与城乡规划法律的关系；(5)构建科学化与现代化的法律机制问题。

一、加强国家主权意识

在近现代中国城乡规划法律问题的产生与发展过程中，国家主权是一个非常重要的影响因素。近代中国国家主权的不完整体现在诸多方面，如上海、天津等地的租界问题、伪满洲国问题、汪伪政权问题等，国家主权问题造成以上区域城乡规划法律的发展是片面化和畸形化的。虽然以上地方的城乡规划法律构建对近代中国城乡规划法律的发展有一定示范作用与积极效应，前文已有分析，我们并不否认租界城乡规划法律在近代所产生的重要与积极的作用，但我们也应该认识到租界首先造成国家主权的不完整，而主权的不完整导致近现代中国区域性城乡规划法律问题的产生。例如，近代上海、天津等地出现区域化的城乡规划法律问题就是因为国家主权受损，地方城乡规划法律各自为政，对构建统一、系统和完整的国家城乡规划法律是最大的阻碍。国家主权不完整除会造成区域性城乡规划法律问题的产生外，也会因殖民性的城乡规划法律制度而影响当地的经济与意识形态。又如，南京市沦陷后，将近10年时间，南京市的城乡规划与相关法律制度基本处于停滞状态，国家主权的丧失导致地方城乡规划法律运行的中断，致使部分地区在城乡规划近代化的进程中落后。

今天，我们要想让中国的城乡规划走向法治化，就不能使国家主权受损，避免再出现近代上海、南京、天津等地城乡规划法律体系混乱现象，避免法律殖民化的状态。而要达到这个目的，就必须提高综合国力，建设新时代强国，保护国家主权的完整性。

二、强化公共行政理念

城乡规划法律制度本质上是为统治阶级服务的，在城乡规划法律制度建构过程中，政治权力扮演了相当重要的角色。因此，所谓的“都市计划”，其基本性质不外是一种傅柯所说的“论述”，借由宣称它具有“科学理性”的原理与方法，国家和专业的权力都得到了大幅扩张。[1] 尤其是国家政治权力在城乡规划法律的构建中有重要影响。就中国而言，在100多年中国城乡规划法律近代化的过程中，不同政治权力之间的博弈成为引发城乡规划法律问题的重要因素。例如，国民政府时期《首都计划》的制定与首都规划机构的设立，就是为了构建民族主义、凝聚内部认同、巩固国民政府的权威统治，无不显示政治权力在城乡规划法律问题产生过程中的重要诱因。中华人民共和国成立初期，政治权力对城乡规划的影响依然存在，如立法、执法与司法等问题的凸显都与此有关。

近代以来，我国城乡规划法律经历了由人治阶段向法治阶段的过渡，目前已进入相互协调的治理阶段。近现代中国城乡规划法律历史发展的路径是在现有体制内调整权限关系、规范权力行使、协调权力运行，尚未涉及体制外的公众对权力的约束，因此，体制改革的思路应转向国家权力体制与公共行政的融合。如果划分中央利益、地方利益的话，也必然存在公众利益，公众利益是平衡中央和地方利益的最好杠杆。[2] 从近现代中国城乡规划法律与问题的研析中发现，城乡规划主要是作为国家权力或地方权力来分配利益，其制定的法律自然忽略公众权力与公众利益。但事实上，当今城乡规划法律作为调节和分配公共资源和公共利益的重要手段和方式，城乡规划的决策权应逐步向体制之外转移，相应增加公众权力，从而避免国家权力对公共空间资源的专断。此处我们可以借鉴国外城乡规划法律制度的经验，建立由社会各界人士组成的法定机构，主要承担城乡规划方案审批和规划调整申请的职能，改变行政领导对详细规划方案的随意调整。与此同时，建立制度化的途径，以便公众参与城乡的规划和实施，并让城乡民众承担舆论的功能集合，实施监督的功能，以达到实现城乡管理权力下沉的目的。在很大程度上，公众参与已经成为影响城乡规划技术和制度未来发展趋势的重要社会政治影响因素。我国《城乡规划法》第9条第2款规定，“任何单位和个人都有权向城乡规划主管部门或者其他有关部门举报或者控告违反城乡规划的行为”。随着城乡规划法律对经济、政治、文化等各方面影响的逐步显现，公众对城乡规划法律问题的关注也日渐加强。尤其是互联网等新媒体即时报道功能的出现，从规划法律的制定、规划法律的执行到后期的法律监督，“新媒体广泛介入到城乡规划法律问

---

① 参见王俊雄、孙全文、谢宏昌：《国民政府定都南京初期的〈首都计划〉》，载《新史学》2004年3月第1期。

② 参见刘欣葵等编著：《首都体制下的北京规划建设管理》，中国建筑工业出版社2009年版，第256页。

题的报道与评论中，成为公共权力的一支重要力量。信息技术的发展正把我们急速地推向新媒体时代，新媒体带来信息传播方式的巨大变革，互联网和智能手机等新媒体创造了一个对话平台，使公民在网络上的交往逐渐朝着现实方向发展，公众可以通过这个平台进行交往和评论，很少受到政府或者利益团体的影响，新媒体的出现为我国城乡规划立法、执法、法律监督等方面带来新的变化，以新媒体为代表的公民参与成为中国走向城乡规划法治化的重要路径”。① 当然，媒体舆论只是公民参与城乡规划立法、执法与法律监督的一种方式，是公众权力的一种表现形式。我们可以在认识近代以来中国城乡规划法律问题的基础上，同时借鉴国外先进经验，深入探讨符合我国城乡规划法律运行机制中的公共行政理念，从而逐渐改变近现代以来中国对公共权力的忽略。我们相信，随着国家、公民、社会群体等主体间关于城乡规划频繁和密切的互动，随着城乡规划法律制度的变革，公众监督政府行为的意愿将会增强，公众参与城乡规划的模式也会更多样化和成熟化。

三、树立法律本土理念

法律移植是百年中国城乡规划法制近代化的主要路径之一，并逐步与本土法律、习俗相融合。就法律移植而言，王立民教授认为：“在中国这块土地上，法制现代化的起始地是在上海的英租界。”②以近代上海为例，上海租界率先实现了中国城乡规划法制的近代化，近 50 年以后，上海华界也实现了城乡规划法制的近代化。“上海城乡规划法律体系近代化的主要途径是法律的移植和逐步本土化。就法律的本土化而言，租界土地的登记和使用充分考虑了上海本地的风土人情问题，由于华界早期和晚期移植的对象不同，本土化的过程和效果也不同。”③虽然近代中国名义上拥有租界主权，但在实践中，租界实行的政治经济制度却主要来源于西方，不同租界在各自区域内实行各自的法律制度。这造成近代上海的城乡规划法律制度在近代化进程中，不同地域法律移植的内容和对象不尽相同。上海公共租界城乡规划的法律制度主要是通过移植英国的法律制度实现的，还充分考虑上海本地情况，如土地登记制度和尊重中国的坟墓习俗，反映了在城乡规划法

① 牛锦红：《新媒体时代城乡规划“参与”与“治理”的法治化路径——以南京典型规划案例为考察对象》，载《城市发展研究》2015 年第 8 期。

② 王立民：《上海租界与上海法制现代化》，载《法学》2006 年第 4 期。

③ 练育强：《近代上海城市法律的移植及本土化——以土地、道路管理法规为主要视角》，载《政治与法律》2010 年第 11 期。

律移植过程中对中国传统文化的注重。历次《土地章程》的制定及其实施反映了如何在法律移植的过程中尊重当地习俗是一个本土化的问题，这也是公共租界《土地章程》得以顺利实施的主要原因。与公共租界不同，法租界在城乡规划的过程中没有充分尊重中国的传统习俗，导致发生了两起"四明公所血案"。事实上，流血事件反映的是如何将外来城乡规划法律本地化的问题。

城乡规划的目的不仅是在空间环境建设中全面反映国家和地区的经济发展政策和社会规划意图，而且是通过规划对相关的社会经济制度与政策提出建议及考虑。因此，不同的社会背景、政治制度、经济条件、地理文化和历史传统必然会产生不同的规划政策和理论。所有的政策和理论都是具体的，因此，其必然是有限的。显然，不能寄希望于从外部经验直接找到我国城乡规划法律问题的现成答案。但是，从辩证唯物主义和历史唯物主义的角度来看，通过分析和理解其他国家的城乡和区域政策和理论的背景及其实施后的效果，也可以得到一些启示。在城乡规划法律发展、变化和创新的进程中，当代中国还会继续面对法律移植的问题，我们要解决如何借鉴和吸收国外先进经验的问题。一方面，我们需要向当今世界上先进的国家学习；另一方面，我们需要充分考虑我国的实际情况，正确面对外来法律制度。以史为鉴，近现代中国城乡规划法律移植及其与中国本土法律文化冲突融合的过程对今天的城乡规划法律制度的改革与构建应有所启发。

四、维系传统人文精神

城乡规划法制与一个国家的历史、文化、社会制度与文明程度等有密切联系。城乡规划法律问题研究是一个连续的过程，城乡规划法律对人的影响与塑造，以及对人们的反作用，不仅体现在物质生活形式上，更体现于文化和精神之中。但对后者的忽视是当前人们的通病。正如著名法律史学者张仁善先生所言："只要民族特性没有根本改观，外来法律文明的影响大多体现于法律文明的表征。中国近代法律移植或继受在法律体系创制上成绩卓著，在法律实践的成效、民主法治精神的培养以及法治化社会的构建等方面则差强人意。"①在这个时代，对个人、国家乃至世界来说，文化问题的严重性丝毫不亚于自然环境、经济、社会和政治等问题。在对城乡规划法律问题的回顾和历史探讨中，笔者特别强调了城乡规划法律内容的演变及其逻辑，学者不可能也不应该对他所处的时代无动于衷。我国当代城乡规划法律制度的构建，从近代城乡对立中获得了经验教训，也从古代城乡

① 张仁善：《中国法律文明》，南京大学出版社2018年版，第3页。

规划法律一体化中汲取了人文精神。对人们自身价值与目的的重视、反思和创新,是我们进行未来城乡规划法制建设的宝贵精神财富:我们所规划建设的城市和乡村,无论是居住或是生产,都不应该成为束缚我们自身的“瓶颈”,而应该是可以不断提升我们未来美好生活的空间。因此,如果缺少制度变革的支撑和文化精神的维系,城乡规划及其法律的发展就像缺少支柱的大厦和丧失航向的巨轮,无论多么宏伟,都会有可能倾覆的后果。

城乡规划法律问题演变的历史与中国历史和文化的变迁基本一致。近代以来的100多年,在西方资本主义的冲击下,中国经历了许多前所未有的变化,制度与文化相融合,城乡规划法律也形成一个新的框架,时代的核心任务是继续在传统的基础上进行建设。我国城乡规划法律变迁的100多年历史告诉我们:平衡与连接好历史和现在、他国和中国、自然和人类、城市与乡村之间的关系,以合并成一个新的法律制度文化系统,是解决当代中国城乡规划法律与城乡关系问题的关键路径。

五、提高法律运行职能

城乡规划是配置城乡空间资源、保障公共利益、维护社会公平的重要公共政策。在城乡利益关系多元化、复杂化的背景下,传统城乡规划的思想价值理念、法律制度体系和技术手段需要重新调整。我们有必要在吸取近现代中国城乡规划法律问题经验的基础上,结合当今社会实际,采取适当对策,构建科学与现代化的法律机制。

(一)科学化与现代化的立法机制

立法是事关城乡规划全局的重大行为,事关具体的城乡规划的目标正确性、实施的经济性、技术可行性、效益的合理性等。从近现代中国城乡规划立法过程明显可以看出,近代存在我国对城乡规划法律不够重视,立法机构不专业、法律体系不完备、城市与乡村规划的法律不统一等多种问题,法律的不成熟造成近代城乡规划法律问题较严重。

当代城乡规划法制化的主要原因如下。(1)它是城乡规划中共同的行为准则的需要。城乡规划需要有共同的行为准则加以控制和调节才能使各种活动有秩序地进行。社会越复杂,法律的作用越大。现代的城乡社会,不但需要道德、习俗的自发控制,也需要各种各样的法律规范来保证城乡规划的正常发展与运行。(2)它是维护社会整体利益和长远利益的需要。从社会的生产关系来说,我国实行和坚持社会主义公有制为主体的经济制度,但地方与中央、集体所有制与全民所有制之间,都还存在客观的利益差异,甚至在一定程度上还存在利害冲突,对涉及个人、团体与社会之间,对在不同的公有制经济实体之间的行为控制,包括对利益的调整,往往必须依据法律规范,借助于法规手段。(3)它是新形势、新时代的需要。随着生产力的发展和经济实力的增强,城乡建设活动也日益频繁。建立和完善城乡规划,建立法律规范体系,是维护城乡社会整体和长远利益的保障,同时,也是保护个人、企业和社会团体的合法利益的保证。

中华人民共和国的现代城乡规划法律虽然有了很大进步,但因立法而导致的城乡规划法律问题依然存在。要做好城乡规划工作、保证规划的正确性,最重要的是建立科学化、民主化、现代化的立法机制。如为提高立法的质量,应邀请有关专家进行研讨和咨询,而且在咨询和研讨前必须进行充分的调查分析,并提供较为详细的调查分析报告。专家除了具备以往的经验,更重要的是对所提供的报告、材料去伪存真,由表及里地分析判断、形成观点。只有在深入地调查与研究的基础上所形成的立法才是高水平的。

(二)科学化与现代化的执法机制

城乡规划是为了实现城乡经济和社会协调发展的目标,行政机关依据法律、法规的授权和相关规定,合理部署城乡空间与土地利用并持续监督的行政行为的总称。因此,立足于法学角度的城乡规划是一种行政行为,是一种执法行为。回顾近现代中国城乡规划法律中出现的执法问题,我们对于构建当前中国城乡规划的执法机制要从以下方面入手。

首先,城乡规划部门的法律地位要独立。从近现代中国城乡规划法律执法主体的演变与执法情况来看,执法机制存在诸多问题。就当前中国而言,城乡规划部门的法律地位受到各种力量的干扰,机构设置、隶属关系、权限的划定还不够规范,并缺乏有力的监督。甚至一个城市,往往有几个城市规划执法主体,如市政府与新区的管委会,有同等的城乡规划管理权限,城市规划管理分为几个独立的城市规划单元。

其次,城乡规划管理体制需要规范。城乡规划的实施管理,主要是指采用行政、社会、法律、经济和科学的管理方法,按照城乡规划法律法规并通过法定程序,统一安排和控制建设用地和建设活动,指导和规范各种建设事业的协调发展,使城乡规划循序渐进地加以实现。一般来说,就是通过有效的手段,按照城乡规划,依法安排各种建设用地和活动,使城乡规划在城乡土地上得以实施。从我国已有100多年历史的城乡规划法所存在的问题来看,近代城乡规划的实施和管理体制尤其欠缺,这不仅是一个立法问题,也是一个重要的执法问题。当代中国需要加强城乡规划管理。为保证各项建设活动符合城乡规划，城乡规划行政主管部门应当按照法定审批程序对各项建设活动进行规划管理。这是一项烦琐的日常管理工作，也是城乡规划实施和管理中非常重要的环节。通过严格行政执法，树立法治权威，创造良好的法治环境。

就目前而言，因城乡规划管理而出现的问题依然严重，这与管理机构的不独立、制度的不规范有很大关系，也与中国固有的“官本位”、轻民权等传统思想有关。因此，建立科学化与现代化的执法机制迫在眉睫。

（三）科学化与现代化的监督机制

制定一个合理和良好的城乡规划事关重大，为避免糟糕的规划，规划过程中的法律监督具有极重要的意义。但从近现代中国城乡规划法律存在的主要问题来看，城乡规划监督机制不够健全，城乡规划监督权力基本没有实施的空间，从而影响城乡规划的全面与有效实施。

城乡规划体现权力，也意味着责任，明确城乡规划权力的法律界限是依法行政的内在要求。全面的法律监督是城乡规划制定与实施的重要保障，国家应全面完善监督机制，让权力运行在制度的“笼子”里。完善城乡规划的法律监督机制，一方面，可以保证城乡规划工作尊重客观规律，保障城乡规划的质量与效率；另一方面，可以防止权力滥用，促进规划权力健康、有序运行，维护公众利益。城乡规划法律监督根据监督主体的不同可以划分为立法监督、行政监督、司法监督与公众监督。城乡规划法律监督不能依靠某一个机关或组织的监察和督促，而必须是一个全方位的监督机制，只有这样才能保障城乡规划合法和有效进行。但从我国城乡建设实践来看，我国现阶段城乡规划法律体系不够健全，法律程序不够完善，城市规划法律监督仍存在问题。为完善城乡规划法律监督，应做到以下几点。

第一，要夯实立法监督。确保人民代表大会行使监督权，同时维护城乡总体规划的合法性和严肃性。考虑地方人民代表大会在监督城乡总体规划执行方面的重要性，首先要解决监管的基础问题。在立法方面，要明确地方人民代表大会对统筹城乡规划实施情况的监督权。哪些内容应该监督？权力应给予什么？应遵循什么程序？什么法律后果？如何调查和确定相关政府部门和责任人的法律责任？等等。明确立法监督制度，可以使监督工作更明确，避免监督活动内容不明确、权力不明确、责任不明确，最终使监督流于形式。

第二，加强行政监督。实现“行政问责制”，明确各级管理人员的责任和他们的不作为或违法行为的法律后果、行政责任的界限、问责的程序及未能实施行政问责制的责任等。同时，行政责任问责制的实施也需要纳入地方各级人民代表大会的监督范围,地方各级人民代表大会要加强检查和实施这项工作,以确保一个有效的监督机制的形成。

第三,明确司法监督。一方面,要深化司法体制改革,推动政法分离,使司法机关与行政机关没有利益交织;另一方面,要消除权力干涉,防止行政权力的扩张,守护公众的法律利益。

第四,建立相对独立的法律监督组织。立法监督、行政监督、司法监督及公众监督各有优劣,然而,针对城乡规划的专业性、具体性、繁重性及利益的广泛性,应建立相对独立的城乡规划法律监督机制,调动全社会积极性,补充地方人民代表大会和城乡政府现有的监督机制。如美国的地方规划法律监督组织是由专家咨询委员会和由市民组成的、半独立的规划委员会构成的,专家咨询委员会与规划委员会都是不同于地方政府的民间机构,它们的主要功能不是规划,而是监督。这些机构不同于地方人民代表大会和地方政府的监督,它们之间存在利益关系,各成员都从自身利益出发,对城乡规划的实施进行严格而又全面的监督。

总之,应认清我国城乡规划法律的主要症结与问题,借鉴其他国家城乡规划法治化的先进经验,结合我国具体实际,建立与完善符合我国城乡规划法律发展趋势的立法、执法与监督等法律机制。虽然我国关于城乡规划法律问题的研究取得了长足的进展,但是,科学技术的迅猛发展和城镇化进程的加快,使当前城乡规划立法与进程很难全面覆盖新形势下的各类现象与问题。与此同时,过去阻碍城乡规划事业的众多制度性症结也并未全部得到解决。因此,在新的技术与规划路径下,如何面对我国城乡规划法律问题的解决与有效实施,依然存在较大的研究空间。为实现全面的法律建设,我们要树立信心与决心,借鉴近现代时期的历史经验,落实当前城乡规划法律制度,继续探讨和解决城乡规划法律问题,真正推动和谐社会发展。

参考文献

一、档案文献

1.孙刚:《北平特别市成立初期法规选》,载《北京档案史料》2002年第3期。

2.梅佳:《民国时期北平地方自治史料选》,载《北京档案史料》1998年第5期。

3.孙刚:《日伪统治时期华北都市建设概况》,载《北京档案史料》1999年第4期。

4.《京师警察厅为请派员复勘周仲平改绘图样致市政公所公函》,载《北京档案史料》2006年第4期。

5.冯思勤:《关于改革市政的条陈》,载《北京档案史料》1997年第2期。

6.《北平特别市政府关于保护文物古迹的训令及工务局与公安局会行的保护古迹、树株办法》,北京市档案馆藏,档案号:J17－1－269。

7.《北京都市计划地域规则》,北京市档案馆藏,档案号:J17－1－3714。

8.《公共租界工部局档案》,上海市档案馆藏,档案号:U1－4－4176、U1－14－4179。

9.《工部局档案》,上海市档案馆藏,档案号:U1－1－166、U1－1－8771865、U1－2－246、U1－6－221。

10.《上海特别市档案》,上海市档案馆藏,档案号:Q213、Q214－1－3、Q214－1－23、Q215－1－9400、Q215－1－9474。

11.《上海市工务局都市计划委员会》,上海市档案馆藏,全宗号:Q217。

12. 上海市档案馆编:《工部局董事会会议录》(第 1 册),上海古籍出版社 2001 年版。

13. 上海市档案馆编:《工部局董事会会议录》(第 2 册),上海古籍出版社 2001 年版。

14.《南京特别市行政机构档案》,南京市档案馆藏,全宗号:1001 - 1。

15.《南京市行政机构档案》,南京市档案馆藏,全宗号:1003 - 1。

16. 国家档案局明清档案馆编:《戊戌变法档案史料》,中华书局 1958 年版。

17. 故宫博物院明清档案部编:《清末筹备立宪档案史料》,中华书局 1979 年版。

18. 中国第二历史档案馆编:《中华民国史档案资料汇编》,江苏古籍出版社 1986 年版。

二、历史文献

1. 京都市政公所编:《京都市政汇览》,京华印书局 1919 年版。

2. 陆丹林:《市政全书》,中华全国道路建设协会 1928 年版。

3. 朱启钤:《蠖园文存》,1935 年丙子紫江朱氏刊本。

4. (清)刘锦藻撰:《清朝续文献通考》,商务印书馆 1955 年版。

5. 上海市通志馆年鉴委员会编纂:《上海市年鉴》,中华书局 1935 年版。

6. (清)朱寿朋编:《光绪朝东华录》,中华书局 1958 年版。

7. 杨逸纂:《上海市自治志》,台北,成文出版社 1974 年版。

8.《文孚纂修》,台北,文海出版社 1982 年版。

9. 沈云龙主编:《近代中国史料丛刊续编》,台北,文海出版社 1983 年版。

10. 上海通社编:《上海研究资料续集》,上海书店出版社 1984 年版。

11. 蒯世勋等编著:《上海公共租界史稿》,上海人民出版社 1980 年版。

12.《四库全书》(影印本),上海古籍出版社 1987 年版。

13. 吴廷燮:《北京市志稿》,燕山出版社 1998 年版。

14. 吴馨:《上海县续志》,上海书店出版社 1991 年版。

15. 北京市政协文史资料研究委员会、中共河北省秦皇岛市委统战部编:《蠖公纪事——朱启钤先生生平纪实》,中国文史出版社 1991 年版。

16. 沈云龙主编:《钦定大清会典事例(嘉庆朝)》(影印本),台北,文海出版社 1991 年版。

17. 周谷城主编:《民国丛书》,上海书店出版社 1991 年版。

18. 张謇研究中心等编:《张謇全集》,江苏古籍出版社 1994 年版。

19. 马建石、杨育棠主编:《大清律例通考校注》,中国政法大学出版社 1992 年版。

20.《大清律例》,田涛、郑秦点校,法律出版社 1999 年版。

21. 蔡鸿源主编:《民国法规集成》,黄山书社 1999 年版。

22. 故宫博物院编:《钦定吏部处分则例》,海南出版社 2000 年版。

23. 谢振民编著:《中华民国立法史》(上),中国政法大学出版社 2000 年版。

24. 史梅定主编:《上海租界志》,上海社会科学院出版社 2001 年版。

25. 清宪政编查馆编:《清末民初宪政史料辑刊》,北京图书馆出版社 2005 年版。

26. 国都设计技术专员办事处编:《首都计划》,王宇新、王明发点校,南京出版社 2006 年版。

27. 张研、孙燕京主编:《民国史料丛刊》,大象出版社 2009 年版。

28.(清)王韬:《漫游随录》,湖南人民出版社 1982 年版。

三、报刊资料

1.《临时公报》(中华民国公报)。

2. 市政问题研究会主编:《市政评论》。

3.《中华民国国民政府公报》。

4. 新中国建设学会主编:《复兴月刊》(1932—1937)(影印本)。

5.《东方杂志》(1904—1948),商务印书馆东方杂志社 1967 年版。

6.《民立报》。

7.《上海通志馆期刊》(影印本)。

8. 马鸿谟编:《民呼、民吁、民立报选辑》(第 1 辑),河南人民出版社 1982 年版。

9.《临时政府公报》。

10.《申报》(上海版)(影印本)。

11.《盛京时报》(影印本)142 册,盛京时报影印组 1985 年版。

12. 胡适等主编:《独立评论》(影印本)(1932—1937),岳麓书社 1999 年版。

13.《浙江省建设月刊》。

14.《广东省政府公报》。

15.《农业建设》。

16.《建设评论》。

四、著作

(一)外文翻译著作

1.[美]孟洛:《市政府与行政》,陈良士译,商务印书馆1923年版。

2.[美]孟洛:《市政原理与方法》,宋介译,商务印书馆1935年版。

3.[法]梅朋、傅立德:《上海法租界史》,倪静兰译,上海译文出版社1983年版。

4.[美]罗兹·墨菲:《上海——现代中国的钥匙》,上海社会科学院历史研究所编译,上海人民出版社1986年版。

5.[美]刘易斯·芒福德:《城市发展史——起源、演变和前景》,宋俊岭、倪文彦译,中国建筑工业出版社1989年版。

6.[日]仁井田升:《唐令拾遗》,栗劲等编译,长春出版社1989年版。

7.[德]黑格尔:《历史哲学》,王造时译,上海书店出版社1999年版。

8.[意]L.贝纳沃罗:《世界城市史》,薛钟灵等译,科学出版社2000年版。

9.[美]施坚雅主编:《中华帝国晚期的城市》,叶光庭等译,中华书局2000年版。

10.[法]安克强:《1927—1937年的上海:市政权、地方性和现代化》,张培德、辛文锋、肖庆璋译,上海古籍出版社2004年版。

11.[法]白吉尔:《上海史:走向现代之路》,王菊、赵念国译,上海社会科学院出版社2005年版。

12.[美]阿瑟·奥沙利文:《城市经济学》,苏晓燕、常荆莎等译,中信出版社2003年版。

(二)中文著作

1.董修甲:《市政新论》,商务印书馆1924年版。

2.杨哲明:《现代市政通论》,上海民智书局1929年版。

3.胡适:《文存三集》,亚东图书馆1930年版。

4.顾彭年:《现代欧美市制大纲》,商务印书馆1930年版。

5.陈训煊:《都市计划学》,商务印书馆1940年版。

6.吴承洛等:《三十年来之中国工程:中国工程学会三十周年纪念刊》,中国工程师学会1946年版。

7.王铁崖编:《中外旧约章汇编》,生活·读书·新知三联书店1957年版。

8. 胡适等:《丁文江这个人》,台北,传记文学出版社 1979 年版。

9. 孟正夫:《中国消防简史》,群众出版社 1984 年版。

10. 王鹏程等:《上海史研究》,学林出版社 1984 年版。

11. 沈怡:《沈怡自述》,台北,传记文学出版社 1985 年版。

12. 傅崇兰:《中国运河城市发展史》,四川人民出版社 1985 年版。

13. 黄汲青:《丁文江:科学与中国新文化序》,湖南科学技术出版社 1987 年版。

14. 洪泽主编:《通往世界之桥》(上),上海社会科学院出版社 1989 年版。

15. 葛元煦:《沪游杂记》,上海古籍出版社 1989 年版。

16. 董鉴泓:《中国城市建设史》,中国建筑工业出版社 1989 年版。

17. 张仲礼主编:《近代上海城市研究》,上海人民出版社 1990 年版。

18. 徐公肃、丘瑾璋:《上海公共租界制度》,中国科学公司 1933 年版。

19. 费成康:《中国租界史》,上海社会科学院出版社 1991 年版。

20. 阮笃成:《租界制度与上海公共租界》,上海书店出版社 1991 年版。

21. 张孝若:《南通张季直先生传记》,上海书店出版社 1991 年版。

22. 韩延龙:《中国近代警察制度》,中国人民公安大学出版社 1993 年版。

23. 章开沅、罗福惠主编:《比较中的审视:中国早期现代化研究》,浙江人民出版社 1993 年版。

24. 何一民:《中国城市史纲》,四川大学出版社 1994 年版。

25. 邓云乡:《文化古城旧事》,中华书局 1995 年版。

26. 林洙:《叩开鲁班的大门:中国营造学社史略》,中国建筑工业出版社 1995 年版。

27. 史明正:《走向近代化的北京城:城市建设与社会变革》,北京大学出版社 1995 年版。

28. 严存生:《新编西方法律思想史》,陕西人民教育出版社 1996 年版。

29. 贺业钜:《中国古代城市规划史》,中国建筑工业出版社 1996 年版。

30. 朱汉国:《中国社会通史》(民国卷),山西教育出版社 1996 年版。

31. 梁治平:《清代习惯法:社会与国家》,中国政法大学出版社 1996 年版。

32.《清末北京城市管理法规》,郭成伟、田涛整理,北京燕山出版社 1996 年版。

33. 汪德华编著:《中国古代城市规划文化思想》,中国城市出版社 1997 年版。

34. 孙施文:《城市规划哲学》,中国建筑工业出版社 1997 年版。

35. 葛兆光:《七世纪至十九世纪中国的知识、思想与信仰:中国思想史》(第1卷),复旦大学出版社1998年版。

36. 刘金声、曹洪涛:《中国近现代城市的发展》,中国城市出版社1998年版。

37. 王立民:《上海法制史》,上海人民出版社1998年版。

38. 隗瀛涛主编:《中国近代不同类型城市综合研究》,四川大学出版社1998年版。

39. 萧斌主编:《中国城市的历史发展与政府体制》,中国政法大学出版社1993年版。

40. 张晋藩总主编:《中国法制通史》,法律出版社1999年版。

41. 董鉴泓主编:《城市规划历史与理论研究》,同济大学出版社1999年版。

42. 罗玲:《近代南京城市建设研究》,南京大学出版社1999年版。

43. 王卫平:《明清时期江南城市史研究:以苏州为中心》,人民出版社1999年版。

44. 张德泽:《清代国家机关考略》,学苑出版社2001年版。

45. 钟闻编:《中山先生轶事》,中国文史出版社2001年版。

46. 王立民:《上海租界法制史话》,上海教育出版社2001年版。

47. 江曼琦:《城市空间结构优化的经济分析》,人民出版社2001年版。

48. 王守中、郭大松:《近代山东城市变迁史》,山东教育出版社2001年版。

49. 张仲礼、熊月之、沈祖炜主编:《长江城市与中国近代化》,上海人民出版社2002年版。

50. 胡适:《丁文江传》,海南出版社2002年版。

51. 罗柄良主编:《孙中山建国方略》,华夏出版社2002年版。

52. 李芸:《都市计划与都市发展——中外都市计划比较),东南大学出版社2002年版。

53. 顾朝林编著:《城市社会学》,东南大学出版社2002年版。

54. 汪德华:《中国山水文化与城市规划》,东南大学出版社2002年版。

55. 陈智勇:《中国古代社会治安管理史》,郑州大学出版社2003年版。

56. 金城主编:《张謇研究论稿》,华东理工大学出版社2003年版。

57. 瞿同祖:《清代地方政府》,法律出版社2003年版。

58. 何一民主编:《近代中国城市发展与社会变迁(1840—1949年)》,科学出版社2004年版。

59. 周新国主编:《中国近代化先驱:状元实业家张謇》,社会科学文献出版社

2004年版。

60. 孙丽娟:《清代商业社会的规则与秩序》,中国社会科学出版社2005年版。

61. 周松青:《上海地方自治研究(1905—1927)》,上海社会科学院出版社2005年版。

62. 汪德华:《中国城市规划史纲》,东南大学出版社2005年版。

63. 周剑云、戚冬瑾编著:《中国城市规划法规体系》,中国建筑工业出版社2006年版。

64. 苏则民编著:《南京城市规划史稿》(古代篇·近代篇),中国建筑工业出版社2008年版。

65. 王亚男:《1900—1949年北京的城市规划与建设研究》,东南大学出版社2008年版。

66. 余同元主编:《中国文化概要》,人民出版社2008年版。

67. 孙倩:《上海近代城市管理制度与公共空间建设》,东南大学出版社2009年版。

68. 刘欣葵等编著:《首都体制下的北京规划建设管理》,中国建筑工业出版社2009年版。

69. 唐相龙:《苏联规划在中国:兰州第一版总规编制史实研究(1949—1966)》,东南大学出版社2016年版。

70. 殷成志:《德国城乡规划法定图则》,清华大学出版社2013年版。

71. 董卫主编:《城市规划历史与理论01》,东南大学出版社2016年版。

72. 张杰:《中国古代空间文化溯源》,清华大学出版社2012年版。

73. 叶超:《体国经野:中国城乡关系发展的理论与历史》,东南大学出版社2014年版。

74. 叶超:《中国城乡关系发展的理论与历史》,东南大学出版社2014年版。

75. 翁计传编:《近代城市史研究资料汇编》,上海科学技术文献出版社2019年版。

76. 李东泉:《青岛城市规划与城市发展研究(1897—1937):兼论现代城市规划在中国近代的产生与发展》,中国建筑工业出版社2012年版。

77. 耿慧志主编:《城乡规划管理与法规》,中国建筑工业出版社2015年版。

78. 张仁善:《中国法律文明》,南京大学出版社2018年版。

五、论文

1. 吴贵芳:《近代上海的“十里洋场”篇》,载《社会科学》1980 年第 2 期。

2. 柴锡贤:《城市结构研究初议》,载《城市规划》1981 年第 3 期。

3. 郑祖安:《近代上海城市地名研究(续)》,载《史林》1987 年第 2 期。

4. 熊月之:《论上海租界的双重影响》,载《史林》1987 年第 3 期。

5.《上海建设界的重要历史文献〈上海建设〉(1949—1985)着手编撰》,载《建筑施工》1987 年第 4 期。

6. [美]梅尔维尔·布兰奇:《连续性城市规划》,朱介鸣译,载《国外城市规划》1988 年第 4 期。

7. 郑祖安:《上海租界兴亡论》,载《上海社会科学院学术季刊》1988 年第 4 期。

8. 郑祖安、施扣柱:《国内租界史研究概述》,载《社会科学》1988 年第 9 期。

9. 冯绍霆:《十九世纪时上海人怎样看租界》,载《史林》1989 年第 2 期。

10. 刘启峰、肖宁:《丁文江任职淞沪总办浅议》,载《史林》1996 年第 1 期。

11. 王瑞珠:《国外历史名城总体规划中的几个问题(三)——城市轮廓线的保护、高度控制和尺度协调》,载《城市规划》1992 年第 6 期。

12. 张仲礼:《近代上海经济和文化发展的特点》,载《社会科学》1993 年第 9 期。

13. 汤伟康:《穿越时空重现旧梦——〈近代上海城市发展历史陈列〉巡礼》,载《档案与史学》1994 年第 3 期。

14. 张冠增:《城市史的研究——21 世纪历史学的重要使命》,载《神州学人》1994 年第 12 期。

15. 张冠增:《日本学界对西方城市史的研究》,载《世界历史》1995 年第 1 期。

16. 钟义盛:《上海市政建设的近代化进程及其启迪》,载《社会科学》1995 年第 1 期。

17. 正俊周:《独具特色的〈宝鸡城市史〉》,载《宝鸡文理学院学报》(哲学社会科学版)1995 年第 2 期。

18. 陈高华:《城市史研究的重要成果》,载《北京社会科学》1995 年第 2 期。

19. 孙施文:《近代上海城市规划史论》,载《城市规划汇刊》1995 年第 2 期。

20. 周绍荣:《租界对中国城市近代化的影响》,载《江汉论坛》1995 年第 11 期。

21. 王笛:《近年美国关于近代中国城市的研究》,载《历史研究》1996 年第 1 期。

22. 孙施文、邓永成:《城市规划作用的研究》,载《城市规划汇刊》1996 年第 5 期。

23. 裘争平:《上海公共租界工部局局徽考》,载《档案与史学》1997 年第 4 期。

24. 周积明:《租界与中国早期现代化》,载《江汉论坛》1997 年第 6 期。

25. 阚立军:《近代中国的租界》,载《文史精华》1997 年第 6 期。

26. 桑玉成:《从市政管理看国际大都市的特征》,载《探索与争鸣》1997 年第 10 期。

27. 马长林:《〈工部局董事会会议录〉及其史料价值》,载《档案与史学》1999 年第 2 期。

28. 梁家贵:《浅析近代中国城市发展的特点》,载《聊城师范学院学报(哲学社会科学版)》1999 年第 2 期。

29. 李轩:《中、法土地征用制度比较研究》,载《行政法学研究》1999 年第 2 期。

30. 李广锜:《创建"城市结构学"刍议——关于其对象、内容与方法的初步思考》,载《城市研究》1999 年第 5 期。

31. 皮明庥:《中国城市史研究的开拓人》,载《江汉论坛》1999 年第 8 期。

32. 熊月之、罗苏文、周武:《略论近代上海市政》,载《学术月刊》1999 年第 6 期。

33. 梁景和:《论清末地方自治的实践》,载《西南交通大学学报》(社会科学版)2000 年第 4 期。

34. 俞世恩:《20 世纪美国城市史研究述评》,载《历史教学问题》2000 年第 4 期。

35. 蒋伟新:《孙中山关于中国城市现代化的构想》,载《南京经济学院学报》2000 年第 5 期。

36. 李小波、李强:《从天文到人文——汉唐长安城规划思想的演变》,载《城市规划》2000 年第 9 期。

37. 陈晓枫、柳正权:《中国法制史研究世纪回眸》,载《法学评论》2001 年第 2 期。

38. 甘慧杰:《论孤岛时期日本对上海公共租界行政权的争夺》,载《档案与史学》2001 年第 6 期。

39. 阮仪三、孙萌:《我国历史街区保护与规划的若干问题研究》,载《城市规划》2001 年第 10 期。

40. 王中茂:《论租界与中国的近代化》,载《洛阳师范学院学报》2002 年第 4 期。

41. 常岭、孙慧、宋忠民、周利敏:《"租界与近代上海"国际学术研讨会综述》,载《学术月刊》2002 年第 5 期。

42. 文超祥、黄天其:《中国古代城市建设法律制度初探》,载《规划师》2002 年第 5 期。

43. 张伟:《近代上海拆除旧城墙的历史背景》,载《文史杂志》2002 年第 6 期。

44. 唐巴特尔:《论社会空间的基本形式及其方法论意义》,载《内蒙古大学学报》(人文、社会科学版)2002 年第 6 期。

45. 何辉:《城市规划应树立六种意识》,载《中国建设信息》2002 年第 17 期。

46. 李志刚:《历史街区规划设计方法研究》,载《新建筑》2003 年第 S1 期。

47. 熊月之:《上海城市精神:从历史到今天》,载《上海城市管理职业技术学院学报》2003 年第 2 期。

48. 李益彬:《租界与近代中国城市市政早期现代化》,载《内江师范学院学报》2003 年第 3 期。

49. 袁尧清:《中国城市地域分布的三个特点》,载《中学地理教学参考》2003 年第 3 期。

50. 李百浩、熊浩:《近代南京城市转型与城市规划的历史研究》,载《城市规划》2003 年第 10 期。

51. 田兵权:《简议中国城市的近代转型》,载《华夏文化》2004 年第 1 期。

52. 张文:《中国城市的起源》,载《地图》2004 年第 2 期。

53. [美]雷姆·库哈斯:《城市规划究竟发生了什么?》,顾晓红译,载《国外城市规划》2004 年第 3 期。

54. 黄家瑾:《城市韵味的底色——浅议城市历史街区和历史建筑的文化价值》,载《南方建筑》2004 年第 3 期。

55. 汪太贤:《晚清国外地方自治思想输入考论》,载《湘潭大学学报》(哲学社会科学版)2004 年第 5 期。

56. 陈为邦:《对新时期我国城市规划若干问题的探讨》,载《城市规划学刊》2004 年第 6 期。

57. 张爱平:《解读公共租界档案》,载《档案与史学》2004 年第 6 期。

58. 张伟一:《对北京西城区旧城高度控制规划的思考》,载《建筑学报》2004年第9期。

59. 马武定:《城市规划本质的回归》,载《城市规划学刊》2005年第1期。

60. 梁伟峰:《论上海租界与租界文化》,载《江西社会科学》2005年第3期。

61. 杨永生:《朱启钤与北京城市建设》,载《北京城市建设》2005年第4期。

62. 房建昌:《上海公共租界工部局警务处特别部档案(1894～1943)简介》,载《档案春秋》2005年第5期。

63. 卢建汶、何晓宁、陈俊华:《张謇事业发展的支点——上海》,载《江苏地方志》2005年第6期。

64. 缪青:《城市规划:从"精英决策"到"公众参与"》,载《北京规划建设》2005年第6期。

65. 薛理勇:《一份太平洋战争期间工部局发行的老市政债券》,载《档案春秋》2005年第7期。

66. 冯尚:《论中国古代城市规划建设法》,载《广西政法管理干部学院学报》2006年第1期。

67. 刘岸冰:《近代上海城市环境卫生管理初探》,载《史林》2006年第2期。

68. 牛锦红:《晚清西法东渐的一座重要桥梁》,载《史学月刊》2006年增刊。

69. 丁海斌:《论清朝陪都盛京的政治制度》,载《辽宁大学学报》(哲学社会科学版)2006年第4期。

70. 孙倩:《上海原公共租界建筑高度控制》,载《上海城市规划》2006年第5期。

71. 孙倩:《上海近代城市规划及其制度背景与城市空间形态特征》,载《城市规划学刊》2006年第6期。

72. 翟元梅:《城市法兴起及对西方近代法治的启示——再悟〈法律与革命〉》,载《钦州师范高等专科学校学报》2006年第4期。

73. 李理:《民国初年的一次城市变革——朱启钤与北京都市改造》,载《中国地产市场》2006年第9期。

74. 翁芳玲:《租界对上海城市结构演变的影响》,载《南方建筑》2006年第12期。

75. 段汉民:《中国传统哲学与城市发展的相互印证》,载《城市规划》2007年第1期。

76. 杨寅:《中国城市规划法律程序制度的现状与完善》,载《浙江学刊》2007

年第1期。

77. 姚凯:《近代上海城市规划管理思想的形成及其影响》,载《城市规划》2007年第2期。

78. 王亚南、赵永革:《把古都改建为近代化城市的先驱者——民国朱启钤与北京城》,载《现代城市研究》2007年第2期。

79. 何流、文超祥:《论近代中国城市规划法律制度的转型》,载《城市规划》2007年第3期。

80. 马继武:《中国古城选址及布局思想和实践对当今城市规划的启示》,载《上海城市规划》2007年第5期。

81. 唐红涛:《中国古代城市商圈研究——以北宋东京城为例》,载《兰州商学院学报》2008年第1期。

82. 王立民:《中国的租界与法制现代化——以上海、天津和汉口的租界为例》,载《中国法学》2008年第3期。

83. 文超祥、马武定:《传统城市规划法律制度的发展回顾》,载《城市规划学刊》2009年第2期。

84. 练育强:《近代上海公共租界的土地管理制度》,载《华东政法大学学报》2009年第2期。

85. 王亚男:《北洋政府时期北京城市发展与管理体制变革(1912—1928年)——若干重要城市规划建设项目的评析(中)》,载《北京规划建设》2009年第2期。

86. 赵艳玲:《不可遗失的民族性——"天人合一"思想对当代城市建筑文化的启示》,载《艺术与设计(理论)》2009年第4期。

87. 付启元、卢立菊:《1929年的〈首都计划〉与南京》,载《档案与建设》2009年第10期。

88. 练育强:《从城市规划法看上海租界土地章程》,载《华东师范大学学报》(哲学社会科学版)2010年第1期。

89. 牛锦红:《回顾与展望:中国古代城市规划法律文化探析》,载《城市发展研究》2010年第9期。

90. 陈明生:《马克思主义经典作家论城乡统筹发展》,载《当代经济研究》2005年第3期。

91. 陈明星、叶超、付承伟:《我国城市化水平研究的回顾与思考》,载《城市规划学刊》2007年第6期。

92. 陈明星、叶超:《健康城市化:新的发展理念及其政策含义》,载《人文地理》2011 年第 2 期。

93. 杜志雄、张兴华:《世界农村发展与城乡关系演变趋势及政策分析》,载《调研世界》2006 年第 7 期。

94. 马远军、张小林、梁丹、梅思思:《国外城乡关系研究动向及其启示》,载《经济问题探索》2006 年第 1 期。

95. 王俊雄、孙全文、谢宏昌:《国民政府定都南京初期的〈首都计划〉》,载《新史学》2004 年 3 月第 1 期。

96. 任吉东:《从乡村到城镇:近代天津城乡体系探析》,载《求索》2014 年第 11 期。

97. 熊彤:《中国近代乡村建设的另一种典范——张謇的南通乡村建设》,载《南通大学学报》(社会科学版)2009 年第 1 期。

98. 柳敏:《近代青岛乡村建设的缘起与路径选择》,载《农业考古》2010 年第 6 期。

99. 马义平:《近代山西社会秩序再构与权威重塑——以民国初期山西新“村制”为例》,载《华北水利水电大学学报》(社会科学版)2007 年第 4 期。

100. 牛锦红:《新媒体时代城乡规划“参与”与“治理”的法治化路径——以南京典型规划案例为考察对象》,载《城市发展研究》2015 年第 8 期。

101. 韩楚燕、李发根:《〈东方杂志〉与近代中国乡村形象的建构》,载《安庆师范学院学报》(社会科学版)2015 年第 2 期。

102. 荆月新:《近代乡里制度转型中的“公权下探”现象解析——兼及乡村自治失败的原因》,载《东岳论丛》2016 年第 1 期。

103. 王立华、何一民:《王权——国家力量与中国古代城市的形成与变迁》,载《江汉论坛》2016 年第 1 期。

104. 马军杰、张丹、卢锐、朱国华:《中国城乡规划法研究进展及展望》,载《规划师》2018 年第 12 期。

105. 王笛:《近年美国关于近代中国城市的研究》,载《历史研究》1996 年第 1 期。

106. 史明正:《美国学者对中国近现代城市史的研究》,载《北京档案史料》1999 年第 3 期。

107. 黄建初:《〈城乡规划法〉的立法背景和立法目的》,载《城乡建设》2007 年第 12 期。

108. 朱冰:《论我国规划保证义务的立法结构》,载《法律科学(西北政法大学学报)》2017 年第 2 期。

109. 姚爱国、凌冰、吴伟:《设区的市开展城乡规划地方立法若干问题之思考》,载《规划师》2015 年第 12 期。

110. 王凯、李浩、徐泽、马嵩:《〈城乡规划法〉实施评估及政策建议——以西部地区为例》,载《国际城市规划》2011 年第 5 期。

111. 雷诚、赵民:《"乡规划"体系建构及运作的若干探讨——如何落实〈城乡规划法〉中的"乡规划"》,载《城市规划》2009 年第 2 期。

112. 王金岩:《城乡规划法的价值演进》,载《城市问题》2008 年第 7 期。

113. 黄焕、付雄武:《"规土融合"在武汉市重点功能区实施性规划中的实践》,载《规划师》2015 年第 1 期。

114. 郭晓芳:《"多规合一"法律探讨——以〈厦门经济特区多规合一管理若干规定〉为视角》,载《人大研究》2016 年第 11 期。

115. 张继刚:《浅谈城市规划中的公众参与》,载《城市规划》2000 年第 7 期。

116. 生青杰:《我国城市规划法的理论基础——从平衡论视角出发》,载《郑州大学学报》(哲学社会科学版)2006 年第 4 期。

117. 蔡泰成:《从规划事权的角度探讨城乡规划督察》,载《建设科技》2017 年第 4 期。

118. 傅立德:《城乡规划配套立法的建议》,载《规划师》2008 年第 3 期。

119. 叶强、栗梦悦:《应然与实然:〈城乡规划法〉立法的改进和完善》,载《规划师》2017 年第 3 期。

120. 石楠、陈秉钊、陈为邦、周一星、卢济威、孙庆熔、王富海、武廷海、刘奇志:《规划 60 年:成就与挑战》,载《城市规划》2017 年第 2 期。

图书在版编目(CIP)数据

近现代中国城乡规划法律问题研究 / 牛锦红著. -- 北京：法律出版社，2020
(比较法文丛 / 何勤华主编)
ISBN 978-7-5197-5044-2

Ⅰ. ①近… Ⅱ. ①牛… Ⅲ. ①城市规划法—研究—中国 Ⅳ. ①D922.297.4

中国版本图书馆 CIP 数据核字(2020)第 196610 号

近现代中国城乡规划法律问题研究
JINXIANDAI ZHONGGUO CHENGXIANG GUIHUA FALÜ WENTI YANJIU

牛锦红 著

策划编辑 沈小英
责任编辑 沈小英 单 洁
装帧设计 李 瞻

出版 法律出版社
总发行 中国法律图书有限公司
经销 新华书店
印刷 北京建宏印刷有限公司
责任校对 周合芝 周诗湄
责任印制 吕亚莉

编辑统筹 法治与经济出版分社
开本 710 毫米×1000 毫米 1/16
印张 13.5
字数 267 千
版本 2020 年 12 月第 1 版
印次 2020 年 12 月第 1 次印刷

法律出版社/北京市丰台区莲花池西里 7 号(100073)
网址/www. lawpress. com. cn
投稿邮箱/info@ lawpress. com. cn
举报维权邮箱/jbwq@ lawpress. com. cn
销售热线/400-660-8393
咨询电话/010-63939796

中国法律图书有限公司/北京市丰台区莲花池西里 7 号(100073)
全国各地中法图分、子公司销售电话：
统一销售客服/400-660-8393/6393
第一法律书店/010-83938432/8433
西安分公司/029-85330678
重庆分公司/023-67453036
上海分公司/021-62071639/1636
深圳分公司/0755-83072995

书号:ISBN 978-7-5197-5044-2
定价:76.00 元

比 较 法 文 丛

- ○ 现代西方的政党、民主与法治
- ○ 民国《合作社法》的孕育与影响
- ○ 拉丁美洲国家民法典的变迁
- ○ 唐代刑部研究
- ○ 澳大利亚行政裁量司法审查研究
- ○ 解读约因：英美合同之效力基石
- ○ 战后美国国家安全法律制度研究
- ○ 论英国警察权的变迁
- ○ 英国租借时期威海卫法律制度研究
- ○ 英国慈善信托制度研究
- ○ 罪刑法定原则在近代中国
- ○ 比较法视野下的民事公益诉讼
- ○ 律简身份法考论：秦汉初期国家秩序中的身份
- ○ 先秦诸子政治法思想萌芽研究
- ○ 中国法律文化对东南亚的影响
- ○ 1947年宪法体制下的中央立法权研究
- ○ 现代日本人的法律生活
- ○ 英国租借期间威海卫法令汇编
- ○ 韩国法专题研究
- ○ 中华民国宪法史
- ○ 俄罗斯国家与法的历史
- ○ 中国古代佛教法初探
- ○ 走近文明的橱窗：清末官绅对日监狱考察研究
- ○ 全球警务机制研究
- ○ 生命法学论纲
- ○ 华洋共处与法律多元
- ○ 教会法原理
- ○ 英国证据法史
- ○ 法律翻译与法律移植
- ○ 近代契约华工法律
- ○ 近代华侨法律研究
- ○ 苏联法学教育研究
- ○ 文教与政教
- ○ 西法东来的样式：西班牙殖民时期的菲律宾法研究
- ○ 董康法学文选
- ○ 美国食品安全法制与伦理耦合研究（1906～1938年）
- ○ 英国议会政治
- ○ 自贡盐业契约研究
- ○ 彝族习惯法及调解机制研究
- ○ 慈善捐赠的世界图景——以罗马法、英美法、伊斯兰法为中心
- ○ “《现行律》民事有效部分”集解四种
- ○ 20世纪以来英美国家的古希腊法律史研究
- ○ 国际法视野下非物质文化遗产保护问题研究
- ○ 清代仓库律例研究
- ○ 瑞士法律史（第二版）
- ○ 近代华侨教育政策与法律研究
- ○ 英国家事审判制度研究——以2011年以来的改革为中心
- ● 近现代中国城乡规划法律问题研究